U0010074

無懼黑暗

自願臥底納粹集中營的英雄

THE AUSCHWITZ VOLUNTEER

BEYOND BRAVERY

威托德．皮雷茨基 著　　黃煜文 譯

WITOLD PILECKI

臺灣好評推薦

這不是一本絲絲入扣、情節流暢的小說，也不是一段全知視角、論證縝密的歷史——但是，它比任何小說都扣人心弦，也必然成就偉大史著的基礎。每一段文字都令我目不轉睛，心跳加快。不推薦給心臟小顆的讀者，但誠摯推薦給所有崇敬人文精神的公民。

——**許菁芳，作家**

這份關於奧許維茲集中營的報告，不是親歷集中營苦難多年之後，劫後餘生者的回憶，也不是集中營管理階層的冷硬數據彙整，而是皮雷茨基身處人種屠宰場內，親眼目睹虐殺人類與屠戮人群的犯罪現場實錄。就歷史研究而言，這是可貴又可靠的史料，也是我們瞭解人類惡行的多樣性，批判人世間極惡、大惡的重要依據。

——**伍碧雯，臺北大學歷史學系副教授**

這是一位貨真價實的英雄賭上性命寫出的珍貴歷史文獻。作者皮雷茨基上尉代表波蘭反抗運動，自願在一九四〇年潛入奧許維茲集中營，為反抗運動打探營內實況，並組織囚犯，為可能的起事進行準備。他在囚禁時所傳出的訊息，以及在一九四三年逃出後提交的報告，是外界對該集中營（包括稍晚建立的比爾克瑙滅絕營）最早的一手證言。波蘭軍事反抗運動與盟軍，在戰時對該營未積極採取行動，並不減損皮雷茨基報告的價值。他言簡意賅地描述自己的集中營經驗，以平實的語氣，追蹤了波蘭與德國囚犯、蘇聯戰俘與歐洲各地猶太人在不斷惡化的極端環境下所面對的殘酷命運。我們在書裡看到了人類最醜惡與最光明的行為，也看到生命最脆弱與最強韌的一面。從這份敏銳的見證中，已可窺見不少未來探討集中營、納粹暴行與大屠殺的理論。「文明」在後現代、後殖民思潮影響的今日，是常被質疑與嘲諷的概念。但是這份證言提醒我們，在納粹集中營內的變態社會工程刻意摧毀生命與「文明」的時刻，讓少數營中囚犯存活下來的，除了運氣之外，正是對「文明」的信仰與實踐。

——夏克勤，美國印第安納大學歷史系助理教授

目次

附錄

推薦序

當普通人殺害普通人

童偉格（作家）

他們總是宣稱他們的所作所為不涉及利益，只是義務，不過是任何處在他們位置上的人都會做的。耐人尋味的是，他們內化了身為一個政體的成員的義務，絲毫不受國家體制已經不存的事實所影響，並不斷地重新思考這些義務對他們而言究竟意味著什麼。在波蘭的國家地位已不復存的情況下，他們這種姿態完全沒有意義，但是他們的行動卻遠遠超乎任何人對他們的要求。

——提摩希・史奈德，《黑土》

全景看來，威托德・皮雷茨基的一生，體現了一位愛國之人，對波蘭第二共和（1918-1939）的真摯信靠，無論共和國是否實存。初始，他參與對抗布爾什維克的戰爭，襄贊波蘭，在強權洪泛地帶，肇建一個獨立的現代民族國家。接著，是當共和國終遭德蘇瓜分，他追隨流亡政府指揮，在家鄉，投身地下抵抗運動。最後，則是當二戰結束、冷戰新秩序成形伊時，他繼續反抗波共專政，以致終遭黨國刑殺。他不輟的堅持誠然可貴，他之被暴力侵奪的命運，卻不免亦是彼時，許多同心奮鬥者，共享的悲劇。

終戰是年，他送呈地下軍的第三份奧許維茲臥底報告（即本書），除了早期文獻所具備的珍貴價值之外，也因其明確對話意圖，而顯得獨特。當時，納粹既已敗亡，這份報告，也就再無將集中營苦難，揭露給世人的迫切性。對他而言，這部重寫的現場實錄，字字句句，都更是為了返還給仍在奮戰的同胞——即他在報告中，一再呼告的「波蘭人」。共和國同胞的抵抗行動，能否在奧許維茲其外及其後續存，是他關注的重點。

因此，這整部實錄，執著拷問見證者暨作者個人，臨場的意志。我們可見：從踏入集中營開始，皮雷茨基即反思營門之上，「工作使人自由」這一標語的寓意。他察知確實，當苦勞到肉身瀕死，會有片刻，人置身在恍如物外的「自由」中。這般表述，既是在事後，澹看與自嘲個人的受難，且也將儼然不可褻瀆的第三帝國修辭，一併在反諷中解構。由此，受難之「我」，得以在回憶書寫中，渾然無傷地在場。

皮雷茨基如是，以一致的健朗之姿，連結營內更多反抗者。他們，以不變的抵抗意志，反詰整部實錄裡，一幅人世變相圖：一九四〇年底，在尚是勞動營的奧許維茲，他看見親衛隊員們掏鈔票，賭一名被倒埋入土的囚犯，能撐多久不死。如此雅興。到了一九四二年底，隨奧許維茲轉型為滅絕營，無人再有餘裕藉施虐自娛了；此時，施放毒氣、注射苯酚、火葬場槍決等屠殺手段並用，只追求效率。短短兩年間，待死囚犯們，亦長出特異心理素質：離集體處決「才過半小時，有些人已開始排隊購買人造奶油或菸草，完全不管自己就站在一具具屍體堆疊起來的屍山旁」。如此家常。

再過半年，他發覺日屠四千餘人、成為納粹新滅絕中心的奧許維茲，竟也鍛鍊出與死亡同寢的「生命力」。囚犯與囚犯間，或「不只是親衛隊男性，就連囚犯也會與穿著親衛隊制服的德國女人性交」；甚至「結成伴侶」，「造成情感包袱」。臥底近三年，直到這時，他才明白起義事無可成，遂開始構思逃脫計畫。

皮雷茨基以不變視角，條縷速寫種種業經高壓磨輾的，人的存有體驗。一名囚犯，得通過如此多考驗：負重如駝獸，自砌營區高牆；聽教堂鐘聲集合，同觀行刑儀典；日夜趕工，為德國高官子弟客製玩具；競相擠身管弦樂團，以取悅熱愛古典樂的司令官；凡此種種的顛亂倒錯。然而，當他倖存，他面對的，卻是更艱難的悖論——事實是，在此罣地，死難同伴愈多，倖存者，也就能分得更多物資，因此活得更好。

就此而言，一名倖存者經驗的，亦是對人性的靜默褫奪：在營內，他以全副生而為人的努力，愈堅強活過一日，他就更愈疏遠了生而為人的自己。這導致憤恨，如皮雷茨基始終不明白，營牆外即波蘭鄉土，何以他企盼的援軍，始終遲遲其行？這也導致罪疚，如報告總結：即便是在僥倖逃脫之後，他也始終懷疑，自己能否讓「外人」真切懂得，除了性命，關於人的存有，集中營更深刻毀滅的是什麼？

皮雷茨基自我拷問的，接近多年以後，歷史學家史奈德，捻出的最大難題：暴政昭然可解，說到底並不令人驚訝；相較於此，時至今日，我們猶不知該如何面對的，毋寧是那些「跟我們差異不大的人們，在密室中殺害了另一些跟我們差異不大的人們」，這一事關集中營的根本事實。從這部見證錄看來，皮雷茨基的拷問亦終於無解，然而，當自覺「我」並未真的從奧許維茲脫逃，且在回憶書寫中，一再直面無解時，皮雷茨基卻為「我們」，示現了勇氣的實然。

一種非凡的勇氣。或許，藉由回顧，皮雷茨基最想對同行者說的是：縱然可能毫無意義，然而，在一個人屠殺人的地方，為了堅持自己，為與昔往之「我」，信念並無二致的普通人，人的確有義務，不尋常地自我要求，以有別於另一些，必然會隨形勢變貌的普通人。

導言

諾曼・戴維斯（Norman Davies）
英國國家學術院院士

人們對於第二次世界大戰歐洲戰場的誤解，似乎永無止境；每個人，包括最深入這個領域的專家，總是能不斷學到新的內容，並且增益自己理解的精確度。舉例來說，有個基本的誤解與這場戰爭的道德框架有關；許多西方人以為歐洲戰場只有一個邪惡的政權，也就是希特勒的第三帝國，而爭取自由、法治與正義的民主國家則結成聯盟對抗這個帝國。然而事實上，這場戰爭最大的軍事武力，也就是史達林的蘇聯，儘管與納粹主義在各方面存有差異，卻同樣是集體屠殺的罪犯。一九三九年九月，史達林開啟戰爭，與希特勒共同犯下這個罪行，即使當蘇聯於一九四一年六月遭到德國攻擊，史達林也無收手之意。許多夾在德蘇之間的國家，例如波蘭，它們同受兩國的荼毒，在戰後也依然未獲得有意義的解放。皮雷茨基上尉（Captain Pilecki）對這點瞭解得相當真切，他知道唯一有效的道德立場就是反對納粹主義與史達林主義。

另一個常見的誤解與集中營的災難有關。許多西方人一直想像集中營是納粹的專利，他們也未能區別出集中營（如達豪〔Dachau〕或馬伊達內克〔Majdanek〕）與徹底的死亡營（如特雷布林卡〔Treblinka〕）的重大差異。很少有西方人知道，解放奧許維茲的蘇聯，一直忙著建立他們自己的龐大集中營系統。其實，俄語的首字母縮語古拉格（GULag），指的就是「集中營國家管理局」。所有的跡象顯示，蘇聯的鎮壓工具殺傷的人命遠比納粹要來得多。

一九四五年，皮雷茨基完成了有關奧許維茲的第三份報告，這個時期他與德國暴政的鬥爭已經結束，與蘇聯暴政的鬥爭才剛要開始。這份報告深刻地指出二十世紀中葉的歐洲正面臨雙重威脅。

我在研究一九四四年華沙起義時，充分體會皮雷茨基的偉大之處。他幾乎是獨自一人在華沙的主要幹道上抵抗德國裝甲部隊達兩星期之久；他使用假名「羅曼」（Roman），然後消失在防空洞裡，他持續抵抗，直到整個行動兩個月後投降為止。那個時候我才恍然大悟，原來此人就是四年前故意在街上被親衛隊搜捕、然後被送到奧許維茲的同一位英雄人物。一九四三年順利逃亡之後，他寫了第一份有關奧許維茲的報告。我讀過這份報告，這應該是最早試圖將集中營內部狀況告知外界的文獻。皮雷茨基是波蘭軍官，也是天主教徒，他把抵禦外侮視為一種愛國與宗教責任。如果有值得緬懷與紀念的盟軍英雄，我想很少有人比得上皮雷茨基。

但皮雷茨基驚人的事蹟並未隨著和平的到來而結束。他遭不公正的司法判處死刑，被共產政權毀滅，波蘭共黨以史達林的利益馬首是瞻，它把所有非共黨的抵抗分子都視為叛徒與納粹支持者。皮雷茨基的名字反映了數百萬人的悲劇命運，而這些人都已被西方遺忘。只有當我們瞭解皮雷茨基命運的恐怖之處，我們才能體會第二次世界大戰的歐洲戰場是怎麼回事。

英國牛津，二〇一二年二月

英譯者說明

雅瑞克・加爾林斯基（Jarek Garliński）

本書是根據威托德・皮雷茨基上尉的一九四五年報告打字稿翻譯而成。這份報告為倫敦波蘭地下運動研究信託基金會所有。

事實上，這份報告是皮雷茨基描述他在奧許維茲生活的第三份報告，也是最完整的一份報告。一九四三年六月，就在他逃出集中營後不久，他在新維希尼奇（Nowy Wiśnicz）與塞拉芬斯基（Serafiński）一家同住，並且在這裡寫了長約十一頁半的第一份報告。幾個月後，一九四三年秋，皮雷茨基在華沙擴充了報告內容，稱為W報告。一九四五年夏天，在義大利服役於英國指揮下的波蘭第二軍期間，他完成了完整的報告，也就是我翻譯的這本書。皮雷茨基寫信向佩琴斯基（Pelczyński）將軍說明，這份報告主要是為了軍事目的而寫的。

不管是W報告還是一九四五年報告（除了一九四三年六月報告的某些地方），皮雷茨基把文件裡提到的人名都代換掉了，無論是集中營的囚犯還是其他人，還有許多地點，他都用號碼或有時候用字母加以取代。這麼做是為了保護這些人與他們的家人，直到一九四五年戰爭之後，這種保密工作依然有其必要。皮雷茨基的一九四三年六月報告與一九四五年報告的人名代號索引已完全亡佚。許多學者的努力研究，其中包括我已故的父親約瑟夫·加爾林斯基（*Józef Garliński*）與奧許維茲─比爾克瑙博物館的亞當·奇拉（Adam Cyra），破解了一九四五年的代碼，並且確定報告提到的絕大多數人的名字。

一九九一年春，也就是最初的調查工作結束後又過了數年，W報告的一份幾乎完整的人名索引（兩百三十五人中記錄了超過兩百人的姓名）在華沙的檔案館中被發現。這份索引，連同皮雷茨基一九四七年遭逮捕時被拿走的文件，一併歸還給皮雷茨基的兒子安傑伊（Andrzej）。然而，這份索引上的數字與一九四五年報告不完全相符：舉例來說，在一九四五年報告中，蘇爾瑪奇基上校（Władysław Surmack）是一號，但在W報告中卻是八號；在一九四五年報告中，吉爾維奇上校（Juliusz Gilewicz）是一百二十一號，但在W報告卻是七十二號。

三份報告記錄的事實也有不盡相同之處，我已在本文的注釋中指出幾個比較重要的差異。我使用奇拉的重要作品《奧許維茲的自願者：威托德·皮雷茨基（一九〇一年──一九四八年）》（*Ochotnik do Auschwitz: Witold Pilecki (1901-1948)*），作為最新的人名對照來源，我在正文裡提到的這些人名都用括號括起來。

在翻譯時，我選擇保留皮雷茨基講話不連貫，經常講到一半中斷的說話風格，因此有許多字句用括號或引號括起來。我試著忠於原著，因此我保留皮雷茨基的口語與不連貫，我牢記著報告是在很匆促的狀況下寫成的。然而，我也在一兩個地方加進皮雷茨基未明言的文字，但我這麼做是為了忠實反映當時電光火石之間的變化。

皮雷茨基偶爾會有記憶出錯的時候，我會在注釋指出這點。我也更正了幾個比較奇怪的德文拼字。他使用德文或集中營黑話的地方，我會盡可能沿用，只在必要的地方才代換成英文。

關於地名問題，我要簡單說明一下。波蘭文是出了名的饒口難念，例如Brzeszcze、Brzezinka、Oświęcim、Wiśnicz。如果有公認的英文表示方式，那麼我會使用英文，如Birkenau、Minsk、the Vistula、Warsaw。但是，我刻意挑選了具召喚性的Kraków，而未選擇單調的英文地名Cracow，因為後者對我來說反而覺得陌生。這種例子其實所在多有，譬如Bois de Boulogne，一般人都不會說成英文Boulogne Wood。街名都保留了波蘭文，不過我使用了英文的Street，來代替波蘭文Ulica。

雖然近來傾向於使用一九四四年華沙起義（the Warsaw Rising of 1944），但我必須坦承，我比較喜歡舊的說法Warsaw Uprising。

最早將皮雷茨基帶到世人面前的，是我已故的父親約瑟夫·加爾林斯基於一九七四年出版的開創性作品《在奧許維茲奮戰》（*Oświęcim Walczący*），一年後這本書譯為英文。

一九四三年，我的父親在奧許維茲待了幾個月（囚犯編號121421），並且關在刑罰營裡。事實上，他的書是第一部由歷史學家針對奧許維茲抵抗運動寫成的作品，同時也對皮雷茨基的人名代碼做了許多調查工作。他在這方面幫了我很多忙。

我要感謝倫敦波蘭地下運動研究信託基金會的斯托林斯基（Krzysztof Stoliński）博士，感謝他願意提供報告，以及耐心回應我在電郵上提出的問題。奧許維茲－比爾克瑙博物館的奇拉博士不厭其煩地接受我的詢問。最後，我要感謝波洛尼卡出版社的編輯泰格納先（Terry Tegnazian）與穆查（Stefan Mucha），感謝他們的建議與校閱。

美國德州，二〇一二年二月

英文版出版說明

Aquila Polonica 出版公司

版本

《無懼黑暗》對出版者帶來編輯上的挑戰。皮雷茨基上尉的一九四五年報告並不是為了出版而寫的——是為了向波蘭軍上級報告奧許維茲內部狀況，而在倉促中寫成的。在撰寫報告時，皮雷茨基正準備進行另一場（最終奪去了他的性命的）祕密任務，他將參與戰後波蘭的戰鬥（事實上已形成內戰）。這是一場由蘇聯支持的波共政權與散布各地的反共抵抗組織的戰爭。

皮雷茨基沒有時間編輯、修改或潤飾他的文章。結果反而使這份奧許維茲任務報告充滿了直接描述以及他個人的聲音——報告讀起來彷彿皮雷茨基就坐在房間裡，跟我們一起，對我們講述他的故事。

譯者雅瑞克．加爾林斯基希望保留皮雷茨基報告裡顯現的獨特精力與人物真實面貌，而我們也同意這麼做。

結果，報告的絕大部分我們幾乎未做任何修正。無論是風格上的不連貫、格式、標點符號與提及的各項事物，這些一般來說都會在編輯過程進行修正，但我們分毫未動。

皮雷茨基以波蘭文撰寫報告，但他也使用一些德文字彙，因為德文是納粹德國集中營使用的語言。皮雷茨基並未使用標準的德文，他有時並未將德文名詞的第一個字母大寫，但有時又這麼做。大致來說，他會將德文（英文也是如此）融入波蘭文當中，彷彿這些德文名詞也是波蘭文的一部分，因此絕大多數時候這些德文名詞第一個字母都未大寫。不僅如此，皮雷茨基也會加添波蘭字彙末尾的變化以表示複數形，或者視情況需要加添字彙的其他部分進去。在當時，無論是皮雷茨基還是波蘭陸軍高層全都通曉德文，因此他們完全不需要翻譯就能瞭解報告的內容，而他們也不認為皮雷茨基的寫法有什麼不尋常。

在翻譯這份報告時，我們絕大多數遵循皮雷茨基特有的做法，也就是說，我們同樣讓德文名詞的首字母保持小寫。我們也會把德文當成英文一樣，直接在字尾加 s 作為複數形——就跟皮雷茨基以波蘭文的方式來表示德文複數形一樣。除了專有名詞、對話與引用的資料，原則上我們只會在德文名詞第一次出現時以斜體字標出。我們知道許多英文讀者並不通曉德文，因此我們絕大多數的德文名詞會譯為英文，但如果對文章理解不構成影響，我們還是會保留德文。此外，我們也編訂了詞彙對照表。

皮雷茨基偶爾會以波蘭的速記方式來表示日期，我們已經改成英文常用的形式。例如，皮雷茨基的16.ii.43，我們改成16 Feb.'43。

皮雷茨基提到朋友與同志時，經常會用綽號或暱稱來表示。例如，原本叫塔德許（Tadeusz），報告中稱為塔德克（Tadek）；原本叫楊（Jan），報告中稱為雅內克（Janek）、雅希克（Jasiek）、雅斯（Jaś）或雅希歐（Jasio）。此外，加爾林斯基先生在〈英譯者說明〉裡詳細提到，皮雷茨基通常會用號碼或字母作為代碼來取代真實的姓名，目的是為了保護當事人。因此，除了一般的索引，我們還製作了號碼與字母代碼的索引，以及這些代碼背後代表的真實姓名，當中也包括皮雷茨基稱呼他們時使用的綽號與暱稱。

人物的真實姓名與德文翻譯在文中以方括號括出，用來區別皮雷茨基自己使用的一般括號。

報告大致依照年代順序寫成，但卻是以完整一大篇文字呈現出來，中間沒有分章節，也沒有區隔的標題。我們維持皮雷茨基這種不間斷的敘事形式，但為了便利讀者閱讀，我們在每一頁的書眉標上年份，然後從皮雷茨基報告中揀選出幾個重要片段，編成目錄。至於更詳細的報告編年內容，則以附錄形式加以補充。

翻譯皮雷茨基報告是件辛苦的工作。原始報告超過一百頁，毫無空行，頁緣也擠得滿滿的。皮雷茨基使用的是手動打字機，行間補充不少手寫部分。我們仰仗加爾林斯基先生的語言造詣，由他協助我們翻譯皮雷茨基的報告，此外他在文學、歷史與軍事上的學識，加上他個人與史料的連結，都使翻譯工作更加完美。

皮雷茨基的一九四五年報告沒有正式名稱，因此我們決定把英文版取名為The Auschwitz Volunteer: Beyond Bravery。由於皮雷茨基是個謙遜的人，我們很懷疑他是否願意選擇這樣的書名，但我們這麼做是為了榮耀他，他是個令人欽佩、智勇雙全的人。

皮雷茨基上尉的一九四五年報告在奧許維茲的歷史與文獻上占有獨特的地位。我們有此榮幸首度將這份珍貴的原始資料譯為英文，對此，我們深感驕傲。

波蘭文

英文版裡頭有些波蘭人的姓名與話語是用波蘭文寫的，波蘭文的複子音、變音符號與奇怪的「ł」，相信絕大多數英語讀者一定不懂。以下是非常簡略的發音指引，或許可以協助大家稍微瞭解波蘭文這個語言。

波蘭文的發音幾乎可以從它的拼字顯現出來（亦即，與英文不同，波蘭文怎麼拼寫通常就代表怎麼發音）；因此，每個音都有一個字母或多個字母結合表示。波蘭文與英文都使用拉丁字母，因此波蘭文的字母與英文類似（雖然不是完全一樣），而其中比較重要的差異如下：

一、波蘭文的字母沒有v，因此波蘭文以w來表示v的音。當w擺在字尾時，要發接近f的音。

二、w的音則改由波蘭文的字母ł表示。

三、波蘭文字母沒有q，因此波蘭文用k來表示q的音。

四、波蘭文字母j要發類似yes的y的音。

五、波蘭文字母c要發類似cats的ts的音。

六、複子音有時會伴隨著母音，但通常會分離成標準的子音叢。每個子音叢都代表著某個音。主要的幾個子音叢發音如下：

ch：類似hand的h

ci：類似cheap的ch

cz：類似itch的tsch

drz：類似just的j

dz：類似beds的ds

dzi：與dz一樣，只是發音比較輕柔，類似jeep的j

rz：類似pleasure的s

sz：類似show的sh

七、在某些母音與子音的下方或上方標記的變音符號，會改變母音與子音的發音。舉例來說，ę的發音類似ten的en，或位於某些子音之前的em；ó的發音類似moon的oo；ć的發音類似比較柔軟的tch。

超過一個音節的波蘭文，重音通常落在倒數第二個音節。舉例來說，Warszawa（華沙的波蘭文拼法）的發音是var-SHA-va。英文稱華沙人是Varsovians——源自華沙的拉丁文Varsovia，但或許也與波蘭文Warszawa的發音有關。

以下是書中一些人名的念法：

Witold Pilecki: VEE-told pee-LETS-kee

Oświęcim: osh-vee-EM-cheem

Tomasz Serafiński: TO-mash se-ra-FEEN-skee

Sławek Szpakowski: SWA-vek shpa-KOV-skee

Władysław Surmacki: vwa-DIH-swaf sur-MATS-kee

皮雷茨基報告的重點摘要

（更詳盡的年代事件整理見附錄）

一九四〇年

——在華沙街頭，刻意遭德國親衛隊搜捕，然後被送到奧許維茲，囚犯編號4859

——開始建立軍事組織：第一個「五人小組」

——可怕的殺戮再次開始。雖然虛弱，但不能向旁人吐實

——耶誕節：首次領取家裡寄來的包裹——糧食包裹禁止領取

一九四一年

——生病：住院，蝨子橫行

——「組織化」的新涵義

——新的集中營詞彙「穆斯林」（Muselmann），指虛弱、幾乎走不動、形同死屍的囚犯

——為了遏止囚犯脫逃，推行連坐法

——在奧許維茲的第二個耶誕節

一九四二年

——對猶太人的態度出現轉變

——培養帶有斑疹傷寒的蝨子，放入親衛隊大衣中

——建立無線電發報站，發送訊息到一九四二年秋天為止

——首次有女囚被送來奧許維茲

——運送：全歐的猶太人絕大多數都直接送進拉伊斯科—比爾克瑙的毒氣室

——「加拿大」

——班疹傷寒：在同志照顧下得以恢復健康

——「我們已經有把握在幾天之內控制集中營」，只等家鄉軍最高司令部一聲令下

——德國人開始對囚犯進行性實驗

——在奧許維茲的第三個耶誕節

一九四三年

——吉卜賽人被送進拉伊斯科—比爾克瑙

——避免被送到別的集中營

——逃亡

——在集中營外，與真正的托馬什·塞拉芬斯基見面

——回到華沙：在家鄉軍最高司令部工作

一九四四年

——一些後奧許維茲經驗

皮雷茨基，一九二二年。

Pilecki Family

Pilecki Family

皮雷茨基於維爾諾，一九二三年。

Pilecki Family

蘇庫爾策莊園，皮雷茨基家族的地產。

Pilecki Family

皮雷茨基，一九二〇年代。

Pilecki Family

皮雷茨基率領騎兵隊在里達遊行。

Pilecki Family

皮雷茨基，一九三〇年代。

Pilecki Family

皮雷茨基與里達區的青年參加在華沙舉行的集會，一九三〇年代。

Pilecki Family

皮雷茨基少尉（左坐者）與波蘭祕密軍指揮官楊・弗洛達基維奇少校。

Pilecki Family

皮雷茨基與妻子瑪莉亞、兒子安傑伊在歐斯特羅夫・馬佐維茨卡，一九三二或一九三三年。

Pilecki Family

皮雷茨基，一九四三年。

Pilecki Family

皮雷茨基與妻子以及一對兒女索菲亞與安傑伊，一九三四年。

Pilecki Family

皮雷茨基與妻子瑪莉亞，一九四四年。

Pilecki Family

由左方開始：少尉馬里安・希許科－波胡許（Marian Szyszko-Bohusz）、瑪莉亞・謝拉戈夫斯卡（Maria Szelągowska）與騎兵上尉皮雷茨基，一九四五年。

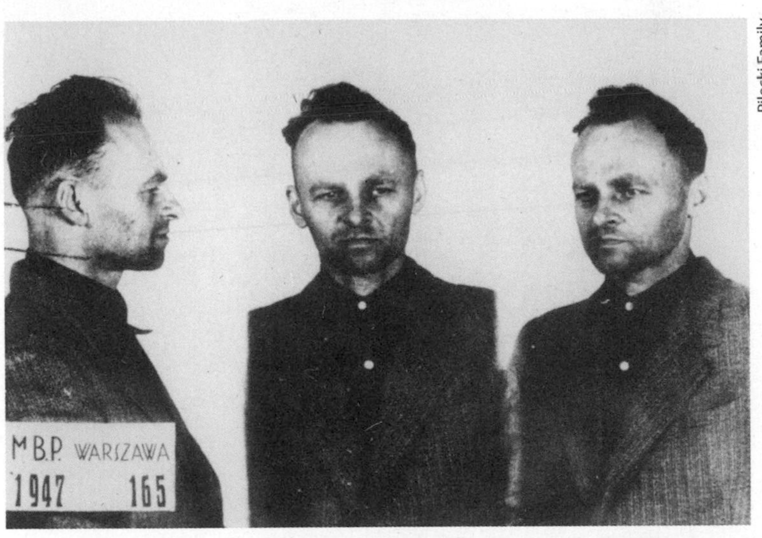

Pilecki Family

一九四七年五月八日，皮雷茨基被公安部逮捕，罪名是「西方間諜」。

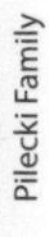

一九四八年五月十五日，在公開審判後，皮雷茨基被判處死刑，十天後在華沙的莫科托夫監獄處死。

Pilecki Family

手槍與彈藥，公安部宣稱這是皮雷茨基所有。

一九三九年的歐洲
芬蘭
挪威
瑞典
愛沙尼亞
蘇聯
拉脫維亞
丹麥
立陶宛
東普魯士
白俄羅斯
英國
荷蘭
德國
波蘭
烏克蘭
比利時
捷克斯洛伐克
法國
奧地利
匈牙利
瑞士
羅馬尼亞
義大利
南斯拉夫
保加利亞
西班牙
阿爾巴尼亞
葡萄牙
希臘
土耳其
© Aquila Polonica

波蘭：一九三九年九月

一九三九年九月一日　德國軍隊從北面、西面及南面入侵波蘭

一九三九年九月十七日　蘇聯軍隊從東面入侵波蘭

一九三九年九月二十八日　德國與蘇聯同意瓜分波蘭的分界線

占領波蘭：一九三九年至一九四一年

波羅的海
立陶宛
但澤
維爾諾
東普魯士
明斯克
比亞韋斯托克
波茲南
華沙
蘇聯
德國
奧許維茲
克拉科夫
利維夫
斯洛伐克
匈牙利

德國併吞的波蘭領土

德國控制的波蘭總督府

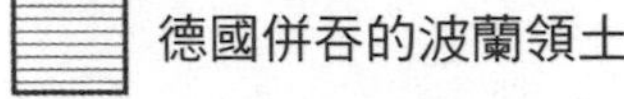

蘇聯併吞的波蘭領土。這部分領土在一九四一年六月德國入侵蘇聯之後被德國占領。

一九三九年九月之前的波蘭

奧許維茲及其周邊環境

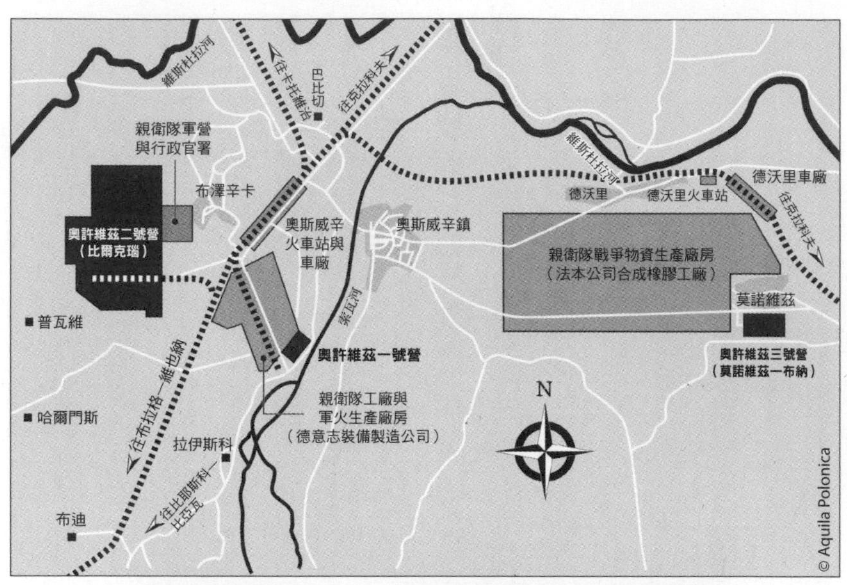

上圖：一九四四年奧許維茲及其周邊環境示意圖，根據盟軍偵查隊於一九四四年八月對集中營的空拍照片繪製。

奧許維茲一號營

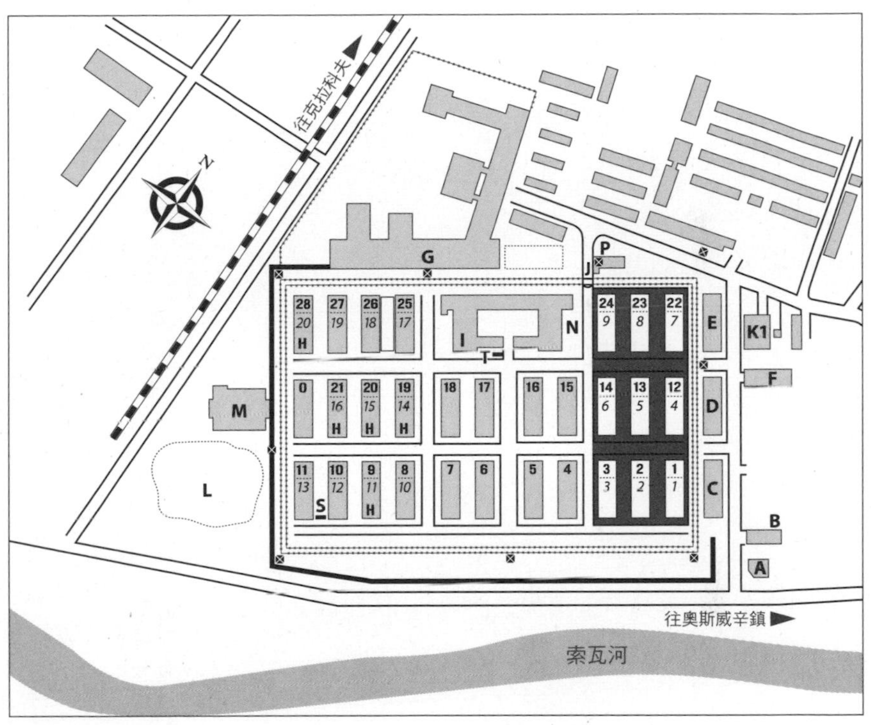

▇－蘇聯戰俘營（舊分區第一至第九區），
一九四一年十月至一九四二年三月

⊠－瞭望塔

24－營區編號

9－舊編號

A－集中營司令官房舍

B－主衛兵室

C－集中營司令官辦公室

D－集中營行政辦公室

E－親衛隊醫院

F－集中營政治部（蓋世太保）辦公室

G－行政大樓

H－囚犯醫院

I－廚房

J－集中營大門（「工作使人自由」）

K1－毒氣室與一號火葬場

L－砂石坑，行刑場

M－儲放被殺之人財物的倉庫

N－管弦樂團演奏處

O－親衛隊洗衣間

P－親衛隊區督導房舍

S－死亡之牆

T－絞刑架

▬－鐵路

無懼黑暗

自願臥底納粹集中營的英雄

THE AUSCHWITZ VOLUNTEER

BEYOND BRAVERY

致佩琴斯基少將的說明信

前頁圖：皮雷茨基的照片以及他致佩琴斯基少將的手寫說明信。

信件：PUMST

照片：Pilecki Family

親愛的長官，

我把這份報告寄給長官，除了因為我攜帶不便，[1]也因為波蘭地下軍的高級軍官與司令官也許能從家鄉軍的工作內容中得到他們感興趣的訊息，而這些訊息至今未曾對外揭露。美國方面有人跟我洽談，想用高額的價錢跟我進行商業交易，買下這份報告的版權。但目前來說，我還不打算這麼做，除了因為我沒有時間潤飾文字，也因為將這份報告出售牟利，有違我的良知。還有一些人想取得這份報告，但依我的看法，最穩當的做法還是交到將軍您的手裡。或許倫敦的高層會有興趣閱讀這份報告。請不要把這份報告當成聳動人心（也許有這樣的成分，但重點不在這裡）的文字，因為這是許許多多高貴而誠實的波蘭人付出生命所得到的經驗。這份報告無法將我看到的一切全數寫入，因為時間有限。這份報告的內容絕無「渲染誇大」之處，因為哪怕是一丁點的謊言，也會褻瀆死去的同胞在我心中留下的神聖記憶。

奧許維茲的托馬什

幾天前曾向您報告的騎兵上尉威托德

一九四五年十月十九日

1　有人推測皮雷茨基是指他即將返回波蘭，進行他最後一次的絕命任務。英譯者注。

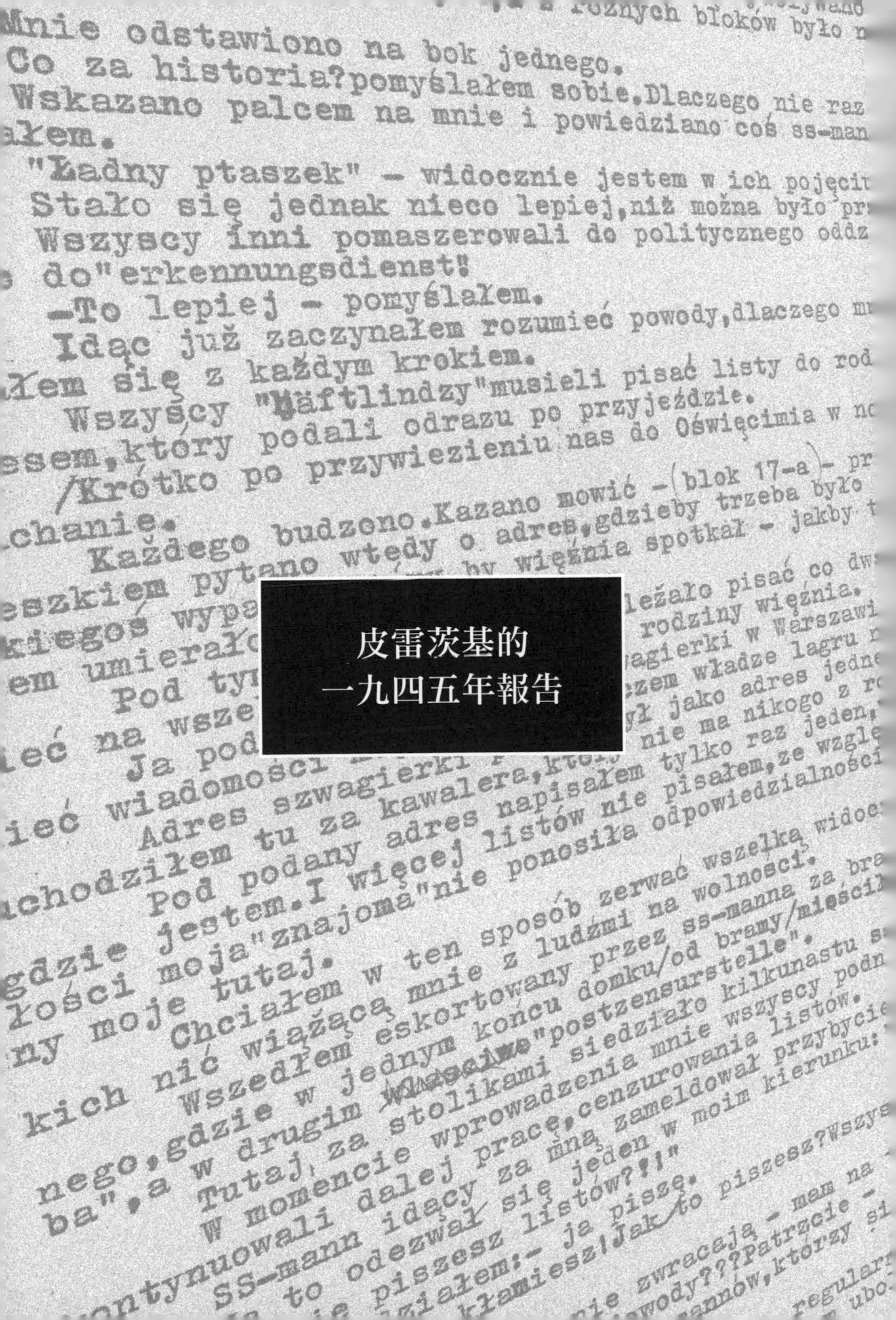

皮雷茨基的
一九四五年報告

前頁圖：皮雷茨基一九四五年報告的打字稿原件。
PUMST

一九四五年夏天

所以，我準備滿足朋友的期望，寫下最枯燥無味的事實。

他們告訴我：「你愈貼近事實，不做任何評論，那麼你的描述就愈有價值。」

於是我照他們的話做……但人非木石，焉能無情，更何況即使堅硬如石，也會有感而出汗之時。

因此，在這些事實之中，我偶爾會穿插一點個人的想法，來彰顯一個人的感受。

我不知道這麼做是否會貶損整個敘述的價值。

人非木石，但我常想若自己像木石般毫無知覺就好了；人的內心充滿感受，嘴裡欲言又止，腦子裡竄繞著奇怪的想法，這些不是我能掌握的。

但我認為，偶爾添入一兩句自己的話，或許有其必要，這樣可以讓描述更真實。

一九四〇年

一九四〇年九月十九日，華沙第二次街頭搜捕。早上六點，我獨自來到阿雷亞．沃伊斯卡街（Aleja Wojska）與費林斯基戈街（Felińskiego Street）的轉角處，混進被納粹親衛隊搜捕的「五人隊」之中。有幾個親眼見到這一幕的人還活著。

我們在威爾森納廣場（Plac Wilsona）上了卡車，然後被載到輕騎兵衛隊軍營。我們在臨時辦公室裡繳出身上的物品，任何尖銳物品都不許帶在身上。我們還被警告，如果事後在我們身上搜出像剃刀這樣的東西，就會遭到槍斃。之後我們被帶到騎兵學校的體育館裡，在那裡待到二十日。

在這兩天期間，每個人的頭都被橡膠棍敲了好幾下。然而，一些熟悉安全人員如何維持秩序的人知道，這只能算是飯前的開胃菜。

在此同時，有些家庭付了大筆金錢給親衛隊，希望能換取親人的自由。

晚上，所有的人都緊靠著睡在地上。

體育館的入口安裝了一個巨大的探照燈，直對著館內照著。

館內四周都有親衛隊駐守，他們手裡都拿著自動武器。

我們總共有一千八百人左右。

真正讓我煩心的其實是這群波蘭人，他們太被動了。被帶來此地的人已經產生一種群眾心理，大家看起來就像一群任人宰割的羊。

我尋思著要如何鼓動這群人，讓他們往前走。

我建議斯瓦維克．史帕科夫斯基（Sławek Szpakowski）同志——據我所知，起義前他一直待在華沙[1]——在夜裡一起行動：控制群眾，攻擊哨兵，至於我則利用上廁所的時候「衝撞」探照燈，把它砸個粉碎。

不過，我來這裡並不是為了做這件事。

這只是次要的目標。

斯瓦維克覺得這個點子太瘋狂了。

二十一日早上，我們上了卡車，在摩托車與自動武器的戒護下，我們來到西邊的火車站，然後被送上貨運列車。

這些貨車之前大概曾經運送過石灰，因為車廂的地板全覆蓋著石灰。

貨車車門關上。我們前進了一整天。一路上沒有吃飯，滴水未進。無論如何，沒有人想吃東西。前一天，我們拿到一些麵包，但我們不知道是該吃還是該保留下來。我們只是感到口渴。地上的石灰在來回踩踏後，已經變成了粉末，飄揚在空氣中，大家的鼻子與喉嚨都感到難受。我們無水可喝。

車廂的窗戶釘上了木條，從木條的細縫望出去，勉強可以看出我們被載往切斯托霍瓦（Często-chowa）的方向。

晚上十點左右，火車停了下來，不再前進。我們可以聽見喊叫聲、車廂開啟聲與狗的吠叫聲。

我認為這個地方讓我揮別自己出生以來所知的一切，踏進一個過去未見的領域。

我並未刻意使用什麼不尋常的詞彙。相反的，我相信我不需要使用任何不相干或罕見的字眼。

事實就是如此。

我們的腦袋不僅被親衛隊的槍托重重一擊，也被某種更強烈的事物震撼得說不出話來。

我們的法律與秩序概念，我們對正常的感受，一切我們習以為常的事物，在這裡全蕩然

1　皮雷茨基說的是一九四四年的華沙起義，而非一九四三年的華沙猶太人區起義。英譯者注。

無存。

過去的一切全終止了。

我們的內心受到極大的衝擊，心靈一下子被扯個粉碎。

騷動與喊叫聲逐漸逼近。終於，我們這個車廂的門打開了。光線射了進來，一時間我們什麼都看不清。

「下車！下車！下車！……」親衛隊一邊咒罵，一邊用槍托推打我們的肩膀、背還有頭。總之他們要我們趕快下車，愈快愈好。

我縱身一躍，躲過了槍托的重擊，加入隊伍當中的「五人隊」。

大批親衛隊不斷地打、踢並大喊：「五個人一組！」

亢奮的士兵牽著狗衝向落單的人。

耀眼的燈光讓我們睜不開眼，我們推擠著，遭到毆打與踢踹，還有狗的撲咬，我想我們當中應該沒有人有過類似的經驗。身體比較虛弱的人根本抵擋不了這樣的衝擊，一下子就昏倒在地。

我們被驅趕著，往布滿燈光的區域前進。

途中，有人被要求跑到路邊的柱子旁，隨後是一陣自動武器槍響，他就像刈草似地倒在地上。然後有十個人被拖出隊伍之外，他們要為此人的「脫逃」「連帶負責」，於是他們一一被手槍擊斃，這一切全都是親衛隊刻意安排的。

這十一個人的屍體，被人從腿上的皮帶拖著往前走。狗兒對這些帶血的屍體似乎很感興趣，又是戲耍又是撕咬。

這些事發生時，旁邊還伴隨著笑聲與嘲諷。

我們走近鐵絲網牆的大門，上面有個牌子，寫著「工作使人自由」（Arbeit macht frei）。

之後，我們才真正瞭解這句話的涵義。

穿過圍牆之後，我們看到好幾排磚房，從磚房與磚房之間可以看見寬廣的檢閱場。從大門前兩排親衛隊士兵中間走過，我們獲得短暫的安寧。狗被帶開了，我們接到命令必須每五人一組。親衛隊仔細地計算人數，拖走的屍體則留到最後再加上去。

高聳的鐵絲網牆（我進去當時還只有鐵絲網）與大門都有親衛隊駐守，這讓我想起不知道在哪裡讀過的一句中國俗語：「預留後路才能全身而退……。」一抹諷刺的微笑在我內心浮現又消逝……這句話在這裡恐怕不管用……

在鐵絲網牆內，在寬廣的檢閱場上，我們看見的是另一副景象。探照燈照著每個地方，詭異的折射光線在我們身上游移著，我們可以看見類似人類的生物，但這些生物的行為似乎更像是野獸（我絕對看到了動物，我們的語言無法形容這種生物）。他們穿著奇怪的條紋衣服，就像我們在興興監獄（Sing Sing）的影片中看到的人一樣，在閃爍的燈光下，他們的彩色帶子上別著看似勳章的東西，他們手裡拿著棍棒，一邊狂笑一邊攻擊我們的同志，他們朝著頭部猛打，將他們打倒在地之後，又朝腎臟與其他脆弱的部位猛踢，連人帶靴跳到他們的胸部與肚子上，一邊咯咯笑一邊把人打死。

「所以，他們把我們關進了精神病院！」這個念頭突然閃過我的腦際，「這真是太殘酷了！」我仍用正常世界的角度在思考。這些人全是在街上搜捕來的，因此即使是德國人也不認為這些人犯了什麼違反第三帝國的罪名。

雅內克．W〔Jan Wlodarkiewicz〕在八月華沙第一次搜捕之後說的話，突然出現在我的腦海。「看，你錯失了一個大好機會，那些在搜捕時被選中的人，並未被指控任何政治罪名；那是進入集中營最安全的方法。」

當時位於遙遠華沙的我們真是太天真了，完全不曉得被運到集中營的波蘭人遭遇什麼樣的事。

在這裡，你根本不需要是「政治犯」就能丟了性命。

不管是誰，只要落到他們手裡，他們都照殺不誤。

首先，一名身穿條紋制服手裡拿著棍棒的人用德語問道：「你做什麼工作？」

回答教士、法官、律師的話，就表示你會被活活打死。

站在我前排的男子才剛用德語回答「法官」，他的衣襟就被拽了起來。

這是個可怕的錯誤。他倒在地上被又打又踹。

所以，他們是刻意殺害專業人士。

發現這一點之後，我的想法有些微改變。

或許這種瘋狂是有條理的，而這種可怕的殺害波蘭人的方式是從殺害知識分子開始。

我們實在渴得受不了。

運來好幾壺水。剛才那些穿條紋衣服的殺人兇手拿著水杯，裡面盛了水，逐排逐列地問道：「你做什麼工作？」

答案是粗活或手工業的人都喝到夢寐以求的水。

又打又踢，這些詭異的「半人類」有時用德文喊著：「這裡是奧許維茲集中營，親愛的先生！」

我們彼此探問這句話是什麼意思。有些人知道奧許維茲指的是奧斯威辛（Oświęcim），對我們來說，這只是一個波蘭小鎮的名稱，因為這座集中營的恐怖事蹟尚未傳到華沙，更不用說全世界。

還需要一段時間，這個單字才會讓自由人的血管為之凍結，足以驅走帕維雅克（Pawiak）、蒙特魯皮赫（Montelupich）、維斯尼奇（Wiśnicz）與盧布林（Lublin）監獄囚犯的睡意。

我們當中有人解釋說，我們是在第五騎炮兵團的軍營裡，也就是在奧斯威辛這座小鎮附近。

我們發現我們這批新來者（zugang）是一群波蘭盜匪，曾攻擊德國平民，將在此地獲得應有的懲罰。

凡是抵達這座集中營的人，每次新到的人犯，都稱為新來者。

此時，點名開始，我們在華沙登記的名字被一一叫喚，我們必須快速而大聲地說「有」。這往往伴隨著侮辱與毆打。

點名後，我們每百人一群被送去集體「洗澡」。

這是他們招呼從華沙街頭搜捕來的人與應該送往德國勞動的人的方式；打從一九四〇年六月十四日奧許維茲集中營開放以來，前幾個月他們都是這麼處理新運來的人。

黑暗中，在我們頭上某個地方，從廚房上方傳來屠夫塞德勒（Fritz Seidler）[2]的聲音：

「大家不要妄想能活著離開此地……我們已經想好了，你們只能活六個星期；活超過六個星期的人，多活的部分等於是你偷來的，偷東西的人全要送到刑罰營去，在那兒你可就活不久了。」我們透過集中營的口譯員巴佛洛夫斯基（Władysław Baworowski）得知這段話是什麼意思。

塞德勒想用最快的方法把犯人搞得心理崩潰。

在檢閱場上，我們把自己帶來的麵包放在手推車與貨車上。沒有人特別在乎這個舉動；沒有人考慮到食物。

之後，我們光是想起這件事，就不由得邊流口水邊詛咒。麵包足足裝滿了幾輛手推車與貨車！我們沒自己吃掉實在太可惜了……

我待在我所屬的一百人裡，最後發現我們來到一處集體浴場前面（第十八區，這是舊的營區編號）。[3]

在這裡，我們把所有的東西放進大麻袋裡，袋子上已經編了號碼。

在這裡，我們的頭髮與體毛全被剃光，身上被灑了幾滴冷水。

在這裡，我的兩顆門牙被打掉了，因為我未依照浴場管理員的吩咐，把寫著自己監獄號碼的紙卡咬在嘴上，而是拿在手中。

我的臉頰被棍子狠狠打了一下。

我把兩顆牙吐出來。我流了一點血……跟預期的差不多。

2　當時，塞德勒暫代集中營的副司令官，之後他成為真正的副司令官。英譯者注。

3　隨著集中營的擴充，一九四一年夏天新設了八個區，有些區塊的號碼變更了，例如第十八區改為第二十六區。英譯者注。

從這時起我們只是號碼。我們的正式名稱是：「保護性拘留犯（Schutzhäftling）編號多少多少……。」[4]

我的號碼是4859。兩個十三（裡面兩個數字與外面兩個數字相加都是十三）令我的同志深信我一定會死，但我卻感到雀躍。

我們分配到藍白相間的條紋囚服，與晚上我們看到的那些令人驚訝的生物穿的一樣。現在應該是早晨（一九四〇年九月二十二日）。有些事物看起來不像晚上那樣恐怖。這些「半人類」左臂戴著黃色臂章，上面有四個黑色字母KAPO（即囚犯擔任的監督員），而在閃爍的黑夜燈光下看起來是彩色的帶子與勳章，其實是左胸上有個彩色的三角（這裡稱為Winkel），[5]在三角下有個小小的黑色號碼寫在白色的補丁上，而白色補丁就壓在帶子上面。

三角有五種顏色。

政治犯佩戴紅色三角；罪犯是綠色三角；拒絕為第三帝國工作是黑色三角；耶和華見證人[6]是紫色三角；同性戀是粉紅色三角。

我們這些波蘭人是在華沙街頭被搜捕的，原本要送到德國工作。我們全佩戴紅色三角，跟政治犯一樣。

我不得不承認，在所有這些顏色中，紅色最適合我。

我們穿上條紋囚服，沒有帽子也沒有襪子（我在十二月八日領到襪子，十五日領到帽子），腳上綁著腳鐐防止我們逃亡。我們被引領前往檢閱場接受點名，然後分成兩群。一群前往第十區，而我們前往第十七區的二樓。

被拘留者（囚犯）住在軍營的一樓與二樓，每個軍營各有獨立的組織與行政人員，因此構成獨立的「區」。為了區別，軍營樓上的房間在號碼後面加上一個字母「a」。

我們被帶到第十七區a，受「阿羅伊茨」（Aloiz）看管，我們後來稱他血腥阿羅伊茨。他是德國人，也是共產黨員，佩戴著紅色三角。他已經在各個集中營待了六年，整個人看起來墮落不堪。他會毒打、折磨與拷問人，每天少說能殺死幾個人。

他是個愛好秩序與軍事紀律的人，在檢閱場上，他要大家排得整整齊齊，並且用棍子毆打我們。

我們這個「區」排了十排——阿羅伊茨一邊喊著軍事口令，一邊揮舞棍子，在隊伍中穿梭——看起來似乎有機會在未來充當模範隊伍。

4　技術上來說，根據納粹德國保護性拘留法，保護性拘留犯並無明確的囚禁期限，反觀一般犯人則有明確的囚禁期限。除了正式場合，否則Häftling通常是指奧許維茲的犯人。英譯者注。

5　德文是Winkel，波蘭文是winkiel。英譯者注。

6　又稱為良心犯。英譯者注。

今天早晨，他第一次經過我們這個隊伍。

他把我們這群新來者編進新區中。

他在一群陌生的臉孔中尋找可以在區內維持秩序的人。

命運安排他選擇了我、斯維托澤茨基（Karol Świętorzecki，第十三輕騎兵的預備軍官）、羅吉茨基（Witold Różycki，不是那位惡名昭彰的羅吉茨基，[7]而是來自華沙弗瓦迪斯瓦法街的品行端正的羅吉茨基）以及另外兩人。

他迅速帶我們進到軍營然後上樓，命令我們靠牆排成一列，做向後轉與彎腰的動作。

他用棍子狠狠給我們這「最佳五人」一陣痛揍，這顯然是他帶我們到這裡的用意。

我們必須緊咬牙關才不至於痛得叫出聲來。

我想我通過考驗了。

「你們只有親身嚐過棍子的滋味，才知道怎麼使用棍子來確保本區的整潔與紀律。」

於是，我成為室長（Stubendienst），但為時不久。

雖然我們負責維持區內的秩序與整潔，但阿羅伊茨似乎不在意我們用什麼方法來做到這點。

他親自警告我們幾次，有時也透過「卡吉克」（Kazik，他的親信）來提醒我們，如果還是沒改善，那麼他會暴跳如雷，然後把我們幾個送到集中營總部去受罪三天，他說：「這樣你們才知道在集中營工作是什麼感覺，你們才會珍惜在這個區享有的舒適與安寧。」」

我之前注意到每天外出勞動後回來的人愈來愈少，我知道他們大概是在各種任務中「被解決了」，但現在我發現「在集中營」裡一般囚犯的一天有多麼辛苦。

每個人都必須工作。

只有室長可以待在營區裡。

所有的人緊靠著睡在地板的草蓆上。起初，我們根本沒有床鋪。

夏天是四點二十分，冬天是五點二十分，鑼響之後，每個人的一天於焉開始。

一聽到鑼響，在無情的命令召喚下，大家紛紛起身。

我們迅速折好毛毯，小心翼翼地放入箱中。草蓆必須拿到房間的一端，由「草蓆勤務員」將草蓆堆好。離開房間時，我們把毛毯交給「毛毯勤務員」。我們在走廊完成盥洗動作。

所有的事都必須迅速完成，因為血腥阿羅伊茨會大喊「開窗」，然後拿著棍子衝進房間，而我們必須趕緊排隊上廁所。

起初，營區內沒有廁所。所有的人必須跑去上公共廁所，因此大排長龍，有時可以排上

7　皮雷茨基在這裡指的是亞當・羅吉茨基，一名殺人無數的監督員。英譯者注。

一百到兩百人。這裡幾乎沒有真正的廁所可言。廁所裡站著一名拿著棍子的監督員，他數到五，如果你太晚起身，他就狠狠打你的頭。因此掉進廁所裡的囚犯不在少數。

上完廁所之後，所有的人跑到水泵洗手，檢閱場上設置了幾座水泵。起初，營區裡沒有洗手間。

數千人必須利用少許的幾座水泵洗手。

這顯然無法滿足大家的需要。

你努力地擠到水泵前，然後只能在水壺裡裝入少許的水。

然而，到了晚上，我們必須把腳弄乾淨。營區長官晚上會來巡房，這時「室長」會向他們報告躺平的囚犯人數與狀況，而他們會利用這個時候檢查囚犯的腳。大家必須從毛毯裡抬高雙腳，讓長官看清楚你的腳掌乾不乾淨。如果有一隻腳不乾淨，或區長認為不乾淨，那麼犯錯的人將遭到公開懲罰。他可能會被打十到二十棍。

表面上說是為了衛生，其實是為了消磨我們的精力。

而消磨精力的做法不只一種，上廁所時的時間限制，取水時的緊張混亂，以及不斷要求迅速完成，這些是集中營初期每個地方都會看到的狀況。

每個人在洗手取水之後，便跑回營房享用所謂咖啡或茶。一大壺溫熱的流質被抬進營房——其實只是貌似咖啡或茶的飲料。

可憐的囚犯幾乎沒嚐過糖的味道。

我看到比我早入營幾個月的同志臉部與腳部腫脹，我問醫生，醫生告訴我這是水腫。他們的腎臟與心臟有問題。人從事勞動，卻只攝取流質——咖啡、茶、肉湯、清湯等等——身體的負擔會加重；我決定避免喝下對我毫無助益的流質，只喝肉湯或清湯。

必須控制自己的欲望才行。

有些人不想放棄溫熱的流質，因為天氣寒冷的緣故。

抽菸對身體更糟。犯人剛到集中營的時候，身上沒有錢，又不能寄信回去。要等很久。收到家中的回信時，大概三個月已經過去。

無法克服煩悶的人，就會用麵包換取香菸，而這無異於「自掘墳墓」。

我知道不少人如此，而這些人都死了。

這裡沒有墳墓，所有屍體都在新蓋的火葬場燒掉了。

所以我沒有趕著回到營區爭食那些毫無營養的流質食物；其他人則是拚命爭搶，結果只是換來一頓打罵。

如果囚犯的腳部腫脹，此時讓他從事比較輕鬆的工作，並且給予較好的飲食，那麼他的腿不久就會消腫，但之後他的腳會長滿流膿的爛瘡，分泌出帶有惡臭的黏液，這種狀況我還是頭一回看見。

由於我避免食用那些流質食物，因此成功躲過這些毛病。

在大家搶著喝東西之前，「室長」會先用棍棒清空營房，必須在點名前把房間整理乾淨。

同時，草蓆與毛毯也依照各營區自己的方式鋪好，「床鋪得整齊與否」是用來評比營區優劣的一項指標。

現在，還必須清洗地板。

早點名的鑼聲在清晨五點四十五分響起。

六點鐘，我們已經以整齊的隊形站好（每一區的隊伍正面都是十人，以利清點人數）。

每個人都必須參加點名。

如果有人沒到，就算不是因為他逃跑了，而是因為新來的人天真地躲了起來，或者是單純賴床，使人數無法符合，那麼就會展開搜尋，這個人會被拖到檢閱場，通常會在大家面前遭到殺害。

偶爾有囚犯沒到：他可能在某處的閣樓上吊，或者就在點名的時候「爬鐵絲網」，然後遭瞭望塔的衛兵亂槍打死。

囚犯通常會選擇早上「爬鐵絲網」，這樣就可以省去一天的勞苦；在入夜之前，此時大家可以稍事喘息，一般通常不會挑這個時間。

當局下令禁止囚犯阻止他人斷送性命。如果發現你「阻止」他人尋死，你會被關入地牢。

集中營的內部管理人員清一色來自於囚犯本身。起初只有德國人，慢慢地也有其他國籍加入。

區長（右臂戴著紅色臂章，上面寫著白字「區長」〔Blockältester〕）運用紀律與棒子來消磨囚犯的精力。他負責管理整個營區，不過問囚犯的工作。

然而，工作小隊的監督員除了用工作與棍棒來消磨囚犯，他也要監督那個工作小隊的工作內容。

集中營的最高權威是所謂的囚犯頭子（Lagerältester）。

起初，有兩個囚犯頭子：布魯諾與里歐，兩人都是囚犯。

這兩個混蛋可說人人望之生畏。

他們當著大家的面殺人，有時用棍子，有時用拳頭。

第一個人的本名是布羅尼斯瓦夫．布羅德尼菲奇（Bronisław Brodniewicz〔也寫成Brodnie-witsch〕），另一個人的本名是里昂．菲裘瑞克（Leon Wieczorek〔也寫成Wietschorek〕）；他們都是為德國人工作的前波蘭人……

他們的服裝與其他人不同，他們穿著長統靴、海軍藍長褲、外套與貝雷帽。（左臂佩戴白字黑色臂章。）

兩人是邪惡的一對，焦不離孟，孟不離焦。

然而，這些從「鐵絲網牆內」提拔上來的集中營內部管事者們，在親衛隊面前什麼都不是。面對親衛隊提出的問題，這些人必須先脫帽並且立正回答。

由此可以想像一般穿灰色囚服的囚犯地位有多麼低了……

這些親衛隊員身為穿著軍服的「超人」權威，住在鐵絲網外的軍營與城鎮裡。

——

回到集中營每日的例行公事。

點名。我們站著，被棍棒驅趕排成像牆壁般的一直線（事實上，我在一九三九年時渴望看到整齊劃一的波蘭軍隊）。我們被眼前的恐怖景象嚇呆了。

在我們面前的是第十三區（舊分區系統）的隊伍——刑罰營（Strafkompanie），區長克蘭肯曼（Krankenmann，有些資料是寫Krankemann）用激烈的方法驅使他們排好隊伍：一把簡單的刀子。

當時，所有的猶太人、教士與一些被判有罪的波蘭人都直接送進刑罰營裡。

克蘭肯曼的職責是盡快解決掉每天不斷送進來的囚犯。這個人的性格顯然很適合這個職務。

如果有人不小心往前多移了幾公分，克蘭肯曼會從右邊的袖口掏出刀子捅進那人的肚子裡。過於小心而往後多移了幾公分的人，會被這名在行列間到處奔跑的殺人兇手，從腎的部位捅一刀。

看到倒地不起的人踢著沙土尖叫著，克蘭肯曼更是怒不可遏。他會跳到那人的胸口上，踢他的後腰，踢他的私處，盡快結束那人的生命，我們全不敢作聲。

這個景象讓我們全身像觸電一樣。

——

然後，我感受到一股想法在所有肩併肩站著的波蘭人身上竄流著，我感受到，終於，我們全團結在相同的憤怒之下，一種復仇的欲望，我感受到自己身處在一個完全適合我開始進行工作的環境裡，而且發現心中產生了一股類似幸福感的感覺。

過了不久，我開始擔心自己是不是精神錯亂。在這個地方感到幸福，不管基於什麼理由，都是荒謬的……不正常的！

我仔細審視自己的內心，完全確定現在的自己充滿了幸福感，特別是因為我想開始從事工作，因此我並未精神崩潰。

這是個重要的心理突破。

在醫學上，我們會說危機已經安然度過了。

然而，以目前來說，我應該先全力保住自己的性命。

——

點名後的鑼聲意謂著：「排成工作隊形！」

在這個指令下，每個人趕緊排成最佳的工作隊形。

工作任務的編組仍相當混亂（不像後來，每個人都靜靜走到登記了自己編號的工作小隊），犯人往四面八方奔跑，彼此交錯，而監督員、區長與親衛隊的職責就是故意添亂，推擠或用棍子痛打那些奔跑與絆倒的人，他們總是猛踹人們身上最脆弱的部分。

阿羅伊茨懲罰我，要我到集中營用手推車搬運砂石，我會在那邊工作三天。

絕大多數的華沙年輕人都在這裡工作。

老一點的「編號」，換句話說，在這裡待比較久的，而且到目前為止還活著的，可以得到比較好的「工作」。

我們這些來自華沙的人必須從事各式各樣的任務，例如從一個坑運砂石到另一個坑，然後又運回去，所有的人都受盡折磨。

我也跟其他人一起搬運建造火葬場用的砂石。

我們建造供自己使用的火葬場。

圍繞煙囪的鷹架愈來愈高。

我們必須快速移動手推車，工頭會在車上裝滿砂石，這些諂媚上級的人絲毫不留情，然後我們要在厚木板上快速推動手推車。

每十五到二十步站著一名拿著棍子的監督員，他們一邊用棍子打經過的囚犯，一邊叫道：「動作快點！」

我們緩慢地推著手推車往上走。手推車空了之後，一路上更要加快腳步。

在這裡，肌肉、技巧與眼睛彼此競爭著，想在這場戰爭中生存下去。

你需要力氣來推動手推車，你必須知道怎麼樣讓手推車維持在厚木板上而不掉到兩旁，你必須注意四周找到適當的時間「喘口氣」，讓自己疲憊的肺休息一下。

在這裡，我看見我們的許多知識分子無法克服這個艱難而無情的環境。

是的——我們正經歷一場嚴酷的選擇過程。

運動以及我早期受的體能訓練，在這裡派上用場。

知識分子無助地看著四周，想得到更好的待遇或獲得他人的協助，彷彿因為他是律師或工程師就可以獲得這樣的幫助，但現在他們只能得到一頓痛揍。

在這裡，我們可以看見頂著肚子的律師或地主，笨拙地推著手推車，車子掉落到木板外，陷在沙裡，而他無法把手推車推回到木板上。

有個戴眼鏡的老師，或一個年長的紳士，他們露出令人憐憫的無助面容。

凡是無法負擔這項工作，或沒有力氣推動手推車的人，都會遭到毆打。如果他們弄翻了手推車，則會被棍子與靴子打死或踹死。

就在這種時刻，當前面有人被殺之時，與真正的動物沒有兩樣，人們會暫時放下手上的工作，讓自己勞累的肺部深呼吸一口氣，讓急促跳動的心臟舒緩下來。

慶幸的是，在第三帝國井然有序的世界裡，沒有人會在這個時候越過前面那個受害者。

午餐鑼響了，營裡一片歡呼聲，我記得當時多半是在十一點二十分響鑼。

十一點三十分到十二點進行午點名，通常是草草進行，從十二點到下午一點是午餐時間。

午餐後，鑼聲再度召喚每個人回到自己的工作小隊，然後持續辛苦勞動到晚點名鑼聲響起為止。

我在「土石堆上」這樣工作了三天。

到了第三天，午餐後，我希望鑼聲永遠不要敲響。

我感到非常疲倦，我知道當他們殺光體力較弱的人之後，接下來就輪到我了。

血腥阿羅伊茨對於我們這個區維持秩序與整潔的成果感到滿意，在集中營做了三天苦役之後，他慷慨地同意讓我們回來：「現在你們知道在集中營工作是什麼意思了。辦好你們的差事，否則我會把你們踢回集中營。」

他的威脅很快就在我身上應驗。

我沒有照阿羅伊茨與卡吉克的吩咐做，把那些惡毒的方法用在自己的同志身上，於是突然間我被踢出了營區，這件事我之後再做說明。

——

接下來我要敘述我開始在這裡進行工作的狀況。

主要任務有：

在這裡建立軍事組織，目的在於：

——提供與流通外部消息，以維持同志士氣；

——利用機會，將食物與衣物分配給組織成員；

——把集中營的資訊送出去；最重要的是，

——組織特遣隊攻占集中營，在時機來臨時，進行空投武器與部隊的任務。

NAC

所有進入奧許維茲集中營的人，都會看到這個牌子：「工作使人自由」。

JG

奧許維茲周圍通電的雙重柵欄。

USHMM/ Robert A. Schmuhl

集中營囚犯穿著藍白相間的條紋囚衣（這是在布亨瓦爾德集中營的點名時間）。從這張照片可以看見有色的三角補丁，這種補丁又叫「Winkels」。犯人的號碼寫在白色補丁上，然後縫在外套的左胸與褲子的右腿。

奧許維茲的囚犯最早在身體刺上號碼的是一九四一年秋天的蘇聯戰俘，從此以後，凡是新犯人沒有立即死亡之虞的全都要刺上號碼。到了一九四三年春天，才開始對更早來到此地的囚犯刺青。

Pilecki Family

「我的號碼是4859。兩個十三（裡面兩個數字與外面兩個數字相加都是十三）令我的同志深信我一定會死，但我卻感到雀躍。」

JG

加弗隆（Wincenty Gawron，皮雷茨基的同志，代號四十四）佩戴政治犯的紅色三角，他的囚犯編號繡在他的囚服上。

JG

一名囚犯「爬鐵絲網」時遭到衛兵射殺。

ABM

囚犯頭子布魯諾・布羅德尼菲奇（Bruno Brodniewitsch）——囚犯編號1。

ABM

囚犯頭子里歐・菲裘瑞克（Leo Wietschorek）——囚犯編號30。

ABM

工作分配員奧圖・庫塞爾（Otto Küsel）——囚犯編號2。

這項任務跟我在一九三九年在華沙進行的工作完全一樣，就連跟我合作的夥伴也跟我在華沙祕密軍時引進的成員大致相同。[8]

我建立了第一個「五人小組」，包括上校一號〔Władysław Surmacki〕、上尉醫官二號〔Władysław Derling〕、[9]騎兵上尉三號〔Jerzy de Virion〕、少尉四號〔Alfred Stössel〕與五號〔Roman Zagner〕（這些數字都有對應的真名）。[10]

上校一號指揮「五人小組」；醫官二號負責管理監獄醫院，他在裡面負責護理人員的工作。依照官方規定，波蘭人不許擔任醫生與護士。

十一月，我透過少尉六號〔Tadeusz Burski〕[11]將第一份報告交給華沙最高司令部。（起義前，少尉六號住在華沙拉席尼斯卡街〔Raszyńska Street〕。）他為情報部門工作，並且被帶離奧許維茲。

上校一號把指揮地移到工地辦公室。

之後我又成立了四個「五人小組」。每個小組都不知道還存在著其他小組，他們以為自己是組織的頂層，在能力與精力允許的範圍內，努力往下發展擴充。

我這麼做是為了以防萬一，如果某個「五人小組」遭到破獲，那麼至少不會波及其他的五人小組。

最後，在不斷擴充下，有些「五人小組」開始接觸與聽說有其他小組存在。

不只一次，有成員向我報告：「你知道嗎，還有其他組織在這裡活動。」我會安撫他們，要他們不用擔心。

但這都是未來才發生的事。目前我們只有一個「五人小組」。

——

而在營區，一日，我在早點名後向阿羅伊茨報告，區裡有三個病號，他們無法外出工作（他們幾乎已經累到無法動彈）。

8 波蘭祕密軍是成立於一九三九年十一月九日的一支地下反抗組織。這個組織最後與武裝作戰聯盟合併，武裝作戰聯盟是家鄉軍的前身。英譯者注。

9 醫官二號德林醫師（Władysław Dering）是個具爭議性的人物，一九六四年，他在英國控告作家尤里斯（Leon Uris）誹謗。尤里斯在他的小說《光榮逃出》（*Exodus*）中提到，德林在奧許維茲對一萬七千名犯人做醫學實驗，期間未進行任何麻醉。雖然德林在經過十八天的審理後獲得勝訴，但法院只給予他最低額的賠償，而且要求他自負訴訟費用。英譯者注。

10 本報告，也就是一九四五年報告的真名索引未能尋得，見〈英譯者說明〉。在一九四三年秋天的報告中（《W報告》），皮雷茨基以尤金尼烏許．歐波伊斯基（Eugeniusz Obojski）這個名字取代第一個「五人小組」中的史德塞爾（Alfred Stössel）。英譯者注。

11 皮雷茨基記錯了。事實上，這份報告是菲羅波斯基（Aleksander Wielopolski）帶出來的，布爾斯基（Tadeusz Burski）是在一九四五年報告後頭才出現的。英譯者注。

血腥阿羅伊茨一聽大怒。「我的營區裡有病人？！……我才沒有什麼病人！……每個人都要工作……你也一樣！夠了！」他尾隨我快步走進營房，手裡拿著棍子。「他們在哪裡？」

其中兩人躺在牆邊拚命喘氣，第三個人則跪在角落禱告。

「他在幹嘛？」他對我大吼。

「他在禱告。」

「他在禱告？！誰教他的？」

「我不知道。」我回道。

他衝到禱告的人面前，開始辱罵他，對著他大吼，說他是白癡……說這世界上沒有上帝……說給他麵包吃的是他，不是上帝……然後又說了一堆，但沒有打他。

接著他跑到躺在牆邊的那兩人面前，開始踢他們的腰還有其他部位，他叫道：「起來！起來！……」直到他們發覺死亡已近在眼前，只能用僅剩的一點力氣讓自己站起來，拖著腳步前行。

然後他開始對我吼叫：「看！我告訴你，他們沒有生病！……他們還走得動，他們可以工作。出去！出去工作！你也是！」

於是，他把我丟到集中營做工。

他親自將那個禱告的人送到醫院。

他是個怪人，那個共產黨員。

在檢閱場上，我發現自己成了多餘的人。

每個人都已經編入工作小隊，準備出發。此時，遲到的犯人跑過去要加入小隊，肯定會招來監督員與親衛隊的一頓毒打。

我注意到檢閱場上站著一支隊伍，他們並不屬於工作小隊。當時，凡是不需要工作的犯人（集中營還在興建當中，工作小隊為數不多），都必須在檢閱場上「做體能訓練」。

我沒看見有監督員還是親衛隊在這些人附近督促他們排成工作隊形。

我趕緊跑過去，跟他們一起排成圓形「做體能」。

我過去喜歡做體能訓練，但來過奧許維茲之後，就再也不像以前那樣喜好了。

從早上六點開始，有時要連做好幾個小時，我們站在檢閱場上，幾乎快要凍死。

沒有帽子或襪子，只有單薄的囚衣，一九四〇年的秋天，我們在丘陵地的寒凍中不住顫抖著。早晨幾乎瀰漫著霧氣。

我們的長褲與袖子全短了一截，露在外頭的手腳全凍成藍色。

我們就這樣被丟在檢閱場上。

我們必須站著受凍。

嚴寒讓我們的體力急速流失。

來往的監督員與區長（阿羅伊茨經常出現）會停下腳步，他們一邊笑一邊說，然後比著心照不宣的手勢，模仿蒸汽冉冉上升的樣子：「生命正逐漸流失……哈，哈！」

當霧逐漸散去，太陽逐漸探出頭來，氣溫變得稍微暖和一些，感覺午餐時間似乎已經不遠了，一群監督員開始要我們「做體能」；其實你也可以說，這是一種重度體罰。開始做體能之後，我們突然覺得午餐時間似乎變得遙不可及。

「單腳跳！翻滾！跳舞！半蹲！」

光是「單腳跳」就夠你受的。

要蛙跳繞行整個檢閱場是不可能的，不是因為我們的腳上繫著腳鐐，因為我們可以抓著它，不是因為我們赤腳，砂石磨得我們腳底流血，而是因為我們的肌肉已經無法完成這樣的動作。

我過去接受的體能訓練，此時救了我一命。

體力差而肥胖的知識分子，即使是短距離的蛙跳也讓他們難以負荷，他們的性命因此危在旦夕。

還是一樣，只要有人跳個幾步就跌坐在地，棍子就會像雨點一樣打在他們頭上。這裡的毆打更為嚴重，打死人的狀況屢見不鮮。

而同樣的，就像動物一樣，人們總是利用新的受害者被痛打的時候，趕緊停下來喘息一下。

午餐後——第二階段開始。

到了晚上，許多屍體與半死不活的人都被拖走，後者送到醫院後不久就死了。

檢閱場上有兩臺壓路機也派上用場。這兩臺壓路機原本是用來整平檢閱場。但現在卻成為拖拉者的催命符。

比較小的壓路機交給教士與其他幾名囚犯來拉——波蘭人，總計約二十到二十五人。大約五十名猶太人負責拖拉第二臺壓路機，也就是比較大的那臺。

克蘭肯曼與其他監督員站在壓路機的牽引架上，用自己的重量增加負擔，把牽引架重重壓在拉壓路機的囚犯背上與肩上。

克蘭肯曼以一種哲學式的沉靜用棍棒猛打某人的頭，有時力道大了點，這些人類馱獸往往應聲倒地，他會一把推開昏倒在牽引架下的人，然後毆打旁邊的囚犯要他們繼續前進。

一天下來，這座小型的屍體工廠生產出大量成品，人們抓住屍體的腳，拖到一旁排成一列，以便利點名時清點人數。

傍晚，克蘭肯曼把手負在身後，悠閒地繞行檢閱場，他看著這些囚犯安詳地躺著，臉上露出愉快的笑容。

這種「體能訓練」，又稱為「死亡圈」，我做了兩天。

第三天早晨，我跟大家排成一圈，心裡想著在場「做體能」的人，有幾個是比我體力差的，並且估算自己還能撐多久。然而，我的處境突然在此時出現變化。

工作小隊正準備外出。有些人在鐵絲網牆內工作，有些則是在牆外工作。

集中營長官與幾名親衛隊站在大門附近的臺子上。他檢視離開的工作小隊，一一核對他們的編號與名冊是否相符。

站在長官身旁的是奧圖（Otto Küsel），他是工作分配員（Arbeitsdienst），德國人，從未打過波蘭人。他的職責是分配工作給犯人，他必須讓每個工作小隊維持足額的囚犯。

我站的位置剛好是整個圓圈中離大門最近的部分，我發現奧圖直接朝我們這兒跑來。

我下意識地往他的方向靠近一點。

這名工作分配員帶著憂慮的表情，直接衝到我面前：「你該不會剛好是個火爐工吧？」

「是的，長官。我是火爐工，」我不加思索地回答。

「但你的技術好嗎？」

「當然，我的技術很好。」

「那麼，事不宜遲！」

他要我從繞圈的人裡面挑四個人出來，立即跟他到第九區（舊分區系統）的大門前。他們給我們水桶、抹刀、泥水匠使用的鎚子與石灰；我們「五人」在集中營長官面前排成一列，當時的長官是弗里奇（Karl Fritzsch）。

這時候我才真正看清楚我隨機挑選的夥伴是什麼長相。

他們我一個也不認識。

「五名火爐工。」奧圖上氣不接下氣地報告。

他們派了兩名親衛隊擔任守衛，於是我們走出大門前往鎮上。

這一切純屬偶然，奧圖當天原本就必須找幾個人去某個親衛隊員住處更換火爐，他原本可以從在門邊點名的工作小隊找人，但他忘了，因此才在最後一刻找了我們五人。

衛兵帶我們到某個親衛隊員的家裡。

在鎮上一間屋子裡，屋主是親衛隊員，他對我們說德語，但音調平緩，聽起來還真不習慣。

他問誰是工頭，然後向我解釋他正要改建廚房。他的妻子不久就要來此，他想移開這裡的瓷磚，把爐灶移到另一個房間。他覺得我們來的人太多了，但無論如何，他希望我們能把事情做好，所以我們都可以留下來工作，如果當中有人無事可做，那麼就讓他們去整理閣樓。他每天都會檢查我們的進度。交代完事情之後他就離開了。

我問其他四人有誰懂火爐，結果居然沒有人知道。於是我要他們搬水、挖開黏土，拆東西等等。

兩名士兵站在外頭守著。

我只能靠自己了。該怎麼處理這個爐灶呢？我想一動不如一靜，改動的幅度愈小愈好。一個努力追求生存機會的人，可以做出許多超越想像的事。

我小心翼翼地把爐灶拆解下來，盡可能讓瓷磚維持完整，然後我仔細記下煙道的路徑以及重組的方法。

然後我在屋主指定的地點把爐灶重組起來。

我花了四天的時間。

然而，到了第五天，按理我應該要去生火試試爐灶是否堪用。但我成功隱身在集中營裡，我聽到有人叫喚火爐工頭，但他們沒找到我。

沒有人想得到，我躲在集中營司令官的花園裡當園丁……

沒有人記下我們的號碼，因為當時就連工作小隊的監督員也不一定會記下「五人隊」的號碼。

我永遠不曉得那個爐灶是否能用，或是能不能排煙……

——

回到我第一次進到親衛隊家裡的那一刻。

我應該要專注於各種乏味的事實……

我在奧許維茲已經見識到一些恐怖的景象，我想沒有任何事物嚇得了我。

而現在，在這個地方，沒有人用棍子打我，也沒有人踢我，我突然覺得心臟猛烈地跳動，彷彿要從喉嚨蹦出來似的，而且內心也比在集中營裡更為難受……

我知道……這點不需要誰來提醒，我應該只描述事實，所以我便如實地描述。然而，這畢竟是經由我內心說出來的，或許這就是它沒這麼枯燥的原因。

我獨自面對「爐灶問題」，但重點不在爐灶……而是，集中營外還存在一個世界，人們在此過著正常的生活嗎？

這裡，有房子、花園、花朵。快樂的聲音。遊戲。

然而，就在城鎮的旁邊——地獄、謀殺，以及人性、一切良善的毀滅……

在集中營裡，這名親衛隊是個殺人犯，一個折磨他人的傢伙；在這裡，他變得人模人樣。

所以，到底哪個才是真的？那裡……還是這裡？

在家裡，他悉心安排自己的棲身之處。他的妻子即將到來，所以他偶爾必須帶點情感。教堂的鐘聲，居民祈禱、相愛與生育，而就在一旁……一片殺戮的景象。

就在此時，我的內心產生強烈的報復念頭。

這是進行強力鬥爭的時刻。

往後四天前去裝設爐灶，然後返回地獄，回到這個異世界，感覺就像不斷來回於冷熱的環境。

是的！這就像在鍛鍊一樣！

這個時候，「最初的五人小組」開始採取行動，並且吸收了幾名新成員。其中之一是上尉七號。他的名字叫做米哈伍（Michał Romanowicz）。

米哈伍上尉的方法是協助組成早晨外出工作的隊伍。在監督員面前，他會咒罵與怒斥他的同志趕快排好隊伍，讓他們少挨點揍。他會故意發出聲響與噪音，並向大家使眼色，知會大家監督員要轉頭了。

監督員認為他的能力可以領導「二十人隊」，於是分配四個「五人隊」給他，讓他成為領班。

我躲避監督員那天，就是米哈伍救了我，他將我排進他朋友（一名副監督員〔Unterkapo〕）領導的「二十人隊」，這個小隊負責的是鐵絲網牆外的工作。

我最後被分發到在田裡工作的小隊，工作地點就在集中營司令官別墅旁邊。這段時間他們一直想找出那名消失的火爐工人。後來奧圖又找了一名囚犯，於是「五人隊」又跟先前一樣，外出去修理爐灶。

一整天風雨不斷。

我們要盡快將司令官宅邸旁邊的這塊地開墾成花園，我們渾身都溼透了，風吹過來，冷冽的寒意直透骨髓。我們身上連件乾的衣服都沒有。每個人都背風站著，因為沒有人承受得住正面吹襲。血液似乎都快凍結了，只有不斷地鏟土才能將我們身上的能量轉換成熱能。而且我們必須節約使用身上的能量，因為我們不知道何時才能補充。

我們被要求脫下囚衣。我們穿著襯衫，但沒穿襪子，我們的腳墜陷在泥巴裡。我們沒有戴帽子，我們的頭跟臉流淌著雨水，雨停時，我們就像奔跑後的馬一樣吐著熱氣。

一九四〇年，尤其是多雨的秋天，特別是點名時，讓奧許維茲的犯人吃了不少苦頭。雨中點名幾乎成了定例。即使一整天天氣晴朗適合工作，但偏偏就在早點名時下雨，每個人都溼透了：一整天在田裡工作的人是不用說了，就連在室內工作的人也全身溼淋淋的。

「老號碼」，換言之，就是那些比我們早到兩個月頂多三個月的人，[12] 可以優先取得室

12　第一批波蘭囚犯是在一九四〇年六月抵達此地。英譯者注。

內的工作。

這三個月的差距在「工作」（所有的室內工作都已額滿）與經驗上造成了巨大差異。一般來說，晚到一個月的囚犯，其不同點不在於他在這裡待的時間比前面的人少了三十天，而在於他並未受過早到一個月的人所受的折磨方式。折磨方法不斷推陳出新，而裡頭多的是監督者、管理人與其他卑鄙的傢伙，他們為了迎合當局，不惜想出各種齷齪的方法。

往後幾年，狀況一直是如此。卡吉克（在第十七區）曾告訴我們：「第一年是最難熬的。」有些人笑得很含蓄。「一年？屆時我們已經回家過耶誕節了。德國人撐不到那時候！英國……！」（史帕科夫斯基）……他的預言讓人憂心忡忡。「一年？誰能在這裡活過一年？」大家每天都在跟死神玩捉迷藏的遊戲……不是今天……或許是明天！——有時候，一天彷彿一年那樣久。

更奇怪的是，有時一天就像無止盡的惡夢。當工作用盡了力氣，但無論如何都必須把工作做完，一小時似乎變得遲遲無法結束，但數星期的時間卻很快就過去了。這種感覺很奇怪，但卻很真實——有時候，人們會覺得要不是時間出了問題，就是自己的感覺出了問題……

我們的感受不再跟正常人一樣……那些遠離此地在真實世界過生活的人，在我們心裡逐漸成為渺遠的想像之物。

我們死的時候，身體跟過去那個曾在世間走動的自己沒什麼差異，但我們實際上已完全變了一個人。

我們經常聽見有人喊叫，他總結自己的一生，說：「我真是個蠢蛋！」

於是在困境中，我們一起成長，在難以想像的壓力下，我們的友誼遠比在真實世界中還要堅強……

……當你有了彼此協助、願意為對方犧牲生命的「夥伴」……之後突然間，我的朋友……在你的眼前，你的夥伴被殺，而且是以最可怕的方式遭到殺害，然後呢？！……

有一種做法……衝向殺人兇手，然後同歸於盡……事實上出現過一兩次，但只是白白送命……

不，那不是解決問題的辦法！那麼做的話，我們只會賠上自己的性命……

於是，我們看著同志緩慢死亡，因此，我們與他一起死亡……我們看著，感覺自己與他一同死去……但是……我們會繼續活下去……我們會打起精神，振作起來……我們會努力求生。

如果人以這樣的方式死去，假設這樣死了九十次，那麼，人不可避免會變了一個人。

然而，我們有數千人死在那兒……之後是數萬人，數十萬人。

因此，外在世界與外在世界裡的人，在我們眼裡是可笑的，他們整天忙著不值得關心的小事。

我們因此結合成緊密的情感紐帶。

不是每個人都這樣回應環境的壓力。

集中營是性格的試煉場。

有些人跌進了道德泥淖。

有些人潔身自愛，堅守原則。

我們被銳利的工具雕琢著。它的刀刃劃進我們的身體，令人疼痛不堪，但在我們的靈魂裡，它卻找到了耕耘的田地……

每個人最終都會經歷這段轉變的過程。

就像翻過的土壤，有些已被犁進右方肥沃的田壟，而左方的土壤則必須等下一次才能克竟全功。

有時候，犁會跳過石子地，因此留下一些未翻動而不肥沃的土壤，一塊無用貧瘠的土地……

我們失去了所有的頭銜。

身分、學歷全留在集中營以外的世界……

彷彿置身於精神世界一樣，我們超然地看著這些形體披著無關緊要的世俗衣裳，我們可以看見我們所有的夥伴在真實世界的生活：這個人擁有這個身分，那個人擁有那個頭銜，而大家只是像孩子般開懷地笑著……

我們現在全直呼對方的名諱。

我們只有在跟新來者說話時才用正式稱呼，因為他們對於集中營的一切仍一無所知。然而，如果對自己人用正式稱呼，則是一種侮辱。

我曾無意間稱呼上校R（Tadeusz Reklewski）為「長官」，結果他轉頭對我說：「你能不能別這麼叫我……。」

如果是在外頭，可就不是這樣了。

在外頭，某個叫湯姆、迪克或哈利的人會向朋友炫耀，自己跟某個地位較高的人物以名字相稱。

在這裡——這些全成了虛名。

我們只剩下赤裸裸的本質。

一個人的價值完全以他最原本的樣子來判斷……

——

我在司令官花園裡工作了兩天。

我們整平土地，而且種好了花圃，鋪好了小徑。我們把小徑的土挖起來，然後在原來的深溝裡鋪上碎磚塊。我們也拆掉了附近的幾間小屋子。事實上，集中營附近所有的屋子，特別是位於「內安全區」與「外安全區」之間，半徑約幾公里的區域，上面的房子都必須拆除。

德國管理者在拆除這些波蘭人蓋的建築物時，似乎特別熱心，甚至還帶著怒氣。波蘭工人花了一輩子的時間蓋的昂貴別墅與樸素（但經過修繕整理）的農舍，被囚犯以徒手的方式拆除——這些波蘭犯人在棍棒毆打與「髒話」辱罵下不得不這麼做。

在花園工作與拆除房屋，經常會遭到拳打腳踢。

拆掉屋頂與牆壁之後，最難的工作是移除地基，必須清得乾乾淨淨。坑洞會填平，之後屋主就算回來，恐怕也很難找出他原本的家位於何處。

為什麼呢？因為我們連樹也拔掉了。整個農場都消失了。

當我們毀壞農地時，我發現草叢裡掛著一幅聖母像。它獨自安詳地待在那裡，彷彿一切的混亂與毀滅都與它無關。

沒有人想毀了這幅聖母像。

監督員認為，放在這裡任其風吹雨打與遭受霜雪，就足以讓它毀壞了。

之後，在白雪覆蓋的草叢裡，我們又看到這幅聖母像，它上面結滿了霜，閃爍著金光，只剩最中間的臉孔與眼睛部分尚未被水氣浸潤。我們這群小伙子冬天時也飽受打罵，看到這張畫像，每個人歸心似箭，想見見妻子與母親。

全身溼透地工作，全身溼透地點名。晚上，我們脫下溼透的囚服當枕頭。早上，你穿上溼透的衣服，赤腳走出去，拖著腳鐐，沒有帽子，再次面對雨水與刺骨的寒風。

時序已進入十一月。

有時還會下雪……

有些人體力已大不如前。他們被送到醫院，然後就沒再回來。

奇怪的是：我不是海克力斯，但我連流鼻涕這種小症狀都沒有。

我在花園工作了幾天，米哈伍就把我叫進他的二十人隊裡，他有挑選人員的權力。他傾向於選擇已經宣誓加入〔皮雷茨基的組織〕的人，或者是看起來有可能加入組織的人：有用處的，值得一救的人。

我們的二十人隊屬於「百人隊」的一部分，連同其他數十個百人隊一起前往二號工業倉庫。[13]

那裡，有幾名瘋狂的監督員：黑色八月、席格羅德〔Johann Siegruth〕、波尼茨

13 這個地區位於鐵路兩側，是卸下建材與儲存建材的地方。英譯者注。

〔Bernard Bonitz〕、白色八月與其他人。

還有幾個只有十來歲的「傲慢傢伙」，德裔人（Volksdeutsche），[14]他們協助德國人，似乎特別喜歡毆打囚犯的臉部，用棍棒打人等等。

其中一人似乎做得太過火，幾天後他被人發現吊死在軍營裡。「他一定是上吊自殺，沒有人能阻止他。」這已經是集中營裡大家心照不宣的規則。

擔任領班的米哈伍與他的二十人隊負責拆除田裡的一棟小木屋。

他帶我們到那裡，大家「苦幹」了幾星期。

我們坐在房子地基的廢墟裡，可以不用那麼辛苦地工作，但有時我們刻意使用鶴嘴鋤，好讓別人聽見我們工作的聲音。

有時，我們會派人用擔架把拆除房屋與地基後的瓦礫運出去。

這些瓦礫可以用來鋪設道路，道路的位置距離我們大約有幾百公尺遠。

上級沒有人願意跑到這間屋子來視察，因為這裡的位置離其他百人隊特別遠。

監督員忙著惡整其他十幾個百人隊，因為那些隊伍裡都是「該死的波蘭狗」，因此他們忘了我們，或者，他們只是不想走進泥濘不堪的田地。

米哈伍小心翼翼地監視著。如果有任何親衛隊或監督員在附近出現，那麼我們就會派人抬擔架出去，然後開始用鶴嘴鋤迅速地敲擊地基的水泥與地窖頂部。

工作時，我站在斯瓦維克旁邊。我們的對話絕大部分圍繞著烹飪。我們都是樂觀主義者。我們發現，我們喜歡的食物幾乎相同。於是斯瓦維克想了一個菜單，等到日後我們出了集中營，他會在華沙的家裡款待我。

有時候，當我們感到寒冷，而雨滴逐漸從衣領滲進去時，我們會比較認真幹活，用力把大塊的水泥敲碎。

我們穿著條紋囚衣，手上拿著鶴嘴鋤與鎚子，我們的樣子只有一首歌的歌詞能形容：「手裡拿著鎚子，我們面向岩石……。」[15] 斯瓦維克承諾，等我們出了這個地獄，就為我畫一幅肖像，主題是我穿著條紋囚衣、手裡拿著鶴嘴鋤的樣子。

支持我們撐下去的，肯定是我們的樂觀主義，因為其他的事物——也就是現實——實在太苛酷了。

飢餓啃咬著我們的胃腸。

喔，如果我們有那些麵包就好了，我指的是我們抵達集中營那天放在手推車上的那些麵

---

14 他們可能是擁有德國血統的波蘭民眾。英譯者注。

15 歌詞出自〈我不在乎他們怎麼懲罰我〉（“Nie dbam jaka spadnie kara”），歌詞作者是著名的波蘭詩人亞當・密茨凱維奇（Adam Mickiewicz），作詞時間大約是一八三〇年代。一八三〇年到一八三一年，波蘭人在反叛失敗後，被俄國沙皇流放到西伯利亞。英譯者注。

包。

我們當時不曉得麵包的真實價值。

在我們工作的地點附近，在鐵絲網牆外，位於外安全區的邊緣處，有一頭牛與兩隻羊正愉快地吃著鐵絲網牆外的甘藍菜葉。

在我們這邊沒有甘藍菜葉。它們全被吃光了。不是被牛吃的，而是被還有點像人的生物吃的，也就是被囚犯，被我們吃的。

我們吃生的飼料甜菜（mangelwurzel）。[16]

我們羨慕這些牛，因為牠們可以吃到甜菜。我們當中有許多人有腸胃問題。腹瀉在囚犯間相當普遍，而且人數愈來愈多。

不知何故，我沒有腸胃問題。

雖然這是再基本不過的事，但是健康的胃的確是在集中營裡存活的關鍵。

生病的人，必須有足夠的意志力讓自己在短期間不吃任何東西。

不可能特別為你準備飲食。在醫院或許可以如此，可是要獲准進醫院相當困難，而且很少有人活著回來，出院的人通常是送到火葬場焚化。

意志力是關鍵，但在一些例子裡光有意志力是不夠的。

即使囚犯控制自己，把午餐讓給別人，弄乾麵包，留到隔天才吃，或者放在煤裡頭烤，然後再吃以防止腹瀉，都無法避免胃腸問題造成他的身體虛弱。在工作小隊工作時，看在手持棍棒的虐待狂眼裡，缺乏力氣意謂著他會被貼上「懶狗」的標籤，並且被毆打至死。

回到集中營參加午點名與晚點名，一天兩次，我們所有的人都必須搬磚頭。起初，有兩天的時間，我們每個人要搬七塊磚頭，然後有幾天的時間是搬六塊磚頭，最後規定的標準是五塊磚頭。

我們剛到集中營的時候，鐵絲網牆內只有六棟兩層樓建築與十四棟一層樓建築。檢閱場上新蓋了八棟兩層樓營舍，而所有的單層建築全加蓋了一層。

我們徒手搬運所有建材（磚塊、鐵、石灰），然後徒步走上數公里的路。

在建築工程完成前，已有數千名囚犯因這項計畫而喪命。

在米哈伍的二十人隊工作，讓我們省下不少力氣。

正直的米哈伍，在屋外守護我們的安全，因此得了肺炎，並且死在醫院。他於十二月去世。

他離開我們前往醫院時還是十一月底；我們很快就像其他二十人隊與百人隊一樣開始徒手搬運。

16　一種可食用的根菜類作物。英譯者注。

可怕的殺戮再次開始。

我們從貨車車廂卸貨，這些車廂會停在鐵路支線上。鐵、玻璃、磚塊、管線、鐵製水管。為擴充集中營所需的建材全運了進來。火車車廂卸貨必須快速。所以還是一樣要藉助棍棒才能達成，我們所有人拚命趕著、搬著、絆倒，因東西沉重而倒地，有時甚至被兩噸重的橫梁或鐵軌壓死。

即使沒跌倒的也用盡了力氣，這些力氣顯然是之前儲存下來的。對他們來說，每天依然活著而且能繼續行走是件令人驚訝的事，我們似乎已經跨過了只有最強壯的人才能跨過的門檻，而且還遠遠超越。

是的，我們現在產生了一種強烈的鄙夷感，輕視那些只能勉強稱之為人的人們，但另一方面，我們也對於人性的堅強感到敬佩，有些人強大到能擁有靈魂，能擁有不朽的內在。

當然，這種說法放在數十具屍體面前，馬上就破滅了，我們必須四個人拖著一具屍體，回到營區參加點名。

我們抓著屍體，冷冰冰的手腳，其實只剩下骨頭，只是包了薄薄一層藍色的皮膚。無神的雙眼從藍色、灰色與紫色的臉孔望出來，那是一張張被打的滿是傷痕的臉。

有些屍體還是暖的，他們的頭被鏟子打碎了，隨著隊伍前進的韻律而左右擺動，彷彿想跟上大家的腳步。

食物的分量大概只有處於植物狀態、閒散無事的人才覺得夠，對於工作的人來說是絕對不夠的，完全無法補充肌肉消耗的能量。更糟的是，同樣的熱量還得暖和我們的身子，在露天下工作，我們整個人都快凍僵了。

在二號工業倉庫，自從失去米哈伍之後，斯瓦維克與我只能自行運用機智有技巧地閃躲棍棒，並且讓自己進入待遇最好的小隊。

我們設法進到負責為貨車車廂卸貨的小隊，也就是白色八月的道路建設工作小隊。

在這個小隊工作的時候，我們必須在儲藏室附近鋪設道路，我們的鼻孔遭到燻肉強烈氣味的刺激。

我們的嗅覺在飢餓的助威下，變得極為敏感。

我們想像掛著成排的火腿、培根與里肌肉。

那又如何？又不是給我們吃的！

這些補給品是給「主人種族」享用的。

無論如何，就像我們打趣說的，我們的嗅覺顯示我們已不再是人類。儲藏室肯定離我們有四十公尺遠。我們的鼻子是動物的鼻子，不是人類的。

有一件事救了我們，那就是我們從未喪失我們的幽默感。

然而，所有的艱困加總起來，開始磨損我們的身心。

把磚塊搬回集中營，特別是在晚上，我以看似自信的步伐走著。

事實上——我有時會失去意識，機械式地走了幾步……彷彿陷入催眠狀態……我「靈魂出竅」了……我可以看到綠色的斑點……我大概隨時可能跌倒在地……

當我的腦子再度開始運作，感受到自己的內在，我醒了過來……我的思想開始指揮我的腦：「你不能放棄！」

然後我繼續走著……憑著意志力驅策自己前進……

這種清醒而又出神的狀況緩慢地反覆著……我終於走進集中營大門。現在我看懂了門上牌子寫的「工作使人自由」是什麼意思。

喔，的確……工作讓你自由……讓你能脫離集中營……脫離意識……就像我那一兩次的體驗一樣……讓靈魂脫離身體……把身體送往——火葬場。

然而，必須想點辦法……必須做點什麼來阻止這種變虛弱的過程。

當我們三人——我、上校一號與上尉醫官二號——聚在一起的時候，醫官二號總是問道：「托馬什，你覺得怎麼樣？」我總是用愉快的表情回答他，我很好。

起初他們感到驚訝，然後他們逐漸習慣，最後他們相信我真的很好。

我不能回答別的答案。我想做好我的「工作」，我的同志都在認真進行他們的任務，其中一人甚至已經在醫院建立據點，並且擁有一定的影響力，另一個人則在工地辦公室成立了五人小組。因此，我必須繼續堅稱我們的「工作」正完美地進行中，並且避免自己像三號一樣成為精神病的受害者。

如果同志聽到我抱怨自己不舒服……或我很虛弱……我無法負擔工作，我希望有人來幫我，那會成什麼樣子？

顯然，如果是那樣，我就無法再激勵任何人堅持下去，也無法要求任何人執行任務。

所以，我很好——至少在別人面前我必須裝出很好的樣子——但之後，如我往下要描述的，我真的覺得愈來愈好，儘管危險與神經緊張依然持續，但我確實打從心裡覺得自己狀況不錯。

或者應該這麼說，我產生了分裂的人格。

因此，當肉體遭受折磨時，有時心靈反而感到異常亢奮，而且這種感覺極為真實。

滿足感開始在某處、在我的大腦裡生根，也許是因為精神的經驗，也許是因為我玩的有趣而純粹思想性的遊戲。

然而，我必須保護我的身體，如此才能在此地完成任務，也為了不讓自己被殺。

不管用什麼方法，都必須盡可能進到室內，不讓自己遭受戶外天氣的損耗。

斯瓦維克的夢想是進到木匠工廠的雕刻區工作。

然後他會試著把我帶進去。

到目前為止，集中營有兩個木匠工廠。比較大的位於一號工業倉庫，比較小的位於集中營本部的第九區（舊分區系統）。

我有個來自華沙的工作夥伴，上尉八號〔Ferdynand Trojnicki〕，我們稱他弗雷德，他已經成功進入這間工廠工作。

他回應我的問題時表示，如果我能說服工廠領班的話，我就可以進來。

這個領班是德裔人，名叫維斯特里奇（Wilhelm Westrych），他來自華沙附近的皮里（Pyry）。他被關進來是因為他從事黑市匯兌，並且等著不久後能獲得釋放。

雖然是德裔人，維斯特里奇試圖兩面討好：為德國人工作時，他有時會拯救波蘭人，前提是他認為這麼做對他未來有好處。

他刻意拯救原本相當有地位的人士，如此一來，一旦德國人戰敗，他就能找這些人幫他洗刷這段時期幫德國人做事的不良紀錄。

因此，我必須先成為重要的人物才行。

於是我決定「孤注一擲」。

我的同志上尉八號同意引誘領班，讓他來到他住的第八區（舊分區系統）前面。

我們會在那裡進行對話。我會告訴他，如果他不記得我，那也用不著驚訝，因為聽過托馬什這個名字的人……在這裡，我告訴他的是我的「獄中姓名」。

「就像這樣，我在這裡用的是化名。」

我的性命掌握在命運女神手裡……我想到西恩奇耶維奇（Sienkiewicz）。[17] 最擔心的就是領班把這件事回報給親衛隊或監督員知道，他與這些人混在一起，只要有一個人知道我用的是化名，那麼我就性命難保。

至於我是怎麼「誘惑」維斯特里奇，這我就不多談了……

我成功了。他開始稱呼我「先生」，一個領班對一名囚犯這麼說，原本聽起來像是侮辱，但此時完全相反。維斯特里奇開始覺得他一定在什麼地方看過我……或許是在華沙皇家城堡的接待室裡看過我的肖像，或者是在別的地方。但，最重要的是，他說他總是解救有身分地位的波蘭人，因為他覺得自己也是其中之一等諸如此類的事。他說我第二天可以來木匠工廠（小的那一間），他會跟工廠的監督員談好這件事。我幾乎已經確定可以進去，他希望未來我能知恩圖報。

我們是在十二月七日晚間談話。

17 亨里克·西恩奇耶維奇（Henryk Sienkiewicz）是波蘭最受喜愛的小說家，曾贏得一九〇五年諾貝爾文學獎，最著名的小說是《你往何處去》（*Quo Vadis*）。英譯者注。

第二天，十二月八日，點名後，我已置身於木匠工廠中。

到目前為止，我在田野工作從未戴過帽子或穿過襪子。在這裡，在溫暖的室內，相當諷刺的，我在八日從維斯特里奇那裡領到了襪子，然後在十五日又領到帽子。

在工廠裡，他介紹我認識廠內的監督員，並且表示這名監督員是個手藝不錯的木匠（技術不好是不會進來的），但事實上，這個人還在試用階段。

監督員打量我一下，然後點頭表示同意。

工作日的內容跟以前完全不同。室內的工作溫暖、乾燥，而且工作本身不會弄得你全身髒兮兮。

這裡的懲罰不是責打，而是被趕出這個環境——被丟到木匠工廠之外，再度回到地獄的生活與集中營的悲慘中。

然而，能在這裡工作，你必須會做點事。

我這輩子什麼技術都會一點，但偏偏不會木工。

我站在某個技術精良的木匠的工作檯旁，這個人日後也成為我們組織的成員，下士九號〔Czesław Wąsowski〕，他的教名是切希克（Czesiek）。

我模仿他的動作並且照著他的指示做，逐漸的，我的手法看起來就像個真的木匠。

監督員待在工廠裡，他懂木工。因此，我的每個動作都必須專業才行。

目前為止，我並未做什麼重要的事。我只是在木板上繪製，或者與切希克一起鋸木板，他說，以一個新人來說，我的表現並不差。

第二天，監督員交代我一項由我獨自進行的任務。這下子我必須完全靠自己了。幸運的是，這項任務本身並不困難，而在切希克的協助下，我做得相當不錯。

當天，我們也巧妙地讓斯瓦維克進到木匠工廠，因為監督員剛好想找個雕刻工。另一個人跟我於是給他斯瓦維克的號碼，並且說他是個好雕刻工。

幾天後，切希克接到監督員交代的一項新任務。

我被分派到他的工作檯，於是我幫助他並且遵從他的指示。他很開心能與我共事。

不管發生什麼事，只要監督員對於切希克的工作感到不滿意，他就會要我們離開工廠到外頭去：切希克是工匠，而我是學徒。

「……想像一下……這麼好的木匠沒有把接縫處弄好，」其他的木匠討論我們的慘劇。切希克並未把事情搞砸，他知道監督員其實根本不要有任何接縫。

無論如何，這是個嚴重的打擊。

我們因為工作有過失而被踢進集中營，並且被送進「手推車」刑罰小隊，接受囚犯頭子的指示。

布魯諾與紀律監督員毫不鬆懈地荼毒我們。

霧氣相當冷冽，但命令要我們動作快點，我們根本沒時間思索寒冷的事。

然而，我們的體力是另一回事。切希克已經在木匠工廠待了一段時間，已然恢復了體力。我則是在溫暖的室內待了幾天，也重新獲得了部分體力。

但我們都不是新手。

切希克在早上，我則是下午，兩人趁機找地方休息，我們待的區也不一樣。

我們開始在集中營尋找混水摸魚的機會，如果是新來者做這種事，恐怕一下子就會被發現，少不得挨一頓痛揍。

無論如何，這一天是過去了，但接下來呢？

切希克並未回到小木匠工廠。我後來在別的地方遇到他。

維斯特里奇顯然對我很有興趣。

他透過弗雷德（上尉八號）知會我，我第二天早點名後就可以回到木匠工廠。

第二天，他向監督員解釋，我只是遵從切希克的指示，我是個正經的木匠，而監督員同意我可以繼續在這裡工作。

為了確保我不會再與監督員發生衝突，維斯特里奇幫我找了一份在工廠外頭的工作。在工廠裡，監督員會監視木匠的手與動作，因此他帶我到第五區（舊分區系統），把我交給該區區長巴爾托辛斯基（Baltosiński〔有些資料寫成Baltaziński〕），告訴他我可以為他製作木製的鞋底刮泥器、煤斗、修理窗框與其他不需要一流木匠處理的小事。

此外，我日後從尤瑞克十號（姓名不詳）得知，維斯特里奇告訴巴爾托辛斯基好好照管我，讓我吃飽一點，因為日後可能有用得上我的地方，我跟一般人不一樣。顯然，城堡裡的肖像仍然詭異地在他腦海裡跳躍著，讓他不斷想起我。

我在第五區第二室工作，室長是一名來自華沙的理髮師，名叫斯塔希克·波爾科夫斯基（Stasiek Polkowski）。

我在那裡執行先前提到的任務。

我為室長修理或製作新的櫥櫃，材料是從工廠帶來的已經拆解的老櫥櫃材料。在營區裡，他們給我額外的食物。巴爾托辛斯基給我「兩份」湯，我開始恢復體力。

因此，我在那裡工作，從十二月一直到一九四一年一月初，直到里歐的事件為止，我稍後會說明這個事件。

一九四〇年將要結束。

然而，在進入一九四一年的奧許維茲之前，我想額外補充幾幅「集中營肖像」，這些也是一九四〇年的一部分。

這些德國殺人兇手的獸性，有著最多樣的形式，他們是奧許維茲的管理者，認定這些被拋棄者與罪犯（在集中營待了數年）的本性墮落至極。

在刑罰營，這些野獸以打爆睪丸為樂，主要是猶太人的睪丸，他們會使用木槌在小木板上做這件事。

在二號工業倉庫，一名綽號叫「珍珠」（Perełka）的親衛隊員，以人為活靶來訓練他的德國牧羊犬，之後他就不需要親自出手。狗會攻擊在工作時從牠身旁跑過的犯人，牠會將虛弱的受害者撲倒在地，咬住他們的身體，用牙齒撕裂他們，咬掉他們的睪丸，掐住他們的喉嚨，令他們窒息。

第一個逃出奧許維茲的犯人，穿過的是一道鐵絲網圍籬（當時尚未通電）。而彷彿是為了奚落獄方似的，這個人被稱為菲尤夫斯基（Wiejowski）。[18]

當局為之震怒。

因為這件事，集中營在點名時訂了新的規定，如果有囚犯不見，全營要在檢閱場立正十八個鐘頭以示懲戒。

想當然爾，沒有人能撐過十八個鐘頭。

等到「懲罰檢閱」結束時，每個人都悽慘無比。

親衛隊與監督員走進行列之中，犯人既未進食，又不能上廁所，只要是無法站立的人，便受到棍棒痛擊。

有些犯人因為力氣耗盡而倒地不起。

面對德國醫生的請求，集中營司令官回答說：

「讓他們死。等死一半了，我自然會讓他們休息。」

醫生於是開始走到隊伍中，鼓勵犯人躺下來。

當絕大多數人都躺在地上，而監督員也打累了，「懲罰檢閱」這才結束。

往後幾個月，我們都在安全區的周圍工作。在第一道鐵絲網牆外圍約幾公尺的地方，立起了第二道鐵絲網牆。

鐵絲網牆外頭，兩端各立起了高聳的水泥牆，不讓外頭的人窺視集中營。

再往後，鐵絲網牆還會通上強勁的電流。

集中營四周圍繞著水泥牆與鐵絲網牆，中間還設立了木造的瞭望塔，可以瞭望整片檢閱場與營區，而上面也架設了自動武器，有士兵負責駐守瞭望。

因此，想逃跑的人不能在集中營行動，必須跟著工作小隊外出才有機會。

針對逃亡進行的報復性懲罰逐漸放鬆，我們在點名時站立的時間——如果剛好是晚點名——要是已經到了用餐時刻，有時我們還能當場吃到一點冷食。

18　可以約略翻譯為「逃走」或「跑掉」。菲尤夫斯基雖然成功脫逃，但到了一九四一年秋天又被逮捕，並且遭到槍決。英譯者注。

然而，這不表示每次錯過晚餐或午餐時間我們都有東西可吃。

對逃亡者的懲罰是絕不會放鬆的。

逃亡者總是要付出生命代價：他在被捕後會立即被殺，或是關入地牢，或公開絞死。犯人逃亡未遂，會被戴上傻瓜帽子與奇裝異服，供人奚落取樂。他的脖子會掛上一個牌子，上面寫著「我是傻瓜……我想逃跑……」。他的腰綁了鼓，穿著奇裝異服加上打鼓，在點名時從同志隊伍行列前走過，不久將成為「營狗」撕咬取樂的對象，而這也成為他人生最後的巡禮。

營區裡參加點名的隊伍，靜默地看著這齣陰森的喜劇。

找到逃亡者之前，所有的囚犯要進行「懲罰檢閱」。

數百名囚犯在監督員的監視下，跟狗群一起四處搜尋逃亡者。逃亡者如果還沒越過外安全區，那麼他通常藏匿在內牆與外牆之間。

外區瞭望臺的衛兵只有在晚點名清點人數時才會下哨。

某日晚點名，那天天氣特別冷，雨水中還夾帶著雪，我們聽見刺耳的警報聲，這是個壞消息，我們要「懲罰檢閱」。

據報，有兩名人犯不見了。

「懲罰檢閱」開始，直到逃亡者——他們必定藏在二號工業倉庫某處——被發現為止。

監督員與數百名囚犯被派出去搜尋，花了不少時間。當天，雪、雨、工作的疲憊、囚犯單薄的衣物，讓「懲罰檢閱」更加痛苦。最後，鑼聲響起，顯示逃亡者已經被捕。

但回到營裡的只是這些不幸者動也不動的身軀。其中一名惡棍氣憤工作時間因這些人而延長，他在暴怒之下拿著一根細木板往某個逃亡者背部插進去，穿過了他的腎與胃。死者被四個惡棍帶回營區，全身瘀青，面容扭曲，早已沒了意識。

的確，逃亡並沒有好處，這種行為是自私的，因為數千名囚犯在寒冷中進行「懲罰檢閱」，因此造成了數百具屍體。

他們單純因為寒冷而死去，耗盡了所有剩餘的力氣。

他們被帶往醫院，夜裡就死了。

有時候，即使沒有人逃跑，但天氣惡劣，我們還是要花幾個小時點名，只因為人數一直兜不攏。

上級進到室內，似乎是在計算人數；我們則在寒冷、或雨中、或雪中動也不動地站著，不少人因此死亡。

你必須用整個身體對抗，緊繃你的肌肉，然後放鬆，藉此產生一點暖意，保住自己的性命。

點名時，一名親衛隊，也就是區督導（Blockführer），會收到區長的報告。他會將幾位區長的報告匯整起來，交給負責紀律與點名的軍官，也就是親衛隊中尉帕里奇（Gerhard Palitzsch）。[19]

帕里奇這個人，我稍候會再詳述，他這個人就像魔鬼一樣，就連親衛隊也懼他三分。他會因為細故就將親衛隊員送進地牢，而他的一份報告就能讓親衛隊員被送往前線。因此，每個人都怕帕里奇，當他現身時，現場總是一片靜肅。

西利西亞人（Silesian）——我曾經把他們當成波蘭人，但他們有很多人近年來卻背棄了他們的波蘭傳統——逐漸爬上頂端，成為各區的區長。

我先前對他們有很好的評價，如今我卻無法相信自己的眼睛。他們殺害波蘭人，不把他們當成同胞，他們以為自己是德意志民族的一支。

我曾經問來自西利西亞的領班：

「你為什麼打他呢？他是波蘭人不是嗎？」

「但我不是波蘭人，我來自西利西亞。我的父母想讓我成為波蘭人，但西利西亞人是德國人。波蘭人住在華沙，不是住在西利西亞。」

然後他繼續用棍子毆打另一個人。

有兩個區的區長是西利西亞人，斯克吉佩克（Alfred Skrzypek）與貝德納瑞克（Emil Bednarek）。他們或許比最糟的德國人還糟。

他們打死的人不計其數，就連血腥的阿羅伊茨——他無論如何都會稍微放鬆一點——也無法趕上這些惡棍殺人的速度。

每天晚點名時，我們可以看見營區手推車的左端站著這些殺手，而手推車的上面則擺放著屍體。

他們向親衛隊邀功，向他們報告死者的數量。

然而，我們也不可一概而論，就跟別的地方一樣，有原則就有例外。

有個西利西亞人，他是個好波蘭人。當你遇見這樣的人，你可以信心滿滿地把自己的命交給他。他是你的生命之交。

例如區長弗沃達奇克（Alfred Włodarczyk）與斯米切克（Wilhelm Smyczek）就是這樣的人；「五人小組」中也有西利西亞人，這點之後再詳述。

19　皮雷茨基弄錯帕里奇的軍階。他不是親衛隊中尉，而是二等士官長。英譯者注。

我曾經提過的血腥阿羅伊茨，此時他已不是區長。第十七區ａ（舊分區系統）現在已被當成囚衣的儲藏室。

犯人源源不斷運到，增加了點名的數量，但集中營並未擴大。

多出來的人就透過火葬場來處理。

然而，我們的財產——我們曾經使用過的世俗財產——則被小心地儲藏著。

現在，這些物品已經堆滿了第十八區的剩餘空間。所以囚犯個人物品的儲藏室就擴充到第十七區的一個樓層（第十七區ａ），而原本住在這層樓的犯人全轉移到不同的營區去。

十月二十六日起，我改住在第三區ａ（第三區二樓）。

第三區a的區長是科普洛菲亞克（Stanisław Koprowiak）；有人告訴我關於他的一些好事，而他的過去是另一場牢獄之災。

在這裡，我有時看見他打人。或許他容易感到心神不寧。

然而，他通常是在德國人監視的時候打人。

或許他是為了保命，或保住自己的地位。對波蘭人來說，他是最好的區長之一。

我住在第三區a第一室，室長是德羅茲德（Franciszek Drozd）。他是個好人，善待第一室的成員，從不打人。這一點，我想跟區長的態度也有關係。

有一回我從二樓窗戶看到的景象，令我畢生難忘。

那一天是工作日，但我仍待在營裡。我接到一張紙條，要求我到診療所一趟。

我回來之後一直待在營區裡。

那一天下雨，令人感到沉悶。

刑罰營正在檢閱場上搬運砂石，那是從某個洞裡挖出來的。附近有一個小隊站在周圍，他們看起來已經凍壞了，並且做著體能訓練。

三名親衛隊站在洞旁，他們知道帕里奇或司令官當天正在巡視整個集中營，因此心懷忌憚地進行這項任務。他們想出了一個遊戲。他們達成某種協議，每個人都放一張鈔票到磚頭上。

然後，他們把某個囚犯頭朝下埋在洞裡，只有上半身覆上泥土。他們要賭這個人的腿能持續動幾分鐘。

我自忖著，這是新形式的足球賭局。

能猜到這個人死前腿能掙扎多久或猜得最接近的人，顯然可以拿走所有的錢。

於是乎一九四〇年就這樣到了尾聲。

在我想辦法進入木匠工廠，享受裡面的所有好處，包括第五區額外的食物之前，飢餓幾乎讓我的腸胃糾結扭曲得無以復加，我因此開始用眼睛來解飢。那些拿到「好工作」的人可以為自己多留一塊麵包在早上食用，我只好緊盯著那麵包瞧。此外，我也進行著我這輩子從未有過的艱苦戰鬥。

如何現在吃到東西，而又能留一點到明天早上吃……

然而，寫這樣的東西給全無飢餓之憂的人看有什麼意義呢？還有一些人則是能從家裡或紅十字會收到包裹，他們不用生活在苦役的威脅之下，卻還是抱怨自己吃不飽。[20]啊！飢餓的危機已經到達全然不同的境界。

曾有這樣的時候，有人想從放在醫院外頭的屍體切幾塊肉下來吃。

就在耶誕節前夕，他們早晨開始提供大麥粥，而不是「茶」。這的確是很大的恩賜，但我不知道是誰下的令。（這種狀況一直持續到春天。）

有幾棵裝飾著美麗燈飾的耶誕樹立在營區裡，用來慶祝耶誕節的到來。

晚上，監督員讓兩名犯人趴在耶誕樹下的兩張長凳上。每人打了二十五下，打在外頭自由世界所說的柔軟部位上。

這大概是所謂的德國式笑話吧。

奧許維茲的懲罰分成幾等：

最輕的懲罰是在長凳上挨打。通常是在全營點名時，在大家面前責罰。

「處罰區」準備妥當——一張長凳，上面有洞讓雙手雙腳能伸進去趴著。

兩名親衛隊惡棍站在那裡（通常是塞德勒，有時還有囚犯頭子布魯諾），犯人裸體接受懲罰，以免衣服損壞。

打的時候使用鞭子，有時則用粗棍子。到了十幾下之後，身體已經破皮。血噴了出來，接下來就像在打生肉一樣。這種懲罰我目睹了好幾次。有時要打五十下，甚至七十五下。有一次，懲罰居然達到一百下，這個可憐的犯人打到九十下時就斷氣了。如果受害者還活著，他必須站起來，做幾下蹲跳讓血液流通，然後立正，說感謝這個公正的懲罰。

再重一點的懲罰是地牢。

地牢分成兩種。一般的地牢位在第十三區（舊分區系統）的地窖，分成好幾個囚室，犯人通常還沒經過訊問就關進來，而且要關多久完全看政治部的臉色決定，[21]監督員與親衛隊也有可能受這種懲罰。

一般地牢的囚室占了第十三區地窖的三個部分，第四個部分的囚室跟其他囚室沒什麼兩

---

20 這很可能是隱晦地指涉那些在戰時一直淪為戰俘的波蘭軍官。英譯者注。

21 政治部由蓋世太保主掌。英譯者注。

樣，只是沒有燈光，稱為「黑洞」。

在地窖走廊的末端，拐個九十度角，突然就到了盡頭。這轉角過來的走廊末端，分為三種不同的地牢。它們是所謂的站立地牢。過了牆壁的矩型開口，人們經過這道門時恐怕得彎下腰，你會看到類似櫥櫃的東西，八十公分見方，高兩公尺，這樣人就可以在裡頭輕易站直。

在棍棒的推促下，四名囚犯被送進站立地牢的「櫥櫃」裡。櫃子外頭用棍棒閂住，把他們留在裡面一整夜（從晚上七點到早上六點）。

聽起來好像是天方夜譚，但真有人看過，也有實際遭到懲罰的人至今仍活著。他們曾經與其他同志，一共八個人，受到這樣的懲罰。

他們早上被放出來，然後送去工作，到了晚上他們又像擠沙丁魚一樣被關進櫥櫃裡一直到早上。

通常會一連關個五夜，但也有更長的例子。

有些人跟小隊的「上層」毫無關係，因此通常在關個一兩夜之後，就在白天工作時力竭而死。

至於白天工作時能得到監督員的允許暫且休息一下的人，往往能撐過這項懲罰。

第三種懲罰是單純的「桿刑」，這是從奧地利人那裡借用的。

負責的親衛隊員為了取樂，有時會旋轉雙手反綁在背後吊在空中的犯人。犯人旋轉時關節發出咯吱咯吱的聲音，而繩索也陷進他的肉裡。

壓軸的是「珍珠」與他的德國牧羊犬。

有時候訊問會那樣進行，被吊起來的犯人會被餵食沙拉醬，換言之，會餵他喝醋，免得犯人太快就昏倒了。

第四種，也就是最重的懲罰，是槍斃——一種快速的死法，因此較為人道，許多受到長期折磨的犯人都希望被槍決，好早日解脫。

但「槍斃」其實不是那麼精確，比較精確的說法是「射倒」，或甚至殺死。

槍斃的地點也在第十三區（舊分區系統）。

第十二區與第十三區剛好圍出一個庭院。庭院的東側有一道牆，這道牆連結著兩個區的建築物，又稱為「淚牆」。庭院的西側也有一道牆，牆上有道門，通常是關閉的，避免人們觀看。只有在活生生的受害者要進入，或運出血淋淋的屍體時，才會打開這道門。

經過這道門，通常會聞到一股屠宰場的味道。

紅色的血水沿著溝渠流了出來。

這道溝渠被粉刷過，但每天幾乎都有新的血水流經它雪白的兩側。

喔，如果那不是血……不是人血……不是波蘭人的血……不是最優秀的波蘭人的血……

那麼……誰知道呢……人們也許會讚揚這種色彩的對比……

這是外面。

然而，在裡面，恐怖而令人畏懼的事正在發生。

在那裡，在封閉的庭院裡，劊子手帕里奇——這個英俊的小伙子從未打過集中營裡的人（那不是他的風格）——是一連串恐怖場景的主要下令者。

受刑人排成一排，他們脫光衣服，完全裸體，一個接一個站在「淚牆」旁。帕里奇會用小口徑的手槍對著他們的後腦勺開槍，結束他們的生命。

他有時也會使用用來殺牛的栓槍。

這種利用彈簧擊發的栓槍會穿透頭骨與腦子，把人殺死。

有時候，在地窖遭受拷問與訊問的平民會交給帕里奇取樂。

帕里奇會命令女孩脫光衣服繞著封閉的庭院奔跑。

他站在庭院中央，好整以暇地選擇受害者，然後他會一個接一個地瞄準、射擊，把她們全都殺死。

沒有人知道接下來輪到誰，沒有人知道誰能多活幾分鐘，也沒有人知道誰可能會被帶回地窖繼續接受審問。

帕里奇則是不斷推陳出新。

這些場景，從第十二區看得清清楚楚，幾名區督導站在窗邊，不讓任何犯人接近看到這一幕。

窗外繞著鐵絲網，但並非濃密得無法看清外面的事物，所以一切都能盡收眼底。

有一次，有一家人站在庭院的淚牆旁，這一幕被第十二區的人看到了。

首先，帕里奇槍殺了父親，在他的妻子與兩名子女面前殺了他。

然後他殺了小女孩，當時她正緊握著臉色蒼白的母親的手。

另一個小孩正依偎在那不幸的婦人胸前，他一把將孩子搶過來。他抓著小孩的腿，然後用力一甩，讓小孩的頭撞碎在牆上。

最後，他殺死了因悲傷過度而意識不清的母親。

有幾個親眼目睹的朋友向我描述這個景象，他們說得很詳細，而且內容一致，因此我毫不懷疑此事的真實性。

——

一九四〇年的耶誕節，犯人首次獲准收到家人的包裹。

但寄來的不是食物，喔，不！

我們禁止受領糧食包裹，當局不希望我們太容易拿到糧食。

第一個抵達奧許維茲的包裹是衣服，裡面有一些先前提過的東西：毛衣、圍巾、手套、耳罩與襪子。

除了這些衣物，什麼也不許寄來。某人的包裹裡有內衣，它被放入囚犯個人物品儲藏室的麻袋裡，麻袋上標著犯人的編號，就這樣一直存放在那裡。

寄來的東西不是到犯人手上，而是送進儲藏室裡。

我們後來在認識的人的協助下，想辦法拿到自己的物品。

我們只收到一件包裹，一年一次，時間是在耶誕節，雖然沒有食物，卻珍貴無比。不僅因為那是保暖的衣物，也因為它是家人寄來的東西。

耶誕節時，維斯特里奇與工廠監督員想辦法從親衛隊廚房端來了幾鍋燉肉，為木匠們加菜，剛來的木匠也同樣雨露均霑。

這些鍋子來回往返工廠與廚房數次，之後，再由收了錢的親衛隊員帶回。至於錢當然是維斯特里奇向我們收取的。

一九四一年一開始，我在第五區有更多的木工要做，我在那裡一直有新工作可做。

區長讓我一個人獨自幹活。

我在這裡結識了一個朋友吉里奇〔Bolesław Gierych〕，他是我朋友的兒子。他過去住在歐流爾（Oryol）的公寓裡，而這間公寓恰好是我在一九一六到一九一七年用來從事祕密任務的地方。

囚犯頭子里歐幾乎每天都來第五區巡視。

如果有親衛隊員或囚犯頭子進到室內，人們必須高喊「立正」並且報告。

我正確無誤地做了這些動作，並且報告說：「木匠在崗位上，長官！」

里歐很吃這一套。但他對我做的事並無興趣，於是很快就像孔雀走路一樣到別處巡視去了。

第五區是「年輕人的區」，這裡的少年介於十五到十八歲之間，第三帝國還希望好好榨取他們的人力。

他們在這裡需要上一些課。

里歐每天都會巡視他們上課，因為他喜歡年輕人，而且他喜歡男孩……似乎過度喜歡了點。他是個變態。

他來這裡選擇滿足他的變態喜好的受害者。他讓他們吃飽，讓他們變得白白胖胖，透過恩威並施的手段讓他們順從。當他玩膩了的時候，他會將這些人吊死在廁所裡，通常是在晚上，以避人耳目，因為集中營禁止這種變態的行徑。

Yad Vashem/ Stanisław Mucha

「淚牆」：在第十二區與第十三區（舊分區系統）之間的磚牆前面，德國人建造了另一道可移除的牆：「淚牆」，又稱「死亡之牆」或「黑牆」。它是一道木牆，上面覆蓋著塗黑的軟木，它的功能是吸收行刑隊射出的子彈——保護磚牆，也防止子彈彈跳傷到行刑者。

一九四一年

大概是在一月十五日吧，我站在窗邊，此時里歐走進營房。我沒注意到他，也沒有喊出「立正」的口令，因為我的注意力完全被外面的新來者吸引。我也透過窗戶看到上校十一號〔Tadeusz Reklewski〕。

看得出來，里歐對我很不高興。他走過來對我說：「你在這個營區已經鬼混太久了。明天開始，我不想再看到你。」

我告訴維斯特里奇這件事，但他還是命令我第二天繼續過去那裡。

於是，第二天，我再度前往第五區。

我抵達後不久，里歐也到了，他一看到我，氣頭就上來了。

「你的號碼？」他怒吼著，而且很罕見的，他並沒有出手打人。「出去！帶著你的東西滾出去！」他一邊說，一邊指著我的工具。

我迅速走了出去，他記下我的號碼，在我身後吼叫著，威脅要在這一天就把我踢出木匠工廠。

回到工廠，我把事情告訴維斯特里奇。

不久，里歐衝了進來。

幸好，當時工廠內沒有監督員，因此由維斯特里奇代行監督員的職權，他先讓里歐罵個夠，然後再向他解釋，他的木匠，也就是我，在前一天已經向他報告過這件事，但他還是要我今天早上回第五區把工具拿回來。里歐這才冷靜下來。

我還是繼續當木匠，每天工作，只是現在換到比較安全的地方。我在工廠的第二室，同樣位於第九區。

幾天後，維斯特里奇命令我拿著工具跟他到集中營的某個地方。

他帶我到第十五區（舊分區系統）。

這是醫院，用的是德文名稱Krankenbau。

這家醫院的區長是德國人，此人個性瘋狂，但對於區裡的整潔卻一絲不苟。

就在前一天，維斯特里奇向他建議在稻草床墊周圍釘上板條。

醫院裡沒有床。

病人肩並肩躺在地板上，狀甚恐怖。

至於這些草蓆則是直接鋪在地上，病人躺在上面，頭靠著牆壁。草蓆蜷曲變形，我看躺在上面也不會覺得舒服。總之最後決定草蓆的前端靠著牆，然後在末端釘上板條，如此一來就有兩排板條，板條代表著病房的範圍。

這兩排板條沿著營房地板直直延伸出去，在中間形成一條走道，兩旁就成了病房。

區長給了我一個好臉色，他問我是否能辦好這件差事。辦不好表示我會被架在長凳上痛打，辦得好表示我每天可以吃「兩份」糧食。

於是我開始工作，我在每張草蓆周圍釘上板條，這樣就是一個病房，就這樣在地板上釘出一個個的矩形格子。

我旁邊有一個（維斯特里奇派來的）來自華沙的工程師協助我。

我們兩人每天都能吃到「兩份」糧食。

醫院裡有許多食物。

每個人都能拿到食物，但有些病人完全沒有食欲。

來自華沙的工程師在這裡得了流行性感冒。他直接住進我們工作的醫院，然而這裡的衛生條件實在太差，再加上大量的蝨子，不久他就死在醫院。

我獨力完成這份工作。

然後輪到我了。我可能在點名時得了流行性感冒還是著了涼。

這年冬天極其寒冷。雖然我們的確在耶誕節前領到了大衣，但這些只是「替代品」，沒有襯裡，根本無法抵禦風霜。

我拖著病體撐了數日。

我開始發燒，某天晚上，我的體溫達到〔攝氏〕三十九度，因此我不需要內部關係就能住院。但我不想到醫院去。

我的理由有二：醫院的蝨子很多，而且這麼一來我會丟了木匠工廠的工作。

我努力與病魔奮戰，但疾病似乎緊緊抓住我，沒有離去的意思。

最痛苦的是要忍受發燒參加點名，遭受寒風的吹襲。

我不知道還要纏鬥多久。

此時卻有一件不相干的事來攪局。

在第三區 a 第一室，狀況還可以忍受。在室長德羅茲德的安排下，我們有了新室友——波托茨基（Antek Potocki）。

我們各自負責不同的清潔區域。

我負責窗戶、門與燈。

區內的一切原本都正常如昔，直到有人身上帶了蝨子進來。

每天晚上，我們努力地在衣服上尋找蝨子的蹤影。

我每天可以找出一百隻蝨子，我不知道夜裡實際出沒的是否多於此數，然而隔天早上起床時我又看到一百隻在那兒。

我們很難殺光這些蝨子，因為燈光到了一定時間就會熄滅。而到了白天，我們有工作在身，沒有時間抓蝨子。

晚上，蝨子會從毛毯爬到我們的襯衫裡。就算有人晚上成功將毛毯上的蝨子清乾淨，這麼做也沒什麼用處：白天所有的毛毯會疊在一起，晚上你拿到的毛毯不一定是你前一天蓋的那條。在溫暖的火堆旁，這些小東西舒服得不願從這條毛毯移動到另一條毛毯。

終於，上級下了除蝨的命令。

不幸的是，對我來說這命令來得不是時候。

我正在發高燒。

當晚，我們必須脫光衣服。我們把衣服穿在鐵線上，拿去蒸汽消毒。然後我們光著身子到第十八區（舊分區系統）淋浴，然後又光著身子回第十七區（舊分區系統）。我們整晚沒穿衣服，幾百人擠在一個房間裡，空氣極為沉悶。

早上，我們拿到衣服，著裝後頂著寒風與霜氣越過檢閱場到第三區。

我把大衣給波托茨基穿，他也生病了。

當晚，我的惡運來臨。

我幾乎是在喪失意識之下進了醫院。我在洗手間被噴過水之後，被送到第十五區（舊分區系統）的第七室（也就是我釘板條的地方），這裡的蝨子多到嚇人。

接下來幾天晚上是我進集中營以來最艱困的時期，我不斷與蝨子奮戰。

我不想屈服，任由蝨子啃食我。

但我在這裡要怎麼防守呢？

在燈光下看著毛毯，整個表面不斷有東西爬著。

上面有各色各樣的蝨子：小蝨子與大蝨子，腫脹的蝨子，拉長的蝨子，白蝨子與灰蝨子，紅色帶血的蝨子，有些有水平條紋，有些有垂直條紋……牠們慢慢爬到人的背上，然後很快地滑下來。

我感到噁心，決心不讓自己被這些令人作嘔的蝨子大軍吃了。

我綁住長內衣褲的腳踝與腰部，並且把襯衫頸部與手腕的鈕扣扣起來。

要一隻一隻殺死牠們是不可能的；我從脖子與腳蒐集了一堆蝨子，然後一次打死一堆。

低溫加上不斷動作，我開始感到想睡。

我的頭低下來，但馬上又逼自己回過神來。

無論如何我都不能睡著。

睡著就表示我棄械投降，任由蝨子叮咬。

不到一小時，我的手因為打這些髒東西的帶血身體而染紅了。

要消滅牠們是不可能的。

我們幾個人緊緊靠在一起，身體蓋著毛毯，我們的背與側面則跟人靠著。不是每個人都參與奮戰。有些人已經沒有意識，有些人只剩喘息聲，還有一些人已無法戰鬥。

一個已經喪失意識的老囚犯（一名高地人）就躺在我旁邊。我永遠忘不了他的臉，他離我的頭只有幾十公分，但臉上爬滿了大大小小的蝨子，牠們很多已經鑽進皮膚裡。在我左方躺著一名囚犯（納爾昆），他已經死了。毛毯蓋在他的頭上，擔架也在一旁待命。

我看到他毛毯上的蝨子開始躍躍欲試，朝我的方向過來。

為了殺死毛毯上的蝨子，我們必須把毛毯鋪平在地板上，然後不斷地用石頭敲打。要保護自己的兩側，就跟防止源源不斷的蝨子爬過來一樣困難：你不可能阻止牠們，也無法消滅牠們。

我承認，我是第一次對自己產生懷疑，我懷疑自己是否還有力氣對抗下去，或者應該說，是否還有意願對抗下去。

我的心理狀態很危險。懷疑自己的奮鬥意志，很可能使自己一敗塗地。一旦我意識到這點，我就覺得好多了。

我繼續殺死脖子與腳上的蝨子。

屍體被運走了，換來的是一名新病人，一個大概十八歲的年輕人，他名叫薩爾瓦（Salwa），教名是艾德克（Edek）。

當我打瞌睡的時候，他會幫我去除從右方來襲的蝨子大軍，有時用刀子，有時用湯匙。他自己也在對抗毛毯上的蝨子，因此我的左翼有了屏障，讓我有一點喘息的機會。

他也幫我跟吃不下東西的病人買麵包。

我吃了——我什麼都吃。

我的性格確實有古怪的一面，我不只一次發現這點。其他人發燒時，什麼都吃不下，我卻大吃特吃。對此感到困惑的人，我歡迎他們多瞭解我一點，然後他可能會發現，我這輩子做事情的順序都跟別人相反。

這個病房裡有幾個不錯的人，他們讓病人平靜地走過人生最後一段路。赫勒本達（Janek Hrebenda）與塔德許・布爾斯基（Tadeusz Burski）都是好人，與病人相處愉快。他們能做的並不多，然而只要在能力範圍內，他們總能滿足病人的要求。

然而，他們無法改變大環境。

夏天，上面下令不准開窗，避免病人著涼，因此大家只能忍受酷熱與惡臭。

現在，氣候嚴寒，但所有的窗子一天要開啟兩次，讓屋內空氣流通，窗外進來的冷空氣緩緩在地板上爬行著，讓蜷曲在單薄、破爛毛毯下的病人不斷哆嗦。

三天兩夜的時間，我跟蝨子對抗遠多於跟病魔對抗。

第三天，我的體力幾乎已經用盡，我決定告訴弗瓦德克（Władek）我的狀況。

我寫了一張卡片，讓新朋友布爾斯基轉交給醫官二號。

在集中營裡，任何卡片都會讓人起疑。這種舉動可能被解釋成兩名囚犯正在從事不利於第三帝國的事。

我寫道：「如果你不馬上把我弄出去，那麼我大概會用盡所有力氣在對抗蝨子上面。以我目前的狀況來說，我很快就要進火葬場了。」我告訴他我的位置。

幾個小時後，醫官二號出現了，旁邊還跟著醫生十二號〔Edward Nowak〕。

兩人在官方的定義上都是護士。

波蘭人根據官方的規定不能擔任醫生。

然而，醫官二號卻成功建立了一定的地位，使他對醫院有一定的影響力。

醫官二號在病房巡視（這不是他的部門）。

他假裝不認識我。

他轉身對醫生十二號說：「這傢伙有什麼問題？你能幫他檢查一下嗎？」

檢查結果，我的左肺發炎。

醫官二號宣布，這名病人需要帶去檢查，並且注射新的藥劑。

我來到第二十區（舊分區系統）。

在樓上，我被安排到某個病床。

我得救了，這裡沒有蝨子。我在新內衣與毛毯上發現四十到五十隻蝨子，但這不打緊。我殺死這些蝨子，然後就沒事了。

牠們無法從隔壁病人身上沿著我這一床的床腳爬上來。至少，牠們還沒學會這一點。即使他們把我擺在背窗的床上，這也沒有關係。冷風從窗戶透進來，與室內的暖空氣交會，在窗上形成薄薄的霧氣。

我試著讓我受感染的部分不受到寒氣影響。

第二天，我搬到病房中間，我蓋了四件毛毯，而且打了一針。

十天後，我已經恢復到必須把病床讓給別人的程度。

我又回到第十五區，也就是我剛生病時待的地方，不過蝨子全清光了。

逐區除蝨的工作終於進行到第十五區。

真是想像不到，原本可怕、到處都是蝨子的病房，經過燻蒸與粉刷之後，看起來完全不一樣了。

這是一九四一年二月一日的事。

我生病之後在那裡休息了一個月，順便協助塔德克〔塔德許·布爾斯基〕與赫勒本達。

霍夫曼（Krzysztof Hofman）是個好護士，他經常巡房，有時還睡在病房裡。

弗洛爾奇克（Heniek Florczyk）是來自華沙的數學家，他是病人。

布爾斯基（住在拉席尼斯卡街五十六號）[1]因為他姊妹的努力奔走而獲釋。

我讓他把消息帶回華沙。

儘管監獄的狀況獲得改善，每天還是有幾個病人死亡。

醫院其實已經無力診治這些病人，即使克吉許努力拿了一些藥丸過來，但也就只有藥丸而已。

有時，病人只想速死。

他們不想再撐下去，而一旦放棄，他們很快就死了。

在這裡，身為逐漸康復的病人，我在一些友善護士的協助下，努力讓自己回到營裡（他們從弗雷德克四號那裡為我帶來了衣物）。

有時候我會利用當局不注意，偷偷離開病房。

1　在一九四五年報告的前面，皮爾茨基提到布爾斯基的住址是五十八號。英譯者注。

我有更多時間建立「五人小組」。

集中營像個巨大的磨坊，把活人磨成骨灰。

我們這些囚犯有兩種死法。

有幾個類似但彼此獨立運作的團體負責透過勞動或藉由集中營的惡劣環境來整死犯人。因為嚴重理由入營的人，他死亡的方式其實跟無故入營的人的死法沒什麼不同。無論如何，集中營外曾發生的事，對集中營內沒有影響。然而，政治部有個獨立團體負責檢視個別的案例。有時，某個犯人一直努力「撐下來」，想辦法活下去，並且為自己取得額外的食物，這樣的人，有一天卻遭到殺害。

他的囚犯編號在早點名時公布。他必須到總辦公室，由親衛隊帶他到政治部，然後由帕里奇在第十三區槍斃他。

這全是另一名謀殺犯在檔案中搜尋的結果，這個人就是格拉伯納（Maximilian Grabner）。

帕里奇依照槍決的人數領賞。

SW

親衛隊的死人頭帽章，一九三四至一九四五年。

這兩位先生經常達成協議。一個挑人，另一個殺人。錢財兩人均分，這是門好生意。

——

死神會隨意帶走我們的同志，這對我們努力運作與長時間觀察所建立的網絡造成重大的打擊。

各地的網絡不斷遭到破壞，我們必須持續加以修復。

ABM

親衛隊二等士官長帕里奇（Gerhard Palitzsch）。

ABM

格拉伯納（Maximilian Grabner），集中營蓋世太保頭子。

已經加入的人士氣高昂，他們背後有友善的人予以協助，而且彼此扶持，努力讓自己擠進狀況較佳的工作小隊。

在進入奧許維茲之前我們稱為「組織化」（organizing）的事情，在這裡我們絕口不提，我也禁止大家說這個詞。

現在我們掌握這個字的新涵義，並且將其廣泛傳布到集中營各處，讓這個概念獲得更多人接受。

某方面來說，這是我們的避雷針。

在集中營裡，「組織化」指的是「非法蒐集」。

某人在夜裡從儲藏室偷了幾塊「人造奶油」或一塊麵包，這就稱為「組織化」人造奶油或麵包。

有人「組織化」鞋子，有人則「組織化」菸草。

「組織化」這個詞現在已經公然地傳布與廣泛地使用。如果有組織外的人在不經意間聽到我們的地下組織說到這個詞，那麼他也只會理解成我們準備要偷或蒐集某件東西。

我們的做法，一般的「連結者」不能知道太多內情。

成員知道「骨架」，知道幾個「接觸的管道」，也知道小組是誰主持的。

我們的組織開始蔓延到幾個工作小隊裡，我們的領域逐漸擴展。

我知道有幾個德國監督員不喜歡打人（確實有些人是如此），我想利用這一點跟他們建立聯繫，而我利用幾個特定人員與他們接觸。

奧許維茲集中營的初期，殺戮早在第一批波蘭人於一九四〇年六月十四日運抵時就已開始，當時負責殺害囚犯的組織是由三十名德國人（或有著強烈渴望的德國人）組成，他們於一九四〇年五月從歐拉寧堡（Oranienburg）來到這裡。

雖然他們也是囚犯，但他們卻被選上，成為施加痛苦的人。

他們取得奧許維茲最前面的號碼：一到三十號。第一個與最後一個，也就是囚犯編號一號布魯諾與三十號里歐，繫上了囚犯頭子的臂章，少數人繫上區長臂章，其餘的則擔任監督員。

這個強盜集團以殘忍而欺詐的手法殺害囚犯，但當中也有人不願打人，他們只是在其他德國囚犯與親

ABM

德林醫生（Władysław Derling，皮雷茨基的同志，上尉醫官二號），囚犯編號1723。

衛隊的威逼下而不得不如此。

囚犯很快就發現這一點。

作為一個組織，我們決定利用這一點。

不久，工作分配員奧圖（Otto，囚犯編號二號）；木匠工廠的高階監督員巴爾克（Artur Balke，囚犯編號三號）；「馬特奇卡」（Mateczka，囚犯編號四號〔本名Fritz Biessgen〕），馬特奇卡其實是綽號，「母親」的意思，因為他對廚房裡的人很好；波克（囚犯編號五號〔本名Hans Bock〕），他在醫院裡的綽號是「塔塔」（Tata），「父親」的意思；康拉德（囚犯編號十八號〔本名Konrad Lang〕）；強尼（囚犯編號十九號〔本名Jonny Lechenich〕）開始協助我們，他們渾然不知有地下組織存在。

特定成員會以個人或朋友的名義與他們接觸，而他們在可能的範圍內，總會協助我們。奧圖會分配特定工作小隊的空缺給我們；巴爾克安排不少人進入木匠工廠，讓他們在室內工作；馬特奇卡讓特別疲憊的成員吃「兩份」糧食（或廚房的湯）；波克協助我們順利住院；強尼是農耕小隊的監督員，他起初並未阻止，之後轉而協助我們與外頭的組織聯繫，並且與十三號「索菲亞」〔Zofia Szczerbowska，位於斯塔爾斯塔菲（Stare Stawy）〕合作，強尼肯定知道我們在搞什麼鬼。

強尼沒有背叛我們，而且當時他還被集中營當局處以長凳刑罰，理由是他「沒有察覺」

高階監督員巴爾克（Artur Balke），囚犯編號3。

「馬特奇卡」（“Mateczka” Fritz Biessgen），囚犯編號4。

康拉德（Kanrad Lang），囚犯編號18。

當地居民把額外的食物（麵包）扔進來給犯人吃——當局並未發現其他異狀——強尼因此成為我們堅強的朋友。

透過這個方式，我不斷聯繫與「結合」，剛好一九四一年二月我在第十五區（舊分區系統）的醫院休養，因此我有的是時間從事這項工作。

這種狀況持續到三月七日。

突然間發生了幾件事。

三月六日，我被叫到第十八區（舊分區系統）的檔案室，那裡存放著我們最初拍攝的照片。

他們出示我的照片，並且問我拍攝當時我的前一個人跟後一個人是誰。我說我不知道。親衛隊員冷笑說，他對我的說法頗為懷疑，跟我一起來此的人，我怎麼可能不認識。然後他仔細看我的照片，接著說，這張照片跟我一點也不像，而這也頗為可疑。

事實上，我拍照時故意裝出不自然的樣子，刻意鼓起我的臉頰。因此我回答他說，我有腎臟病，因此有一點水腫。

同一天，斯瓦維克通知我，他明天即將獲釋，然後他會前往華沙。

他一直相當樂觀，他告訴我他會在華沙等我。

他在獲釋之前並未遭到隔離，當時還是如此處置的。

斯瓦維克之所以能獲得自由，主要是因為妻子與瑞典領事館的介入。晚上，醫官二號告訴我，我明天會被叫去總辦公室，我大概知道會發生什麼事。

但我不知道為什麼找我去，我絞盡腦汁猜測對方想知道什麼。

我沒有前科。

我突然想到，維斯特里奇可能在有心或無意之間透露了我用假身分的事，因此這把火才燒到我這兒來。

維斯特里奇早在十四天前就已經獲釋。

或許在離去之前，他「交代」了他的祕密。

若是如此，那麼我的死期到了。

醫官二號擔心我的狀況，他教我裝病，一種在醫院裡相當常見的病——腦膜炎——這樣或許可以讓我躲過訊問。

他想從某個親衛隊員（這個人先前在波蘭陸軍擔任士官）[2]口中獲取一些消息，並且希望他們不要毆打他的朋友（我），因為我生病了。

醫官二號已經慢慢鞏固了他在醫院的地位，他被視為良醫，也結交了幾位親衛隊員，有

---

2 他可能是德裔波蘭公民，納粹占領波蘭後徵召這些人入伍。英譯者注。

時他會給他們一點建議。

三月七日早上，早點名叫到我的編號，要我到總辦公室報到。

我們有幾個人被叫到。

他們要我們在旁邊排成一排。

整個區的囚犯看我們的表情，像是認為我們會一去不回。

他們猜得八九不離十。

鑼聲響起，每個人開始排成工作隊形，我們也朝第九區（舊分區系統）走去。

在主辦公室前面的走廊上，被叫來的號碼一一核對；我們大約有二十人，來自不同的區。

他們要我站在一旁。

「接下來會發生什麼事呢？」我猜想著。「為什麼我跟別人區分開來？」

他們指著我，然後對某個親衛隊員說話，我聽不見他們說什麼。

「這個人應該沒問題，」我從他們的表情來推測。

然而，事情比我想像得還要好。

其他人全部帶往政治部，只有我被帶往檔案室。

「這好多了。」我想著。

路上，我有點瞭解叫我來的目的是什麼，於是我稍微感到寬心。所有的犯人都必須寫信給家人，但只能寄到他們當初抵達時寫的地址。我們剛抵達奧許維茲不久，晚上就遭到訊問。我們從睡夢中被叫醒。他們要我們說話（那時是在第十七區 a），而且用古怪的笑容要求我們寫下地址，如果我們意外死亡的話，他們才能通知我們的家人——彷彿這裡的死亡全是意外造成的。

集中營每十四天會寄一封信到那個地址，這是為了與犯人家屬維持聯繫。我給的是我弟媳在華沙的地址，我的家人可以透過她得到我的消息，但我不希望集中營當局知道我的家人。

我的弟媳〔Eleonora Ostrowska〕權充我的朋友，我佯裝自己是單身，除了母親之外，沒有其他家人。

我只有寫過一封信到這個地址，那是在十一月，我告知我身在何處。接下來我未再寫信，如此我接下來在集中營做的事，我的「朋友」就毋須負責。

我想切斷與外界的聯繫，讓德國當局無法查到任何蛛絲馬跡。

一名親衛隊員護送我來到一間木屋，一端（離門最遠的那一端）是親衛隊警衛室，另一端是郵件檢查室。

這裡有十餘名親衛隊員坐在桌旁。

我被帶進來的時候，他們只是抬頭看看我，然後又繼續檢查郵件。

我身後的親衛隊員報告人已帶到。

此時其中一個坐著的人對我說：「啊！我親愛的先生……你為什麼不寫信呢？」

我回道：「我寫了。」

「是嗎，你又在說謊了！什麼叫做你已經寫了？我們可是保留了每個人對外的書信紀錄。」

「我確實寫了，但我的信又退回來，我可以證明。」

「退回來？他有……證據？嗯，我不知道……他有證據！」

幾名親衛隊員圍著我，嘲弄著。

「什麼樣的證據？」

「我有我定期寫的信，但我不知道為什麼，這些信都退回來了。」我故意裝出憤憤不平的樣子，彷彿我的信受到不公正的對待。

「這些信在哪兒？」

「在第十五區。」

「漢斯，帶他到第十五區拿信，如果他找不到……」他轉身看著我，「你就倒大楣了。」

我確實有這些信。

我已經預見到會有這種狀況，所以每十四天我會寫下一封信，信的開頭都是標準格式：「我很好，勿憂，」區長說，如果沒寫這句話，信就不會通過檢查（即使囚犯已經快死了，如果他想寫信，開頭還是得有這兩句）。無疑地，家人可以從他的筆跡看出他過得如何，以及他的健康狀態。

每個人都想寫信給家人，但也有少數人是基於私人理由，或希望對方寄錢，總之寫信是相當尋常的事。

然而，我也發現有些書信會退還給犯人，也許是未通過檢查，也許是信的內容惹惱了親衛隊。這些退回來的信，信封上有一個小小的綠色標記，有時則是直接寫上「退件」。

我從同志那裡拿到幾個有這種特殊標記的信封，我使用騎兵上尉三號的鉛筆，在我的信封上偽造這些標記，而且也沒有在「寫信的星期日」那天交出這些信件。

我小心翼翼地把這些信藏起來。

我跟親衛隊員朝著營區走去，準備去拿這些信件（三月七日），剛好在大門碰到斯瓦維克，他正被一名親衛隊員帶出集中營，即將重獲自由。

在第十五區（舊分區系統）的第七室，我收拾這些信件。房間裡，同志們看到親衛隊正等著我，他們以為這些信大概跟政治有關，心想以後大概再也看不到我了。

我興致勃勃地回到郵件檢查室。

隨我前去的親衛隊員把六、七封信拿給辦公室主任，幾名親衛隊員則在旁邊圍觀。

「所以真的有這些信。」

顯然，我的綠色標記仿製得相當好。

無論如何，這些親衛隊員絕不會想到有囚犯會寫信卻不把信寄出去。

他們閱讀信的內容。裡頭沒什麼東西，只是一些簡潔的陳述。

「啊哈，這表示你的收信地址一定不是你提供的住址！」

我反駁說，我認為退信一定是有什麼地方出了差錯，因為我寫的地址就是我當初提供的地址。

他們檢查了一下，我的說法應該不會有錯。

「啊哈……所以誰是這位E.O.女士，也就是你寫信的對象？」

「朋友嗎？」

「朋友。」

「朋友。」他們輕蔑地笑著。「你為什麼不寫信給你媽呢？你提過你有母親。」

（我的確提過我有母親，不過她在兩年前就去世了。我不想引起注意，就像鳥兒不被拘束在地面上，我想顯示我確實有親人，但我不想讓他們知道我那些活著的親人的住址。）

「喔，是的，」我回道，「我有母親，但她在國外。畢竟維爾諾是在國外，所以我不知道是否可以寫信到那裡。」

親衛隊開始回到自己的工作崗位。

他們對我的事逐漸失去興趣。

「我告訴你吧，」這位辦公室主人像所羅門一樣宣布：「你的信一直被退回是因為你寫信的對象不是你媽，雖然你確實有母親，你寫信的對象是某個朋友。你必須向營指揮官請願，是否能准許你更換地址，並且向他表示你想寫信給E. O.女士。你必須以官方管道送交請願書，也就是透過你的區長。」

我跟郵件檢查室的瓜葛到此為止。

隔天我連忙在第三區寫請願書，這裡的區長寇普洛維亞克（Koprowiak）一直搞不懂為什麼我之前一直寫信給E. O.女士，而現在卻禮貌地請求指揮官同意讓地址改成同樣這位E. O.女士的住址。

然而，在我到第三區的前一天，也就是三月七日這一天，第十五區有件令人驚訝的事等待著我。

我是唯一被叫回第十五區的人。

劊子手帕里奇用一顆子彈，透過政治部的決定，在第十三區的庭院送我的同志上路。

我從郵件檢查室回到醫院時，剛好碰到有個醫療小組正在病房裡檢查病人；凡是沒有發燒的人全都要回到集中營自己所屬的那個區工作。

突然間，原本是「病人」的我，無法繼續在營裡「閒晃」，必須到工作小隊報到。

我打了自己的肚子與頭幾下，然後走出醫院……

因此，第二天，我在第三區 a 寫請願書。

然而請願書不是重點。

重點是如何加入室內的工作小隊。

維斯特里奇已經離開了。第九區（舊分區系統）的小木匠工廠也關閉了。大木匠工廠，高階監督員巴爾克主持的那間，現在正在擴充人力，這間工廠位於一號工業倉庫。

我必須想辦法讓自己馬上到室內工作才行。我的恢復期已經結束，但立即到寒冷的戶外工作，對我來說還是過於吃力。

現在，每個工作小隊都會仔細清點人數，因此，如果魯莽地加入某個不合適的小隊，未來想移到條件比較好的小隊時，就可能出現「曠職」的問題。

此時又要麻煩我的同志來解救我了。

我們組織裡有幾個成員在一號工業倉庫的大木匠工廠工作，其中安提克十四號甚至當上了師傅。切希克九號現在也在那裡工作。

安提克十四號帶我到巴爾克的辦公室，說我是個好木匠，應該進到工廠來。

我照著安提克的指示回答問題，而根據我的回答，他們認定我適合操作機械。

剛好此時正要運機器進來，在廠裡進行裝設。

於是巴爾克同意了。

眼下他讓我待在儲藏室，這裡由弗瓦德克·庫皮克（Władek Kupiec）負責。

這裡的工作一點也不繁重。

庫皮克的為人極好，是個好同志。他與他的五個兄弟都在那裡。[3]

我也遇到了一對好友，其中一名叫威托德十五號〔Witold Szymkowiak〕，另一名叫皮雷茨基十六號〔Jan Pilecki〕。[4]

在木匠工廠工作幾天後，我與弗瓦德克十七號〔Władysław Kupiec〕、波勒克十八號〔Bolesław Kupiec〕、威托德十五號、塔德克十九號〔Tadeusz Słowiaczek〕、安提克十四號〔Antoni Woźniak〕、雅內克二十號〔Jan Kupiec〕、塔德克二十一號〔Tadeusz

---

3 庫皮克家六兄弟有三人（安東尼、楊與弗瓦迪斯瓦夫）從集中營生還，三人（波勒斯瓦夫、約瑟夫與卡洛爾）死於集中營。英譯者注。

4 與作者沒有關係。英譯者注。

Pietrzykowski〕、安提克二十二號〔Antoni Rosa〕一起建立第二個「五人小組」。[5]

在大木匠工廠工作幾個星期之後，我聽到傳聞說上校二十三號〔Aleksander Stawarz〕與中校二十四號〔Karol Kumuniecki〕計劃在營裡發動叛亂：中校二十四號會跟比較強健的囚犯朝卡托維治（Katowice）前進，而上校二十三號將暫時與病人留在營裡。

由於這個計畫看起來相當天真，而且類似計畫很可能被其他囚犯洩露出去，因此我避免跟這些軍官討論我們的組織。事實上，從一開始，我就避免拉攏高級軍官加入組織，這些軍官在集中營裡使用的都是真名（除了上校一號，我對他完全信任）。我的理由很簡單，如果有人起疑，那麼集中營當局一定會將這些軍官鎖入地牢，嚴刑拷打。在這種狀況下，期待這些軍官守口如瓶是不可能的。

我一開始進行組織工作是這麼做的，之後才做了一些改變。

一九四一年四月與五月，有大批波蘭人運到，這些都是帕維雅克監獄的犯人。

裡面有不少是我的朋友。

我建立了第三個「五人小組」，裡面包括了我之前在華沙的副指揮，「切斯瓦夫三世」二十五號〔Stefan Bielecki〕；斯塔希克二十六號〔Stanisław Maringe〕；尤瑞克二十七號〔Jerzy Poraziński〕；什策潘二十八號〔Szczepan Rzeczkowski〕；弗沃德克二十九號〔Włodzimierz Makaliński〕；格尼克三十號〔Eugeniusz Triebling〕。[6]

組織成長非常迅速。

然而，集中營的體制也加快了殺人的流程。

從華沙運來的囚犯來到集中營最危險的區域，他們就像我們當初一樣，一下車就被痛打一頓，並且在驅趕中接連有人死亡。每天，寒冷與毆打都會殺死不少人。

一九四一年春天，集中營出現了一項新事物，那就是管弦樂團。

集中營司令官喜愛音樂，他想找一些優秀的音樂家組成管弦樂團。這一點，集中營可以滿足他的需求，事實上，集中營裡各行各業的人才都有。

管弦樂團的工作是一份「好差事」，因此家裡有樂器的人莫不趕忙讓家人把樂器寄來，然後報名參加樂團，演奏各式各樣的曲子。樂團的指揮是弗朗茨〔Franciszek Nierychło〕，一個不折不扣的禽獸，他過去曾是廚房監督員。

這真的是個很棒的管弦樂團。

它是司令官的驕傲。

5　皮雷茨基在一九四三年秋的報告（《W報告》）中並未提到Jan Kupiec，也未提到Antoni Woźniak，反而提到了Mikołaj Skornowicz。英譯者注。

6　在一九四三年秋的報告（《W報告》）中，皮雷茨基列了Wincenty Gawron、Stanisław Gutkiewicz與Stanisław Stawiszyński，卻沒有列Stefan Bielecki、Stanisław Maringe、Jerzy Poraziński與Szczepan Rzeczkowski。英譯者注。

如果缺少某項樂器的好手，他很輕易就能在「民間」找到，然後將他帶到集中營裡。不只是司令官，就連檢查小組有時也會來集中營愉快地欣賞樂曲。

管弦樂團一天演奏四次。分別是：早晨我們出發去工作，我們回營吃午餐，午餐後我們回去工作，以及我們回營參加晚點名的時候。

管弦樂團的「舞臺」位於第九區（舊分區系統）前面，就在工作小隊出入的門附近。當工作小隊從工作崗位回營時，人們確實感受到這個場景的恐怖之處。前進的隊伍一路拖著同志的屍體回來，這些人都是在工作時遭到殺害。有些屍體已經面目全非。

在奮起的進行曲旋律下——速度加快，聽起來像是波卡舞曲或波蘭舞曲而非進行曲——遭毆打的囚犯，拖著疲憊的身軀，蹣跚地走回營區。

隊伍努力讓步伐維持整齊，他們拖著同志的屍體，在這幾公里的路上，死者裸露的肚子不斷在凍土、泥濘與石頭上彈跳著，身上的衣物都已磨破。

隊伍象徵著人類深刻的不幸，在他們四周繞著一幫惡棍，這些人用棍棒毆打他們，逼迫他們步伐要與愉快的音樂一致。

凡是步伐踩錯的人，頭部會挨一頓毒打，不久他們就會成為同志拖行的屍體。

每個人都被兩圈武裝「英雄」護送著，這些人都穿著德軍制服。在門前，除了武裝安全人員，還站著一群「超人」。他們是集中營裡軍階較高的一群，他們是士官（日後人們可以把所有責任全推到這群人頭上：「你能期待這些呆子什麼？」）。

這些人就像天神一樣，他們容光煥發的臉龐驕傲地看著這些死人，把他們當成卑賤的「次等人類」。

在田野工作的小隊回來就是這副景象。在當中，很少有「老號碼」的人在裡面。這些人要不是已經成為一道輕煙，「從煙囪排出」，就是負責室內的工作。工作小隊絕大多數是由新來者構成的。

在工廠工作的百人隊，回來的景象完全不同：他們強壯、結實，隊伍整齊劃一，步伐輕快。

門前那群暴徒的笑容消失了，他們通常會不情願地轉過身去。然而，目前他們需要工廠。

不只一名親衛隊員瞞著長官偷偷地讓工廠幫他製作某些必要物品。就連那些階級較高的軍官也是一樣，他們也是瞞著其他人偷偷訂製一些用品。

這些人不希望有人向長官通報這件事。

殺人就不同了：你殺的愈多，人家就愈瞧得起你。

——

我說過，這簡直不像是「這個世界」會發生的事。

什麼意思呢？文化……二十世紀……誰聽過這種駭人的屠殺？

無論如何，你不能不面對這樣的事。

這些來自偉大文化的人，據說（雖然現在已是二十世紀，擁有高水準的文化）……想偷偷進行這樣的戰爭……甚至辯稱這麼做有其必要。

啊哈……突然間，即使是戰爭……在文明開化的民族嘴裡，居然也成了「不可避免與必要」。

同意，但迄今為止——我們知道人們絕口不提某個族群會為了自身的最佳利益而屠殺另一個族群——人類的互相殘殺僅限於社會的某個分支：軍隊。

是的，但遺憾的是，過去是如此，但現在並非過去，過去要比現在美麗得多。

現在的人類能說什麼呢？正是現在的人類想證明自身的文化與個人進步，並且想讓二十世紀成為人類史上最高等的世紀。

我們這些二十世紀的人類，敢不敢直視祖先的眼睛……可笑地……證明我們確實來到更高的文化階段？

近來，武裝團體摧毀的不是敵國軍隊，過去那一套早就沒人搭理，他們使用最新式的武器，將毫無防衛的民族與社會予以摧毀。文明進步，是喔，文化進步？別笑掉人家大牙了。我們誤入了歧途，我的朋友，我們走上一條可怕的岔路。

更糟的是，我們找不到適當的言語來形容它……

我想說我們已經成了禽獸……然而不是，我們比禽獸還糟一大截！

我絕對有權利這麼說，因為這都是我親眼所見，在奧許維茲一年之後開始發生的事，可以證明我所言不虛。

——

「生存」與「毀滅」的差異如此巨大，在室內（如馬廄、儲藏室或工廠）工作的人的處境，與在戶外工作死亡的人有著天壤之別。

前者被認定是不可或缺的；其餘的人則必須付出自己的生命才能合乎需要，滿足需求，他們的價值只在於化為齏粉。

這種區別必須要有價格，要有理由。

而這個價格就是技術，或足以取代技術的智巧。

集中營是自給自足的地方。

農作物自種，家畜（馬、牛與豬）自養。

屠宰場將動物的肉轉變成適合人類攝取之物。

離屠宰場不遠的地方是火葬場，人類的肉在這裡轉變成灰燼，然後成為田地的肥料——這是人肉唯一的用處。

最好的室內工作是豬舍，用來餵豬的殘羹剩飯遠比廚房裡準備給囚犯吃的東西來得豐富。

這些豬吃的是「超人」吃剩的東西。

受命運之神眷顧，得以擔任養豬人的囚犯，可以吃到好的食物，只不過這是從他們受命照顧的豬隻口中搶來的。

在馬廄裡，犯人還有別的選擇。

我的朋友三十一號〔Karol Świętorzecki〕多次找我到鄰近的馬廄。為了應付經過的親衛隊員，我必須帶著工具，假裝那裡有東西要修，為自己在那裡出現提供理由。

我的朋友要請我吃頓豐盛的大餐。

他給我一個飯盒，裡面裝滿了黑糖。黑糖在經過水的沖洗之後去除掉鹽分，幾乎變成了白色。我們添入了麥麩。攪拌均勻之後，吃在我嘴裡就像是最高級的蛋糕。

當時我覺得自己從來沒吃過這麼好吃的東西，就算能獲得自由，以後也吃不到這樣好吃的東西。

我的朋友又拿出了牛奶，這是要給種馬喝的牛奶。

然而這麼做必須小心，別讓人發現了。

來馬廄卻無特別的理由，修理工作也未得到監督員的委託，這些都是禁止的。

我的朋友三十一號找了幾個馬廄的工作成員，成立了新的小組。

五月十五日，我的朋友由於他母親的努力，終於獲得釋放，並且動身前往華沙，他身上帶著我在此地的工作報告。

過了一段時間，我的朋友三十二號〔Leszek Cenzartowicz〕在我的協助下順利進入馬廄，靠著喝懷孕母馬的奶水，已經累壞的他得以保住性命。

此外還有製革工廠，在裡面工作的人會把要送去製革的豬皮切幾片下來，設法保持原豬的形狀，只是小了點，然後用切下來的豬皮「熬湯」喝。

一九四一年夏天，我第一次吃到狗肉，我吃的時候並不知道那是什麼，只知道那是製革工廠的朋友提供的。

後來我又吃了幾次狗肉。

為了保持體力，在本能驅使下，什麼東西都可以吃下去，什麼東西都好吃。我的朋友二十一號（Tadeusz Pietrzykowski）負責飼養小牛，他偷偷給我一些生麥麩，這些麥麩並不是很乾淨，因此有時候我自己的小牛也不願吃。有人把湯送來木匠工廠，我會把一到兩匙的麥麩加在湯裡。上面要我們留在工作崗位上，因此我們不用回營吃午餐或參加午點名，而是直接在工廠裡清點人數。

之後，我的朋友二十一號又設法送來更多麥麩，我會直接放一點在嘴裡，然後盡可能咀嚼久一點，慢慢少量地連同穀殼一起吞下去。

因此，每件事都是可能的，每一種東西都可能有好味道。沒有東西會讓我胃痛，也許這是因為我有極其強健的胃。

我不是專精的木匠，因此我必須靠一點聰明才智來彌補技術上的不足。起初我靠朋友支持（不可能撐很久），之後我必須面對木工技藝的挑戰。所以我學習如何熟練地使用工具。

顯然，絕大多數的木匠都以為我習得這個技藝已有很長一段時間。除了高階監督員巴爾克之外，還有兩名監督員與一些木工師傅，在他們面前必須裝出勝任愉快的樣子。

在弗瓦德克與幾個朋友的指導下，我學會鋸、刨、在木板末端上膠然後黏在桌面上。

然而，最重要的工作主要還是靠眼睛。

在奧許維茲，無論從事哪一項工作，靠的都是眼觀四面耳聽八方。

囚犯必須留意監督員是否看著別的地方，這樣他才能獲得短暫喘息。

然而，如果長官的視線不斷在廠內各處穿梭，而其他的監督員也看著你，或者，你剛好位於他們的視野之內，那麼即使是在眼角餘光處，我的朋友，你最好乖乖工作，或假裝你在工作。

你不能呆站著或閒晃，即使在此之前你已經在沒人監督下連續工作很長一段時間。

如果你在沒人監督下持續工作，那麼就表示你太不小心。

注意！工作使人自由！門上的這塊標語，你每天都會讀到幾次。

如果把自己累壞了，你就可以離開這個鬼地方，只不過必須化成一道輕煙。

如果你休息剛好被監督員看到，那麼免不了遭到責罰。

不過，一流的木匠不在此限，因為他們享有好的名聲。

他不需要假裝。

其他人，即使他們確實是好木匠，也必須小心。

工廠裡有幾百個人工作——而集中營裡有數千人處於垂死邊緣。

新來的貨真價實的工匠，想盡辦法要進入工廠工作。

「手拙」的人會被踢出工廠——然後死在野外。

因此，出於必要，我逐漸成了一名木匠。

我設法讓我的幾個朋友——他們在一九四一年四月到五月間從華沙被送來此地，同時也被我引進到組織裡——取得室內工作。

在成員三十三號〔Stanisław Kocjan〕的協助下，我讓二十五號〔Stefan Bielecki〕與二十六號〔Stanisław Maringe〕進入調度場工作，三十三號可以決定調度場小隊的大小事。

我在醫官二號的協助下，讓二十七號〔Jerzy Poraziński〕進醫院當護士。

我在少尉四號的協助下，讓三十四號〔姓名不詳〕進醫院當祕書，其餘的例子不勝枚舉。

一九四一年春，我到專供新來者居住的第十一區與第十二區（舊分區系統）走了一圈，我的目的是尋找朋友，選人去工作，讓他們到室內，挽救他們的性命。

有一次，我在那裡遇見切特維廷斯基（Czetwertyński）家族：來自索魯德克（Żołudek）的魯德維克（Ludwik）與他的兩個兒子，以及他來自蘇霍沃拉（Suchowola）的兄弟。我也遇見一九三九年抵抗運動的朋友——預備軍官三十五號〔Remigiusz Niewiarowski〕。

幾天後，我遇見兩名在華沙工作的同事：三十六號〔Stanisław Arct〕與三十七號〔姓名不詳〕。

我仔細看著每個人，因為你永遠不知道，在華沙的阿雷亞舒查（Aleja Szucha）[7]與帕維雅克監獄待過的人，可能會做出何種行為。

有些人耗盡了元氣，有些人完全崩潰。

不是每個人都適合我們的組織或新的地下工作。

少校三十八號〔Chmielewski〕曾在華沙與我們共事，用的是假名「塞普二世」（Sęp II）。一九四一年夏天，他首次在奧許維茲檢閱場看到我，便高興地衝過來大聲叫道：「啊，原來你在這兒，華沙的蓋世太保快把我碎屍萬段了，他們一直問我威托德怎麼了……你在這兒多久了？……你的號碼很前面……你怎麼熬過來的？……但兩個月前我還在華沙看到你……我在阿雷亞舒查時是這麼跟他們說的。」他在十幾個朋友面前大聲說話，掀我的底，因為在這裡我的名字叫托馬什。

幸好，此時我們身邊沒有任何惡棍。

至於兩個月前我是如何到了華沙……答案很簡單，在阿雷亞舒查被嚴刑拷問之後，他整個人大概被打糊塗了。

7　蓋世太保在華沙的總部所在地。英譯者注。

之後我才知道有著完全不同的原因。[8]

這幾個月，我以前的老夥伴有十幾名陸續被送來奧許維茲，其中二十五號〔Stefan Bielecki〕與二十九號〔Włodzimierz Makaliński〕對我的工作最有用處，我相信他們如同我相信自己。

站在收容新來者的營房角落，看著這些人剛從外在世界抵達此地，身上還沾著華沙的塵土，心中五味雜陳。

彷彿心裡存在著一個以上的人格。

當中的某個人想可憐自己，渴望回到外在世界，但這樣的感受只會讓他感到羞恥。

另一個人比較堅強，他對於自己能克服衝動感到高興，不像其他真實世界裡的人一樣只專注於瑣事。然而這種高興在這裡毫無價值。

第三個人帶著憐憫的心情看著，但這裡的憐憫不是意義最糟糕的那種憐憫，而是某種內在、帶著友善微笑、毫無顧忌地看著這些新來者。他們仍然以職業頭銜與軍階稱呼彼此。

老天爺！你會多快讓他們知道真相，我想愈快會愈好。

在這裡，首先要做的是剪除知識分子，因為集中營當局接到的指令就是如此。此外，無法從事工廠工作的知識分子如果無法進入集中營的知識分子儲藏庫（如工地辦公室、行政辦公室、醫院、囚犯個人財物儲藏室與衣物儲藏室），那麼他就死定了，因為他在這裡沒有用處。一個知識分子也許擁有豐富的學識，但遺憾的是，有時他缺乏實際的技能。另一方面，知識分子也較為柔弱，他們無法從事體力勞動，也吃不慣過期的食物。很可悲，但如果我想呈現真實的集中營，我無法不提這點。

讀到這段陳述的人，如果以為我是在「抹黑」知識分子，那麼他可就錯了。我相信我也算得上是知識分子，但這不表示我不會寫出苦澀的事實。被帶到集中營的知識分子，有很高的比例缺乏生存技能。他們不知道自己面對眼前的處境，不僅要隱匿自己的職業，而且要有一套彈性做法，才能在冷酷艱苦的集中營土地上活下去。

職業的禮貌在此蕩然無存，他們必須懂得看臉色。

工程師不可能待辦公室，醫生也不可能待醫院；哪怕是最微小的「縫隙」，他們都要好好把握，趕緊從這裡鑽出新來者營區，從事當局認為有用的工作，這可不是顧忌波蘭人榮譽的時候。

我並非「誇大其詞」，律師在這裡形同廢人。

最重要的是，要跟每個波蘭人維持友好關係（假設對方不是混蛋的話），並且利用對方

8　之後完全沒有交代，我們不曉得理由是什麼。英譯者注。

USHMM/ IPN

Yad Vashem/ Otto Dov Kulka

絕大多數犯人必須忍受在戶外長期辛苦工作……。

Yad Vashem/ Otto Dov Kulka

Yad Vashem/ Otto Dov Kulka

風雨無阻。幸運的人可以加入室內工作小隊——例如鎖匠、烘焙師傅、製革工人、木雕師傅，或者在醫院、廚房或畜欄工作的人。

的協助，同時也要回報對方的恩情。

在這裡，唯一能活下去的方式就是結交朋友與合作……彼此幫助。但有太多人不瞭解這點！

有太多利己主義者自行其是，對於這些人，你可以這麼說：「魚不幫水，水不幫魚。」[9]這些人一定會死。要救的人太多，救得了的人太少。

此外，很多人缺乏意志力，會吃下自己無法消化的東西，而知識分子的胃向來很弱。「蠢貨，他X的知識分子，」這是營裡最常聽見的辱罵的話。

從一九四一年春天開始，集中營的囚犯開始使用「穆斯林」（Muselmann）這個詞。當局用這個詞來稱呼那些虛弱、幾乎走不動、形同死屍的囚犯，這個詞慢慢成為常用的詞彙。

集中營有首小曲是這樣唱的：

「……薄如紙片的穆斯林……像旗幟般翻騰……」

這些人就站在生與……火葬場的分隔線上。

他們很難再恢復體力，通常是死在醫院，或者是送到休養區（舊分區第十四區或新分區第十九區）。數百名行將就木之人可以獲得營方的憐憫，不用做事，只需整天排成一列站在走廊上，不過這些人光站就能把他們站死。

休養區的死亡率極高。

一九四一年七月，我走過十幾名年紀大約十六、七歲的少年前面，這些人因為唱愛國歌曲而直接從課堂裡被帶進來。其中一名少年三十九號〔Kazimierz Radwański〕突然衝到我面前叫我「舅舅」。我差點因此敗露形跡。

然而我很高興。我當然不是高興他在這裡，而是高興他能告訴我家裡的消息。

幾個星期後，在木匠工廠的機器工廠裡，某人與我四目相對。他眼睛眨也不眨，仔細打量著我。

我也一直盯著他看。

這個人個子矮小，是一名囚犯，波蘭人，他走過來，問我是不是某某人，他說出了我的本名。

我告訴他，他搞錯了。但他毫不遲疑地向我擔保，我什麼都不用怕。

幾個星期之後，他宣誓加入組織：四十號〔Tadeusz Szydlik〕。

他在木匠機器工廠工作。

我在木匠工廠找了三名勇敢的波蘭人加入，大大擴充了組織：四十一號〔Stanisław Stawiszyński〕、四十二號〔Tadeusz Lech〕與四十三號〔Antoni Koszczyński〕。

---

9 引自亞當・密茨凱維奇（Adam Mickiewicz）的詩〈青春頌〉（“Oda do Młodości”）。英譯者注。

不久，四十四號〔Wincenty Gawron〕、四十五號〔Stanisław Gutkiewicz〕與四十六號〔Wiktor Śniegucki〕加入我們。

我現在把精力都放在木匠工廠。

在命運的協助下，我的工作與「木匠身分」都未引起監督員的注意。只有一次，當我準備為木板上膠時，高階監督員巴爾克站在我身後幾步的距離，並且看了一會兒，而我完全沒有察覺。他把監督員沃特（Walter）叫過來，指著我慢慢地說，每個字的咬字都很清楚：「他是誰？」但他們之後繼續前進，並未打斷我的工作。

有些朋友告訴我這件事，他們當時在旁邊的工作檯看到了這一幕。

巴爾克顯然看出我不是木匠。

事實上，巴爾克是個有趣的人。高大、英俊，而且有著聰明的外表，但也相當嚴厲而冷漠。

每個星期日，他們會用所謂的「營區監禁」來折磨我們，一直持續到中午，我們會被鎖在營區裡進行各種檢查。然後，巴爾克出現，命令所有木匠到檢閱場集合，他要檢閱我們。他重新排列我們的隊伍，每二十人一排，找了「二十人」當領導，然後讓我們在大太陽底下在檢閱場站著，直到樂團奏樂，營區監禁結束為止。最後他會微笑對我們說解散，讓我們回到各自的營區。

集中營的人數持續不斷增加。

當時的囚犯人數大約在五千到六千人左右，但這不是實際數過的數字。

累積的總人數鐵定超過兩萬人，但有一萬人以上已經消失在火葬場。

集中營正以另一種方式成長，它不斷增建建築。

除了檢閱場上的八個營區（這使得集中營的營區編號出現更動），集中營也往一號工業倉庫的方向擴展，主營區的分支機構如雨後春筍般快速出現。其中一個分支機構位於所謂的「布納」（Buna，指合成橡膠），在主營區東方八公里處，囚犯在這裡的工廠生產合成橡膠；另一個分支機構是新建的比爾克瑙（布澤辛卡）集中營，這個名字源自於一棵小樺樹。這座集中營又叫拉伊斯科（Rajsko），但與拉伊斯科這個村落毫無關係（比爾克瑙位於主營區西方數公里處，拉伊斯科村則位於南方），這個名字純粹只是諷刺。[10]

成群的囚犯死在次營區的建築工地上。

每天有數百名囚犯在早點名之前就前往布納。他們比我們早起，卻在我們結束工作後幾個小時才回營。

---

10 拉伊斯科這個名字是波蘭文「樂園」（Raj）的諧音字，之後皮雷茨基經常用拉伊斯科來指稱比爾克瑙。英譯者注。

比爾克瑙開始建造營舍——木造的全新建築物。

之後，惡夢般的事開始發生在比爾克瑙—拉伊斯科。

為了建造營舍，需要裝框工與木匠。由於極度缺乏裝框工，因此一開始需要大量的木匠。

這意謂著要在露天環境下工作，必須忍受下雨乃至於下雪，而且要遭受監督員的棍棒伺候，因為上級下令這座位於拉伊斯科的監獄必須盡快完成。

我們工廠的木匠要送到那兒——去死。

巴爾克必須供應木匠。他其實不願意這麼做，因此他挑選的時候總是拖拖拉拉。

對木匠來說，這是一段艱困的時期，而巴爾克顯然也不好受。

許多木匠（大約有三分之一的木匠前往）前去建造營舍。在露天的環境下，許多人死在工地：要不是感冒，就是累死。

因此，他總是選擇最差的工匠。

他會仔細地看著我，彷彿心裡想著：「要不要派他去呢？」

然而不知何故，他會沿著行列繼續走下去，後面還有許多等待宣判的木匠，他把我留在工廠裡。

——

Yad Vashem/ Otto Dov Kulka

奧許維茲許多建築物都是由囚犯興建的。

ABM/ SS Dietrich Kamann

女性囚犯首次出現在奧許維茲是在一九四二年的時候，她們在主營區旁為新建築物挖掘地基。

在奧許維茲，只有極少數人獲得釋放。

這些人通常是華沙街頭搜捕來的人，他們並未滋事。這些多半由家人將他們贖回，或是透過各種中間人進行交涉，有時還會與敲詐者發生衝突。或者透過家人動用外國領事館的人脈，有人甚至能找上蓋世太保幫忙。

一九四〇年秋，大約有七、八十名華沙人獲釋。

一九四一年，釋放的人數非常少，秋天之前總共只有數十人。直到秋天，大約有兩百人被送到「自由」區（為了釋放這些人而設的區），這些人在釋放之前必須先「隔離」。這表示他們會吃到比較好的食物，好讓他們的外表看起來好看一點，顯示他們並沒有受虐。而那些帶傷的人，則會先待在醫院等傷好再說，這樣才不會留下證據，讓外界知道奧許維茲的囚犯過著極不人道的生活。

然而，考慮到一九四一年十一月時，整個集中營囚犯編號已經超過兩萬五千號，只釋放了三百多人能有什麼意義？

每個獲釋的囚犯，穿上平民的衣服之後（從個人物品的儲藏室領回），要不是獨自一人，就是與一群人同行。他們會經過那間小木屋（郵件檢查室就在這裡），親衛隊員會向他們道別，並向他們明白表示，自由之後，絕對不要提起奧許維茲集中營的事。

如果有人問起奧許維茲的事，囚犯會回答說：「你自己去一趟就知道了！」（一個幼稚的建議。）

此外，如果德國當局知道獲釋者未能守口如瓶，那麼他很快就會回奧許維茲報到（這一點相當可信，因為這些獲釋者確實到死都不願吐實）。

——

我現在在奧許維茲玩的遊戲相當危險。這句話無法真正傳達現實；事實上，我做的事已經遠超過真實世界的人眼中所謂的危險，光是穿過鐵絲網進入集中營就已經不是危險可以形容。

事實上，我已完全投入自己開啟的工作，而且此時正是加快計畫腳步的時候，因此我確實開始擔心我的家人很可能將我贖出去而打斷我的計畫，因為我沒有前科，而且又是街頭搜捕來的。

所以，在不能透露我的工作的狀況下，我寫信給家人，告訴他們一切安好，不需要為我費心，我想繼續待在這裡。我能否出去，就由命運來決定。

我收到一封回信，是雅內克・W寫的，他知道我身在何處之後感到良心不安，[11]因此一

11　中譯注：當初是雅內克・W建議作者利用街頭搜捕的機會進入集中營。

直問人：「為什麼他要去？」然而，他還是堅守原則，當我的家人尋求幫助，希望把我贖出去時，雅內克．W還是狠下心來說他沒錢幫我。

我發現一個方式，可以寄用波蘭文寫的信給家人。

我有個年輕朋友四十七號〔姓名不詳〕到鎮上工作，他設法跟當地人接觸，透過對方將我的兩封信寄給家人。

我的信後來轉寄到〔家鄉軍〕最高司令部。

除了之前提到的一些過去在華沙一起並肩作戰的夥伴，我在一九四一年初在奧許維茲也結識了斯塔赫四十八號〔Stanisław Ozimek〕，他後來被送到集中營外的採石場；一九四一年夏天認識了雅內克四十九號〔Jan Dangel〕，他後來生病，我們設法讓他送往達豪（Dachau），當地的集中營要比奧許維茲好些。

一連串的逃亡事件，使當局決定採取連坐法，從一九四一年春開始，只要有一人逃亡成功，就要槍斃十名囚犯。[12]

因為有一人逃亡而必須選出十人受死，這對全營的人來說是個艱困的時刻，對出事的營區來說尤其如此。

當時，我們組織採取明確反對脫逃的立場。

我們不會策劃逃亡，而且還會阻止有人產生這種念頭，因為這是極為自私的想法。一直到了集中營出現重大變化，我們才改變方針。

至少在目前為止，任何個人冒險脫逃的行為，都與我們組織無關。集中營司令官與他的隨員來到逃亡者住的營區前面，此時該區囚犯已站成十排。司令官巡視每一排，然後挑出他想處死的囚犯。

巡視過的那一排，「向前走五步」，讓司令官巡視下一排。有些排會被挑出幾個人，有些排完全沒有人被選上。看起來視死如歸的傢伙通常不會被選中。有些人無法忍受這種緊張感，有時司令官與隨員才剛走過去，他居然自己出列，這種人通常會被送去處決。

有一回，一名年輕囚犯被選中了，但一名老人，他是個教士，自己出列要求司令官讓他代替這名年輕男子。

這是個震撼人心的時刻，整個營區的空氣都凍結住了。

司令官同意。

12 因為有人脫逃而被挑選出來處死的犯人，通常不是採槍決的方式，而是關入地牢活活餓死。這是個恐怖的刑罰。英譯者注。

這位英雄教士赴死，而年輕的犯人入列。[13]

政治部冷酷地進行他們的工作——為了「外頭」的事件而殺害囚犯。當局特別喜歡挑波蘭的傳統節日對波蘭人進行大規模的殺戮。在某些日子會有較多的人被「挑選」出來處決，這似乎成了定例，例如五月三日[14]與十一月十一日，[15]此外還有額外的紅利，三月十九日也有許多波蘭人被槍斃。[16]

我還在「外頭」時，每次我想拿鑿子做點手工藝品，或一點雕刻活兒，我總是想著：嗯，看來我一直沒時間做這件事，如果能把我關進牢裡就行了。命運之神一直眷顧著我，我想這回祂肯定聽見了我的請求。現在我已被拘禁起來，所以我必須試試我的雕刻手藝，但事實上我對雕刻根本一竅不通。

木匠部門有個雕刻廠。

除了兩名受過專業訓練的油漆師傅如四十四號與四十五號，雕刻廠裡每個人都是木雕師傅，絕大多數來自波蘭山區。

在四十四號與四十五號的協助下，我順利進入雕刻廠。

我的移轉是比較容易的，因為雕刻廠是木匠工廠的分支，而我在木匠工廠已經工作了幾個月。

雕刻廠的領導人是個好人：五十二號〔Tadeusz Myszkowski〕。

我來到廠內（一九四一年十一月一日），並且畫了幾張裁紙刀的草圖。

對方告訴我：「圖畫得不錯，但請雕成木刀。」

於是我成為雕刻廠的永久成員。

第一個星期，我雕了三把刀。

第一把刀讓我有機會熟悉掌握與使用工具，第二把雕得好一點，到了第三把——五十二號將這把刀展示給所有木雕師傅看，然後說道：「刀子這麼雕就對了！」

所以我的作品基本上沒問題了。

一邊坐著四十二號——他是一流的雕刻師傅，總是抱著愉快的心情——另一邊坐著我的朋友四十五號。

一九四一年十一月十一日早上，四十二號同志過來跟我說：「我做了奇怪的夢，我覺得

---

13 這個著名例子的主角是科爾布神父（Father Maksymilian Kolbe），他取代了加約夫尼切克（Franciszek Gajowniczek），後者還有家人。之後，當局或多或少對加約夫尼切克稍微手下留情，而他也幸運活了下來。英譯者注。

14 五月三日是行憲紀念日，一七九一年五月三日波蘭憲法通過。英譯者注。

15 波蘭獨立紀念日，始於一九一八年十一月十一日。英譯者注。

16 畢蘇斯基元帥紀念日。英譯者注。

今天我會被『選上』。或許是我多心了，但至少我很高興自己能死在十一月十一日。」

半小時後早點名，他的名字果真被叫到了。

他親切地向我道別，他要我轉告他的母親，他是從容地赴死。

幾小時後，他死了。

—

分工到了一定程度，我們藉由一定的管道定期接收來自外界的消息，然後再透過三名成員在集中營裡散布。

其中之一是令人難忘的「維尼霍拉」（Wernyhora）[17] 五十號〔Jan Mielcarek〕，他總是在每個交叉口，在一群囚犯的圍繞下，做出樂觀的預言。

他受到大家的歡迎與喜愛。

組織不斷成長。

在雕刻廠期間，我找到兩個朋友加入組織：五十三號〔Józef Chramiec〕與五十四號〔Stefan Gaik〕，之後跟進的有五十五號〔Mieczysław Wagner〕、五十六號〔Zbigniew Różak〕、五十七號〔Edward Ciesielski〕、五十八號〔Andrzej Marduła〕。

經過我親自招募之後，「五人小組」開始在監獄裡散布開來，進入到各個不同的工作小隊裡，並且各自努力建立分支，招募新成員。

一切完全建立在互信上。

我成立的團體，領導人由我選擇。我會仰賴某些特定的領導人，他們有的年少，有的資深，但我考慮的只有一點，那就是他們的人格特質。

除了這點，我想不出還有別的條件。

所有「外在」的建議必須完全忽略。

誰過去是什麼樣的人物，跟現在毫無關係。重要的是讓「真正的男人」擔任領袖，這樣的人在關鍵時刻，不是以頭銜來領導屬下，因為沒有人知道你的頭銜；他必須守口如瓶，而且在重要時刻激勵他人；他必須勇敢，讓屬下願意追隨他。

他不只要勇敢，還必須有傑出的內在力量與足智多謀。

當人們要陶鑄與選擇適合的人選時，這樣的小特質通常能決定一個人是否能成為營裡的領導者。

一名在我們的見證下宣誓加入的室長，他想試著幫忙，提供「兩份」伙食，讓需要營養

17　傳奇的哥薩克吟遊詩人與神祕主義者，他出現在維斯皮安斯基（Stanisław Wyspiański）的劇作《婚禮》（*Wesele*）中。

的成員提升體力。我們會把這樣的人交給他照顧，甚至住在他管轄的寢室。

然而，如果有人想討好室長，無法約束自己，缺乏機敏或毅力以避免索討「第二份」糧食，那麼我們的工作將會變得毫無價值。

另一種狀況是，如果有人想加入組織，在與室長談了幾次話之後，即使他已飢腸轆轆，卻始終不提食物的事：室長可以主動提這件事，讓他有糧食可吃，這樣的人不會阻礙組織的運作。

遺憾的是，有些人找室長談加入組織的事，這些人只不過最近才與室長搭上線，便迫不及待想要「兩份」糧食。

如果吸收的是這種人，我們的工作會難以進行。

室長會「剔除」這些人，給一碗湯打發他們走，要他們以後別再過來。

德國與布爾什維克戰爭的爆發（一九四一年六月），除了讓我們長久期待的心情獲得滿足與喜悅，眼下對集中營來說似乎沒帶來多少改變。

一些親衛隊員開赴前線。取代他們的是老年人。

直到一九四一年八月，這場新戰爭才影響我們，與其他事情一樣，它帶來的是恐怖的回音。

第一批布爾什維克戰俘，這個時候還僅限軍官，他們被帶進集中營，大約有七百人被關進第十三區（新分區的第十一區）的一個房間裡。房間裡人擠人，連坐的空間都沒有，然後就把房間封起來（我們當時還沒有毒氣室）。

同一天晚上，一群德國士兵在一名軍官率領下抵達營區。德國隊伍進到房間裡，他們戴上防毒面具，然後丟了一些毒氣罐在房裡，並且觀察結果。

擔任護士的同志第二天去清理屍體，他們說那是一幅恐怖的景象。人緊緊堆在一起，即使死亡，屍體也未倒下，有些是掛著或彼此倚著。他們的手臂交纏，很難將屍體分開。

從他們的制服，以及施放毒氣時的隊形來判斷，這些人一定是布爾什維克的高階軍官。這是第一次，集中營開始施放氰化氫這種毒氣。

最早告訴我這件事的人是十九號。

這件事令他感到十分苦惱，他很快就得出結論，這種做法遲早會用在其他人身上，或許就是囚犯。

當時，這看起來仍不太可能。

在此同時，集中營又開始除蝨（一九四一年夏天），之後，所有木匠都被分到相同的營區：第三區一樓。

我們分配到雙層床鋪，因為這時幾乎整個集中營，一區接著一區逐步換成雙層床鋪。這給予了管理人員與親衛隊員取樂的機會。

新床鋪整潔的維護比在軍官學校更為嚴格，因此出現更多的羞辱與毆打。

然後（九月），有些木匠（包括我）搬到了第十二區（新分區），十月，又搬到第二十五區（新分區，原本的第十七區）。

就是在這裡，十一月時在第二十五區，我在早點名前走到營區前面，刮面的冷風加上雨雪，令人很不舒服，此時我看見了驚人的景象。

我看見，在雙重鐵絲網牆的另一邊，距離約兩百步，有一群完全赤裸的人排成百人隊的隊形。同樣是二十人一排，共分五排，德國士兵用槍托催促著他們快快排好。

我數出有八個百人隊，但隊伍前頭已經擠進建築物的門口，也許有數百人已經進到建築物裡。

他們進去的建築物是火葬場。

這些是布爾什維克的戰俘。

我日後得知，這裡超過了一千人。

顯然，人可以一直保持天真，直到死那天為止。

當時我以為他們是在發內衣與衣物給戰俘，只是搞不懂為什麼要在火葬場，以及為什麼要利用火葬場裡寶貴的工作時間來發放這些物品。我們的同志一天三班二十四小時不斷在火葬場工作，已經趕不上囚犯死亡的速度。

原來，直接將他們帶到那裡，目的是為了節省時間。

大門關上。

從上方丟進一到兩個毒氣罐，然後將扭曲的屍體快速丟進已經燒熱的火爐裡。

直接把他們送去火葬場，只因為一個簡單的理由，那就是奧許維茲沒有準備足夠的空間容納這些戰俘，因此上級下令盡快將這些人解決掉。

日漸擁擠的集中營裡匆促地設起柵欄，把九個營區分配給布爾什維克戰俘。

死亡營的行政單位也隨之設立。

營區發布消息，凡是懂俄語的人，可以在戰俘營擔任室長，或甚至擔任監督員。

我們的組織對於這種做法抱持輕視的態度，同時我們也蔑視提供服務協助殺害戰俘的人。當局只是樂於利用波蘭人來幫他們做這種骯髒事。

柵欄很快就建好了，布爾什維克的集中營於焉完成。

隔開集中營的柵欄，中間有一道門，上面掛了一個大告示：「戰俘營」。

SM

一九四一年六月，四百五十萬人以上的德軍與其他軸心國部隊，沿著一千八百英里的前線進攻前盟友蘇聯。

SM

估計有三百萬蘇聯士兵因為德軍快速推進而淪為戰俘。

Bundesarchiv Bild 192-360/ Francisco Boix

皮雷茨基報告指出，第一批蘇聯戰俘被帶到奧許維茲是在一九四一年八月。

ABM/ Lidia Foryciaz

第十一區，第一批蘇聯戰俘在這裡接受齊克隆B測試，往後用於猶太人大屠殺。

我們日後發現，德國監督員與親衛隊以快速有效率的方式殺死這些布爾什維克戰俘，就跟他們當初殺死我們一樣。一九四一年底，他們帶了一萬一千四百名戰俘入營（我從總辦公室得知這個數字），但一個冬天過後，人已經殺光了。

倖存的數十人，都是接受了齷齪的任務，在比爾克瑙集中營殺害自己的同志、波蘭人與其他國家的人。此外，還有數百人接受了游擊隊的工作，德國當局讓他們穿上制服接受訓練，給予充足的飲食，然後讓他們在蘇聯境內擔任游擊任務。

這些人住在奧斯威辛小鎮附近的軍營裡。

其餘的人則送去工作，他們必須承受毆打、飢餓與寒凍，最後死亡。

有時在晚上或早上，他們被迫穿著內衣或赤裸著站在營區前幾個小時。

一旁觀看的德國人會奚落這些來自西伯利亞的人理應不怕寒冷。

我們可以聽見這些凍死者的叫喊聲。

這段時期，我們所在的集中營變得比較輕鬆，當局不像過去那樣不斷想辦法要把我們整死，因為他們現在把所有的怒氣與精力全發洩在布爾什維克集中營裡。

集中營早期敲打鐵棒，發出跟「鑼」一樣的聲響（用來點名與檢閱），此時已改用鐘聲代替，鐘就掛在廚房旁的柱子之間。

這口鐘是從某間教堂搬過來的。

鐘上刻著：「耶穌，瑪麗，約瑟夫。」

過了一段時間，鐘裂了。

囚犯說那是因為它無法忍受眼前的景象。

又搬來一口鐘，很快又裂了。

然後搬來第三口鐘（教堂還有很多鐘），這回他們小心使用。這口鐘於是撐到最後。

教堂的鐘聲有時會喚起許多情感。

有時候，我們在晚點名看著傍晚的景色，若不是殺人的氣息籠罩著我們，相信那會是個令人陶醉的景象。

落日餘暉為天空與雲朵染上絢爛的色彩，然後集中營的警報聲響起，發出恐怖的嗚咽聲，警告所有哨兵不可擅離外安全區的瞭望塔，因為有一兩名人犯失蹤了。

這對我們是個不祥的警告，因為接下來每十名囚犯要挑一人出來受死。而就算不做「死亡選擇」，「懲罰檢閱」也會讓人曝露在寒凍之中，必須忍受冷至骨髓的痛苦。

或者，有時候，我們像禮兵一樣站著，彷彿向受害者致敬似的。他的手被綁住，在絞刑臺旁等待，然後上了套索……突然間，現場一陣死寂，遠方傳來撫慰人心的鐘聲。某個不知名的教堂正在敲鐘。

那鐘聲感覺貼近內心，卻又遙不可及……因為，那是從集中營外頭的世界傳來的……

外頭的人生活、祈禱、犯罪；只是不知他們的罪該如何論處，如果與集中營相比的話。

從一九四一年夏天開始，營方開始施行新的規定，對在早晨身體不適無法工作的囚犯是否能進入醫院治療進行規範。當早晨鐘聲響起，通知所有囚犯「排成工作小隊隊形」，此時每個人都急忙跑向自己所屬的小隊；然後，虛弱、生病的人則組成一個小隊在廚房旁的庭院站著，接受護士與紀律監督員的檢查。有時囚犯頭子會親自出馬，他們會故意推撞這些犯人來測試他們的力氣。

其中一些人被送進醫院，一些人前往休養區。然而還有一些人儘管已形容枯槁，卻還是每五人一隊被送到田裡工作，並且要求他們快步趕往工作地點，光是這點就足以讓他們死在路上。

然而待在醫院與休養區的人也活不了多久。

我搬到第二十五區時（一九四一年十一月）[18]結識了五十九號〔Henryk Bartosiewicz〕，日後我們成為相當要好的朋友。

他是個勇敢而討人喜歡的傢伙。

我組成了第四個「五人小組」，不只包括五十九號，還包括了六十號〔Stanisław Kazuba〕與六十一號〔Konstanty Piekarski〕。

此時，有兩名高級軍官連同其他人被送進集中營，這兩人是上校六十二號〔Jan Karcz〕

與中校六十三號〔Jerzy Zalewski〕。

我建議上校六十二號加入組織，他同意了，而且開始與大家一起行動。這是我第一次破例，前面提過，直到目前為止我一直不讓集中營裡使用真名的高級軍官加入。

然而，組織的規模愈來愈大，有些成員提醒我，或許我不讓高級軍官參加是一種奢求——此時，打破僵局的機會出現了。五十九號發現上校六十四號〔Kazimirz Rawicz〕是用假名進入集中營，而且一直冒充成平民。於是我建議上校六十四號加入我們的組織，我願意接受他的指揮。

上校六十四號肯定我之前採取的路線，於是我們一起合作。

此時，我陸續吸收了六十五號〔姓名不詳〕與六十六號〔姓名不詳〕。而在五十九號的協助下，六十七號〔Czesław Darkowski〕與六十八號〔Mieczysław Januszewski〕也跟著加入。六十八號不久就當上了工作分配員，成為我們的重要幫手。

我終於盼到了這一天，我曾以為這只有在夢中才會實現，那就是我們在組織中建立政治團體，團體中每個成員都互相提攜彼此協助。但這些人原本在現實世界裡，卻曾在國會裡唇

18　在此之前，皮雷茨基曾提到他於十月搬到第二十五區。英譯者注。

槍舌劍互不相讓。

六十九號〔Roman Rybarski〕，右翼；七十號〔Stanisław Dubois〕，左翼；七十一號〔Jan Mosdorf〕，右翼；七十二號〔Konstanty Jagiełło〕，左翼；七十三號〔Piotr Kownacki〕，右翼；七十四號〔Kiliański〕，左翼；七十五號〔Stefan Niebudek〕，右翼，諸如此類：一長串前政黨人物名單。

所以，我們必須每天讓波蘭人看到成堆的波蘭人屍體，才能讓波蘭人盡棄前嫌，拋開過去在現實世界裡抱持的敵對態度，認真面對眼前這個真正的現實：達成共識並且組成聯合陣線，對抗彼此共同的敵人。畢竟，過去波蘭人的共同敵人不在少數。

因此，達成共識與組成共同陣線的機會從過去到現在一直都存在著，但我們波蘭人在現實世界做的卻完全相反：在國會裡不斷爭吵激辯。

我從上校六十四號的朋友當中，吸收了七十六號〔Bernard Świerczyna〕與七十七號〔Zbigniew Ruszczyń〕參與組織，之後我又引薦了七十八號〔姓名不詳〕與七十九號〔姓名不詳〕。

一九四一年十一月，高階監督員巴爾克離開木匠工廠，接替者是高階監督員康拉德，他的性格溫和，對波蘭木匠很客氣。

他喜愛山區木雕師傅的手藝與作品。

康拉德說服當局將所有木雕師傅獨立出來，另外再從數百人中挑選出八名手藝最好的木匠師傅。他們是製作精緻珠寶盒、鑲嵌物與各種美麗木雕的專家，康拉德把這群人從一號工業倉庫調到小鎮附近一處大型製革廠裡。這座工廠有煙囪，四周圍起木頭柵欄，設立了四座瞭望塔。

大批專家工作小隊被安排到這個地方：裁縫，鎖匠，油漆匠，鐵匠，飼養了幾匹馬的馬廄，以及專門人員兄弟會裡的「貴族」——地位崇高的製革工人。

在這個藝術兄弟會裡有一個團體，一個真正的木雕工廠，因為我們的工作小隊絕大多數由木雕師傅組成。

舉例來說，在杜尼科夫斯基教授（Professor Dunikowski）工作的這個小團體裡，還包括了雅內克．馬赫諾夫斯基（Janek Machnowski）與他的朋友富塞克（Fusek），他們兩人一直小心翼翼看著教授；維策克．加弗隆（Wicek Gawron）也曾短暫被派到這裡。

每個工作小隊都有一個監督員。

一切都在高階監督員艾瑞克〔Erik Grönke〕的鐵腕掌控之下——他是不折不扣的惡棍，他的助手就是瘋狂的監督員沃特。

在木匠工廠高階監督員康拉德的安排下，我們這群木雕兼木匠兼藝術工作小隊，加入到這個有各種專門技術工作小隊進駐的地點。

但康拉德沒有考慮到搬到製革工廠將面臨一些黑暗面。

這裡是高階監督員艾瑞克的地盤，而他不一定會買康拉德的帳。

兩種截然不同的性格在此發生衝突：康拉德——一個誠實的藝術愛好者，但他天真而且不掩飾對波蘭人的喜愛；以及詭計多端、狡獪而邪惡的艾瑞克——就連親衛隊也懼他三分，因為他與集中營司令官有點關係，整座製革工廠宛若他個人的私產，他管理營運，以東道主的姿態迎接司令官，並且與司令官做了不少皮革交易。

不用說，輸家當然是康拉德。

我們的工作地點位於工廠的兩個房間裡。

隔了幾道牆外，同樣位於製革工廠裡，有個注入熱水的水槽。

這個水槽很大，甚至可以讓人在裡頭游個幾下。

在製革工廠朋友的通融下，我在裡頭泡了一回熱水澡，我覺得自己好像重獲自由。

上回泡熱水澡是什麼時候，我已經忘記了。

這的確是奢侈的享受。

誰想像得到奧許維茲的囚犯可以泡澡？

會有人說自己曾經去那裡游泳嗎？那是無法想像的。

某日，康拉德在水槽裡泡澡，旁邊還有一名囚犯，是波蘭人，但他不以為意。

犯人並不怕他，因為康拉德不是個卑劣的人。

但某個混蛋看見這一幕，於是第一份關於康拉德的報告被呈報上去。（一九四一年）十二月，我們接到命令必須在夜間工作（我們不用參加晚點名）直到晚上十點。

我們有許多工作要做，要為德國「高層」子女製作客製化的玩具。

某天晚上，一名監督員——他是艾瑞克的心腹——與一名親衛隊員來到工廠，他們說服康拉德跟他們一起到鎮上去。

康拉德——一名渴望自由人相伴的囚犯——同意他們的邀請，於是在親衛隊員的陪同下，他們出發到鎮上去。

一小時後，就在我們準備從製革工廠返回營區時，康拉德出現在廠房裡，他喝醉了。

另一名監督員與親衛隊員站在康拉德身後，他們不是先前帶康拉德出去的那兩個人。

他們看見康拉德輕輕拍著他最喜愛的幾個工匠的頭，然後說有些人應該當監督員，因為他們都是相當優秀的工人。他還「任命」幾個人擔任二十人隊隊長與監督員。

上級終於受夠了：他被關在地牢很長一段時間。

艾瑞克就這樣除去他的小王國裡的心腹大患。

當局開始安排個別囚犯的住處，並且試著以工作小隊為單位來分配地點。我和在製革工廠——正式的稱呼是衣服工廠——工作的一群人一起從第十二區搬到第二十五區（我之前已經提過）。

營區一個接一個換上雙層床鋪，這些床鋪是木製的，而且兩兩堆疊起來變成了三層床鋪。

第二十五區還沒換床。我們有兩百四十人擠在一個房間裡，躺下來之後，大家身體緊挨著，腿也交疊著，甚至於只能側躺著睡。晚上（與一年前一樣），想上廁所的人必須踏著別人的頭、肚子與疼痛的雙腳出去，回來的時候會發現自己沒地方可睡。

這絕非愉快的回憶，但既然我必須寫下所有的事，那麼我必須照實記錄。

由於集中營糧食缺乏，因此在（一九四一年）十二月初有貨運列車運來蕪菁，從鐵路支線運到離集中營約莫三公里的路程，這些蕪菁堆成一座座的小山。農田工作小隊能提供的人力太少，其他工作小隊的新來者則在田野耗盡了氣力，虛弱不堪。營方因此動用在工廠工作體力比較充沛的囚犯，這些人每星期天必須放下手邊的工作，前去搬運蕪菁。

我通常會避免參與這些工作，並且設法讓醫官二號以照X光或做其他檢驗為名把我叫到醫院去。

然而，某個星期天，暖暖的冬陽，天氣相當好。

於是我與其他人一起上工。

我跟朋友科斯特茨基（*Zygmunt Kostecki*）一起把蕪菁放進籃子或手推車上。

監督員與親衛隊會檢查手推車有沒有放滿蕪菁。

然後，我們把其餘散置在地上的蕪菁放上手推車，手推車大概只裝了半滿，但此時已到了回營的時間，百人隊已開始整隊。幫我們裝車的副監督員認為時間已晚，來不及到其他地方裝蕪菁，於是告訴我們裝這樣就行了。

檢閱場上站著一名親衛隊員，當我們推著蕪菁經過時，他遠遠看見我們的手推車並未裝滿，於是跑了過來直接朝我的手臂猛打。

我們停下來，他繼續用棍子打我，嘴裡叫罵著：「你這個波蘭軍官！」並且用棍子打我的頭跟臉。

大概是緊張造成的痙攣，當時（這種情況很少見）我揪著臉，看起來有點像在笑。他見狀更為生氣，索性更用力打我的頭。

這種狀況不會持續太久，然而被打的時候，腦袋裡不免浮現出各種想法。

我心裡想著：「你愛怎麼打就怎麼打，但你無法……。」這句話在過去某次反抗活動中就出現過……想到這裡，我真的笑了。

我一定是嚇呆了，因為我感受不到任何疼痛。

這名親衛隊員瞪著我大吼說：「你笑什麼，你這個魔鬼。」

要不是集中營響起了警報，我還真不知道會發生什麼事，親衛隊員一聽到警報聲，馬上就忙著處理別的事去了：有人脫逃。

我的朋友事後告訴我，這件事算我走運。

我的頭跟臉腫了兩個星期。

我後來又被揍了一次，不過這是很久以後的事，而且是在製革工廠裡。

有人在廁所裡抽菸，因為工作時是不許抽菸的。沃特監督員突然像老虎一樣衝進來。

我並未抽菸，但我正要離開。

他咒罵說：「誰在抽菸？」

我什麼也沒說，但我臉上不自覺地露出微笑。

「怎麼？你不喜歡嗎？」

（我不知道我該喜歡什麼或不該喜歡什麼。）

沃特像惡魔一樣，他可以一拳就把人打倒在地。

我的頭被打了好幾拳，而且好幾次被打倒在地。然而，五十九號與六十一號告訴我，我在他面前不斷後退，臉上卻一直掛著詭譎的笑容。

沃特最後放過我，因為集中營司令官來到營區，艾瑞克卻剛好不在。

——

這段期間，在遙遠的華沙，我獲得了晉升。

理由是我建立了波蘭祕密軍，把波蘭祕密軍整合到國家武裝聯盟（Konfederacja Zbrojna Narodu）；[19]我不追求個人的榮耀，在希科斯基將軍（General Sikorski）的授權下，將所有陣營整合成武裝作戰聯盟，而我與八十二號〔Jan Włodarkiewicz〕也因為此事首次出現意見不合，誰知道呢？也許這成了我必須離開華沙的原因。

然而雅內克．W曾向上級舉薦過我，根據「伯丹」（Bohdan）八十五號〔Zygmunt Bohdanowski〕的說法，雅內克．W一直留意此事，而且曾告訴他，我的晉升對他而言意義遠大於他自己的晉升。

「格羅特」（Grot）上校〔Stefan Rowecki〕晉升了我們其中幾個國家武裝聯盟成員。[20]

19　皮雷茨基合併了武裝聯盟（Konfederacja Zbrojna）與國家聯盟（Konfederacja Narodu）。英譯者注。

20　史帝芬．「格羅特」．洛維茨基（Stefan "Grot" Rowecki）中將指揮波蘭家鄉軍，直到一九四三年六月被蓋世太保逮捕為止。一九四四年八月，他在薩克森豪森（Sachsenhausen）集中營被德國人處決。英譯者注。

八十二號與八十五號晉升為中校。

因此，我終於以我的真名掛上了中尉軍階（換言之，我又回到了一九三五年時）。

要不是外在世界傳來的消息讓人覺得微不足道，搞不好我心裡還會覺得有點苦澀。

——

在奧許維茲，講起好工作，首推護士（不是指照顧人的護士，而是指照顧豬的護士，即所謂的動物護士）與音樂家（除了在管弦樂團演奏，還可以擔任室長），之後則是理髮師。

通常大家會想結合這兩種職位：理髮師與室長。

然而，即使理髮師無法擔任室長，他的日子也可以過得很舒坦。

有的理髮師只負責為親衛隊理髮，但每個區也都有一定數量的理髮師，他們唯一的工作就是每個星期幫全營區理一次髮。

理髮與刮鬍是囚犯的責任，但責任的履行卻要靠理髮師。

區長與室長要為沒刮鬍子或頭髮太長的囚犯負起責任。

理髮師可以從區長那裡拿到充足的食物，監督員與室長也住在同一區。

一九四一年十二月晚上，我在第二十一區（新分區）站著與上校一號及醫官二號聊天，我們看見一群赤裸裸的傢伙，身上冒著蒸汽，從第二十六區（新分區）出來。

他們大約有一百人。

這些是波蘭人，被送去快速解決。

在漫長的淋浴（大約半小時）後——他們願意洗熱水澡，心裡不疑有他——他們被迫赤裸裸地站在霜雪之中，然後一直站在那裡。

我們必須回到自己的營區，此時那些人大概也凍死了。

當人以這種方式或其他方式處死，或大批被槍決時，醫院會收到一份清單，上面記錄了死者的編號。當天，醫院將死亡名單送到總辦公室時，必須另外添入五十個號碼。這種事每天都要做，而這五十個號碼全是死於心臟病、結核病、斑疹傷寒或其他一些「自然」疾病。

就這樣，一九四一年接近尾聲。

我在奧許維茲迎接第二個耶誕節，同時也收到家裡寄來的包裹——裡面裝著衣物（當時還不能寄糧食包裹）。

在第二十五區，區長八十號〔Alfred Włodarczyk〕對我們的工作表示同情，而第七室室長是五十九號，於是我們偷偷在耶誕樹上掛上波蘭的鷹徽。

第七室在四十四號與四十五號的布置下顯得十分雅致，我也稍微幫了點忙。

耶誕夜，我們的政治團體代表發表了簡單的談話。

如果是在外面，杜布瓦（Dubois）有可能愉快地聆聽里巴斯基（Rybarski）說話，然後充滿溫情地與他握手嗎？

如此和諧的畫面出現在波蘭，會是多麼令人感動，但又不可能發生。

然而，在奧許維茲，在我們的房間裡，這兩個人卻願意交談溝通。

這真是莫大的變化！

透過八十一號〔Alojz Pohl〕——一名德裔西利西亞人，實際上與我們是一夥的——我得知集中營政治部正計劃一項新行動，而這個行動很可能對我構成嚴重威脅。

到了這個時期，像我們這種「老號碼」人數已經很少了。

一旦營方開始接受匯款，人數會減得更快。

我們的家人會寄錢給我們，每個月一次，每次三十馬克；或每個月兩次，每次十五馬克。

大於此數的金額則留存在我們的戶頭裡。

之後，每月的零用金提高到四十馬克。

這些錢可以花在集中營的福利社裡，大家可以在這裡買到一切對身體最有害處的東西：香菸、糖精、芥末，有時是用醋醃漬的沙拉。

每個人依照自己的囚犯編號領取零用金。

有時候，就算沒有人匯錢給你，營方也會叫你過去簽字領錢。

那時候可以很輕易地從最大的編號數到最小的編號，然後看看每一百號還有多少人活著……

每百號一組計算的結果，會發現有幾個百號組存活的人很少，特別是從華沙來的。

或許在我們之前來的人做的都是室內的工作，而我們這些從華沙來的從事的全是戶外工作。

或許，如西利西亞人說的，華沙人身體比較虛弱。

或許，其他人比較快適應集中營當局的做法。

我們這麼說好了，有幾百號從華沙來的人，現在只剩兩人活著。

至於我所屬的這個百號組，則只剩六人活著。

有些百號組存活的人相對較多，例如八人，但有些百號組卻死得一個不剩。

就在這個時候，政治部突然想到要檢視這些存活者的背景，他們從最小的號碼開始查起，由於存活的人數很少，因此他們要詳細檢視並非難事。

也許有人用假名混充進來（例如我）。

為了找出這些人，政治部寄信給特定教區，調查特定囚犯的身家背景。

這些教區留有囚犯的出生紀錄，只要稍加調查，就能得到不少訊息。

為了讓大家瞭解我是如何用假名混充進來，我需要回溯到一九四〇年的華沙。

華沙人對於協助地下運動不遺餘力，尤其在一開始，當時人們尚未受到集中營消息的恐嚇，以及蓋世太保的威脅。

後期，想找到躲藏的地方確實愈來愈難，但在初期，許多正直的波蘭家庭確實願意提供協助與住所讓地下運動躲藏。

初期，我有幾個藏身處，同時我也以不同的名字簽署了各種文件，而地址也都不一樣。當時，我們還可以做到把文件放在家裡，安心出門。

因此我不帶身分證出門，如果我被攔住，我會使用某個姓名，這個姓名與我們新近「最乾淨」的住處連結在一起，裡面有我準備好的證件。

我有一間工作用的公寓屬於八十三號〔Helena Pawłowska〕所有。某日，八十三號告訴我，她有一些身分文件是以我們一名軍官的真名填寫的，這個人是八十四號〔托馬什．塞拉芬斯基（Tomasz Serafiński）〕，他已離開此地到別的地方從事反抗運動，但他留下的文件並未銷毀。

除了有身分證外，還有一些工作文件，於是我同意八十三號的建議，變造上面的照片，然後使用這些文件。

當我刻意讓自己遭到搜捕時，我隨身帶著這些文件，我猜測，文件上面的名字應該還可以用。

於是，我帶著某人（八十四號）的文件進了集中營，而被我冒充的這個人還在集中營外活得好好的。

然而這份文件並未提到他母親的舊姓。

我們被帶來集中營的當晚就必須接受訊問，由於我一定得說一個名字，所以只好揑造一個假名。

這就是我以假名混充進來的過程。

輪到我的編號時，恐怕是幾個月後的事，屆時政治部會派人去Z鎮〔Bochnia〕教區調查我（或者應該說是八十四號）在教區登記簿上的資訊，很快地他們會發現上面寫的母親舊姓與我說的不同。

然後他們會找我過去，問我是誰——我的下場可想而知。

幸運的是，此時剛好有一群搜捕（我之前提過，有數百人）來的囚犯在「隔離區」，不久就會獲得釋放回到華沙。

我透過獲釋的十四號，把我的詳細情況告訴我的弟媳，裡面提到我在集中營裡給的母親舊姓是什麼。

有幾個人即將離開，有些是我們的組織成員，除了十四號外，還有九號。

上校一號也被送到了「自由區」，這是他以前的大學同學在柏林運作的結果，他的同學現在是德國陸軍的高級軍官。

我透過上校一號把報告送交華沙當局，裡面提到我們的組織在這裡的工作狀況。

我也透過八十六號〔Aleksander Paliński〕送出了大量資訊，八十六號被抓到集中營純粹是因為他的名字跟某個上校一模一樣。

這一次，為了描述集中營的全貌（顯然是我親眼看見的一切，因為我沒有立場陳述從別的工作小隊的人聽來的說法），我必須記錄所謂的「塞德勒週」。

（一九四一年）十二月，有整整一週的時間，每天晚點名我們必須忍受塞德勒的荼毒。塞德勒是個不折不扣的虐待狂，而他現在成了集中營頭子。

這一週偏偏碰上惡劣的天氣。颳風下雨，加上寒凍的霜雪，不僅穿透了我們的衣服，還滲入到我們的肉體中。我們完全凍僵了，到了夜裡甚至降到冰點以下。

塞德勒決定利用這個機會，一口氣消磨掉犯人的體力與元氣。

每天，從晚上六點之前十五分鐘晚點名鑼聲響起開始，我們就要站著，以身上的冷衣服抵禦寒冷，一直到晚上九點，也就是在就寢時間前不久，我們才得以從懲罰中解脫。然後我們狼吞虎嚥地吞下原本應該在晚飯時間吃的冰冷晚餐，接著盡快在十五分鐘內結束一切熄燈就寢。

懲罰檢閱持續一個星期，理由是那個星期每天都有人在點名時失蹤，其實這全是塞德勒

Yad Vashem/ Otto Dov Kulka

一九四一年，負責營建管理的親衛隊員拍攝的營舍內三層床鋪照片。

SM

波蘭地下家鄉軍的士兵。

編的謊言。

最後，塞德勒暫代帕里奇的晚點名職務終於結束，這場災難才告終。

然而，一個星期下來，所有囚犯的體力與健康受到嚴重耗損，許多原本體力比較差的人就這樣斷送了性命。

Yad Vashem/ Stanisław Mucha

一九四五年，蘇聯軍隊解放後不久的營舍。

死亡通知書透過總辦公室寄給家屬，但這些通知書都必須依照政治部的明確指示才能發出。因為囚犯死亡的消息傳到外頭的真實世界，對於德國治安當局來說只會徒增不便，一旦被訊問的嫌犯知道某個囚犯X已死在集中營，他就不用擔心囚犯X會將事實「和盤托出」，那麼要讓嫌犯吐實就難上加難了。

一九四一年到此結束。

一九四二年

一九四二年開始了，以奧許維茲來說，這是「最可怕的一年」；以我們組織在集中營裡從事的工作來看，卻是「最有意思」且成果最豐碩的一年。

由於我做了新的決定，[1]時間變得不太充裕，因此很多東西只能簡略加以說明。

——

集中營對猶太人的態度突然有了很大的轉變。

令大家驚訝的是，剩下的猶太人被移出了刑罰營。他們連同剛抵達的猶太人，被安排從事條件較好的室內工作：襪子儲藏室、馬鈴薯倉庫與蔬菜儲藏室。

猶太人甚至變得比我們重要。

1　皮雷茨基這裡指的是他計劃一九四五年返回波蘭。英譯者注。

猶太人沒有想到這是個恐怖而邪惡的陰謀。

連續幾個月，他們寄回家裡的信，都是寫著自己在工廠工作，這裡的環境還過得去。這些工廠全位於奧許維茲——為什麼呢？因為法國、捷克斯洛伐克、荷蘭、希臘，或集中營裡猶太人書信寄達的任何國家，這些國家的猶太人應該都沒有聽過這個小鎮的名字。就連波蘭人也很少有人知道奧許維茲，因此會天真地以為當地集中營的生活就是如此。波蘭的猶太人經常是送往特雷布林卡（Treblinka）或馬伊達內克（Majdanek）處死。歐洲各地的猶太人幾乎都送來此地——奧許維茲。

經過幾個月寫信向家中報告他們在這裡的情況不錯之後，猶太人突然間被剝奪了工作，然後很快就被「處理掉」。

在此同時，每天都有數以千計歐洲各地的猶太人被運來此地，全都直接送進比爾克瑙，當地的營舍（就像集中營起初的營舍一樣）已經建好。

對教士的態度也出現變化，不過原因不太一樣。

梵蒂岡透過德國的盟友義大利向德國當局施加影響，因此教士通常會被送到達豪。教士從奧許維茲運往達豪，第一批的時間是一九四一年初，第二批是一九四二年七月。

與這裡相比，達豪的教士顯然擁有較合理的生活條件。從第一次運送到第二次運送這段時間，我在奧許維茲結識了幾名非常勇敢的教士，包括神父八十七號（Zygmunt

Ruszcazk〕，他也是我們組織的神父。

我們躲開當局窺探的眼睛，私底下進行彌撒與懺悔。我們透過當地居民的協助，讓外頭的教士為我們帶來聖餐的聖體。

一九四二年初，剩下的布爾什維克戰俘全被處死。

殺人的速度加快了。

集中營似乎有了新的任務。

新的惡夢即將降臨。

布爾什維克戰俘要不是在比爾克瑙的建築工地，就是在挖溝渠時被殺，他們的屍體全放在貨車上推回來參加晚點名。

每次點名總會看到好幾車堆積如山的屍體。

有些戰俘是凍死的，他們已經沒有體力工作，因此也不可能讓身體保持暖和。

某日，有人在工作時叛亂。布爾什維克戰俘攻擊監督員與親衛隊。

叛亂遭到血腥鎮壓，整個單位都遭到槍斃。

點名時，當局為了計算屍體，於是一車接一車把屍體運進來，一共運了好幾趟。

等到這些戰俘全清理光了（時間是一九四二年二月，當中只有數百人倖存下來，理由我之前已經提過），隔開集中營與戰俘營的那道柵欄也迅速拆除。

這個時候，在集中營的另一個方向也蓋了一道柵欄，但理由不太一樣。

當局設了十個營區來收容女性，還是一樣與我們隔離開來，但這一次營方興建的不是柵欄，而是高聳的水泥牆。

這還是第一次。

起初，集中營星期日也要工作。然後改成星期日可以休息，但附加一項警告，那就是營區直到中午前都要進行所謂的「營區監禁」。

現在，為了避免囚犯聚在一起結成組織，當局決定將星期日的自由時間再減少兩個鐘頭。

午餐後，從下午一點到三點，囚犯必須脫衣與睡覺。

區督導會檢查房間。

囚犯頭子或紀律監督員會檢查營區的睡覺時間，因為囚犯如果沒睡飽（諷刺中的諷刺）會無法保存第三帝國需要的體力，等於是從事破壞活動。

（一九四二年）一月十八日，四十五名囚犯夜裡被關進「黑洞」，因為過度擁擠的地牢已沒有空間。

那天夜裡稍晚，第十一區（新分區）的地窖有人用力敲門，另外也聽到有人大聲呼叫值勤的親衛隊員開門。

聲音是從那四十五名囚犯那裡傳來的，他們快要悶死了，因此他們使用牙齒、拳頭與小刀互相搏鬥想接近門邊，要從門縫得到一點新鮮空氣。

到了隔天早上，前一天晚上活生生關進去的四十五人，有二十一人窒息或在打鬥中死亡。剩下的二十四人幾乎無法站立，其中九名半死不活地被送往醫院，十五人則因為未能死在「黑洞」而送往刑罰營。

康拉德也在這些人當中，他是木匠工廠先前的高階監督員。目擊這場可怕景象的是監督員「強尼」，他因為與波蘭人「來往」，而被當局送進站立地牢受罪。

（一九四二年）二月，政治部收到柏林黨高層的信，信中明令禁止連坐法以及因為一人逃亡就槍決十名囚犯。

我猜想，大概是連坐法導致盟軍對德軍戰俘進行類似報復。[2]大約就在同時，官方宣讀了一項命令，禁止毆打犯人（是不是因為我們對外通報集中營的狀況才造成這個結果，我們很有興趣知道）。

之後，很少出現因為有人逃亡而對剩下的囚犯進行大規模報復的事件。

2　英譯者不知道美軍或英軍是否也曾使用這類方法，但蘇聯人就另當別論了。英譯者注。

因此，逃亡這件事有了全新的意義，我們的組織也開始準備藉由有組織的逃亡把報告送往華沙。

布爾什維克戰俘留下了蝨子與可怕的西伯利亞斑疹傷寒，許多囚犯深受其害。斑疹傷寒橫掃整個集中營，造成莫大的浩劫。

營方只是袖手旁觀，靜靜看著現成的盟友殺死囚犯。

於是，我們開始在醫院實驗室裡培養帶有傷寒的蝨子，然後利用親衛隊閱兵和檢查營區時偷偷把蝨子放到他們的外套裡。

第十五區外頭掛出一個郵筒，當局宣布這是告密用的信箱。告密者可以把他們聽到的訊息寫下來投到信箱裡，告密信可以署名也可以不署名。

囚犯若能提供重要情報給當局，將可獲得獎賞。

當局這麼做是為了反制我們組織的工作。

匿名情報與告發信件蜂擁而至。

於是，在上尉八十八號〔Tadeusz Dziedzic〕的協助下，我們每天趁著晚上十點帕里奇取信前，就先打開信箱檢視報告內容。

凡是對組織不利或危險的信件，我們就一一毀掉；如果糾舉的是一些素行不良之人，我們就原封不動。

一場紙上戰爭於焉展開。

我們接到命令，必須在營區裡以及前去工作的路上高唱德國歌曲。有好幾次，整個集中營必須在點名檢閱時唱歌。

在拉伊斯科－比爾克瑙，毒氣室正匆促興建中，有些則已經完成。

我先前擔心的——因為軍官都是以真名進入奧許維茲，因此我不願吸收軍官加入組織——確實有著堅強根據。如果有人懷疑集中營裡另有組織存在，那麼營方一定會先找軍官開刀。

某日，他們帶走上校六十二號〔Jan Karcz〕，把他關在地牢裡。他們每天將他從地牢帶到政治部訊問，每次他從政治部出來時，臉色蒼白，整個人都站不穩。

我開始擔心可能會出問題。

兩個星期後，某天晚上，上校六十二號過來找我跟同志五十九號。他說：「恭喜我吧，他們要放我出來了。他們想知道集中營有沒有組織存在，」此時上床的鑼號響起，他向我道別，並且說道：「別擔心，我什麼都沒說。我明天再告訴你其他的事。」

然而第二天早晨，他們帶走上校六十二號，把他移往拉伊斯科，顯然不讓他有機會告訴我們任何事情。

上校六十二號是個勇敢的人。

一百多名捷克人被送進集中營。他們全是知識分子，來自「隼」（Sokół）這個組織。當局把這些人安置在我們的房間（第二十五區第七室）。

不久，當局就開始處理這些人。

身為組織代表，我與捷克人的代表八十九號〔Karel Stransky〕進行接觸（他現在還活著，而且住在布拉格）。

在獲得上校六十四號的同意後，我與信得過的朋友中尉二十九號一起巡視集中營裡的各組織小組。

我這麼做是為了預做準備，我懷疑自己可能要出事了。

中尉二十九號向上校六十四號報告，我們已經拜訪了四十二個小組。

某天早上，一群西利西亞人（約七、八十人）從主營區奧許維茲移往比爾克瑙（有傳聞說他們將遭到解決），其中包括我的朋友四十五號。

前一天晚上他非常擔心，彷彿意識到什麼似的，他整晚一直發抖。

他要我把消息轉告給他的妻子與他的小男孩狄茲馬（Dyzma）。

他去了拉伊斯科之後，就再也沒回來。

這群西利西亞人全部都被殺掉了。

這群人裡面，有些從集中營開始啟用就一直待在這裡，他們以為自己能夠活下去。

營裡剩下的西利西亞人現在顯然開始動起反抗德國人的念頭。

某天早晨，拜訪了幾個工作夥伴，我在第五區（新分區）快跑參加早點名，在空盪盪的走廊上面對面遇見血腥阿羅伊茨。雖然離上次見面已超過一年，但他還是認出我來。他停下來，以驚訝的語氣大聲叫我，然而他的聲音在我聽來似乎帶著一種奇異的愉快：「什麼？你還活著？」他握住並搖晃我的手。

我該做什麼？我沒有把手縮回來。他是個怪人。

早期幾個嗜血之人——阿羅伊茨也是其中之一——有好幾個已經命喪黃泉。

集中營當局為了迎接前來視察的人員（包括一些穿著平民服裝的紳士），刻意展示營區狀況較佳的部分。

他們展示了新營區，而且只讓視察人員觀看已換裝床鋪的營房。

視察日，廚房提供的午餐也特別豐盛。

管弦樂團演奏得相當出色。

唯有健康而強壯的工作小隊（例如工廠裡的工作小隊）才能從工作崗位返回集中營。其餘的工作小隊，也就是新來者與一些形容憔悴的人，這些人一律在集中營外等候，直到視察人員帶著完全不真實的印象離開為止。而當集中營需要表現好的一面給外人看時，早期留下來的一些暴君就不適合待在營裡，當局決定將一些監督員移到別的集中營，其中包括克蘭肯曼與席格羅德。

在火車站將兩人送上貨運列車之後，負責監視囚犯的親衛隊放出明確訊息，任何人若要報復克蘭肯曼，他們不會橫加阻攔。

囚犯們就等這一刻。他們爬上車廂，用皮帶把克蘭肯曼與席格羅德絞死。親衛隊故意背過頭去，完全沒有阻止的意思。

這些殺人兇手就這樣被就地正法。這起集中營當局默許的殺人事件，讓現場目擊的人感到有點不舒服，即使被殺的人是監督員與德國人。

總之，這兩個人什麼也看不到了。

我們的組織持續成長。

我與我的朋友五十九號一起招募了上校二十三號、中校二十四號，以及一些新人：九十號〔姓名不詳〕、九十一號〔Stanisław Polkowski〕、九十二號〔Wacław Weszke〕、九十三號〔姓名不詳〕、九十四號〔姓名不詳〕、九十五號〔姓名不詳〕。

四十四號是個了不起的人，他協助許多同伴，把自己的食物給他們。他為高層畫肖像，因此得到食物作為報酬，他把這些食物分給別人。

（一九四二年三月）又從華沙運來一批人，當中有不少是我的朋友，他們也帶來了外界的消息。

八十五號與好同志九十六號〔Tadeusz Stulgiński〕，兩人都被送來此地。九十六號曾在華沙的蓋世太保總部與帕維雅克監獄遭受嚴刑拷打，據說受刑的次數創了紀錄。

我從他們口中得知，上校一號又被逮捕，現在關押在帕維雅克監獄。

上校一號囑咐九十六號，進了集中營之後要與我聯繫。

我交代九十七號〔Jan Machnowski〕——他在此之前已參與我們的組織——安排九十六號進入他的工作小隊。

我們的組織往另外兩個方向擴充，從工地辦公室吸收九十八號〔姓名不詳〕與九十九號〔姓名不詳〕，以及從醫院吸收一〇〇號〔姓名不詳〕與一〇一號〔Witold Kosztowny〕。

就在此時，教授六十九號去世。

我們的組織仰賴兩大部門，這兩個部門就像是我們組織的支柱：醫院與工作分配處。

如果我們的夥伴有人在新來者的隊伍中，需要室內的工作，或者有人的身體快「撐不住」，遭到一些混蛋的刁難，急需調離所屬的工作小隊，或者我們必須將網絡擴充到某個工作小隊，那麼我們會去找醫官二號，對他說：「德吉昂科，某人明天會來找你，你必須留他在醫院一段時間。」（或者，我們會交給醫生一〇二號〔Rudolf Diem〕來安排）。

如果真的順利把某個成員送進醫院（監督員通常會忘了有這個人，因為送進醫院的人幾乎是九死一生，不會再回來了），那麼接下來我們會去找擔任工作分配員的六十八號，對他說：「給我們一張紙卡，讓某某人能到某某工作小隊去。」或者有時我們會找一〇三號（姓名不詳），也可以把事情辦妥。

此外，我們準備藉由這種方式協助二十五號與四十四號脫逃。這兩個人都是一流人才，都因為持有武器而被送進集中營。他們的罪證確鑿，因此一定會被槍決。唯一的問題是政治部的格拉伯納何時會注意到這兩人的案子。

然而不可思議的是，他們到現在還活著。四十四號為親衛隊員繪製肖像，因此他的槍決很可能延後執行，然而這種狀況不可能永遠持續。

一九四二年二月，我們使用上述方法把二十五號送到魚池旁的哈門斯（Harmense）工作小隊。魚池距離集中營有數英里遠，在那裡工作的犯人都直接在那兒住下。之後，到了五月，四十四號同志也被派到該地。他抵達當天就向二十五號傳達我的命令：不用等待，立刻「離營」。於是兩人「採取行動」。他們從臨時營房的窗戶逃出，帶著我的報告回到華沙。

康拉德被送進地牢之後，木雕師傅與精選出來的木匠組成的工作小隊，在艾瑞克管理的製革工廠裡經歷了一場危機。

在這個艱困時期，由塔德克・米許科夫斯基（Tadek Myszkowski，五十二號）代行監督員的職務。

過去，愛好藝術的康拉德總是溫和地看著我們。現在，卻換成艾瑞克如野貓般的銳利目光。

不久，艾瑞克開始著手摧毀康拉德的心血，他認為木雕師傅的存在過於奢侈，於是拆除雕刻廠並且要我們製作湯匙。

他派了一名監督員過來，「胡拉伊諾加」（Hulajnoga〔「速克達」的意思〕），他是一個令人作嘔的白癡。

他要那些製作精巧珠寶盒的木匠改做櫥櫃與非常簡單的物品。

在湯匙工廠，我們一開始每天製作五根湯匙，然後七根，最後到十二根。

這個時期，前國會議員一〇四號〔Józef Putek〕也在這裡工作。

我在此時也吸收了幾名成員參與組織，包括一〇五號〔Edward Berlin〕；一〇六號〔姓名不詳〕；一〇七號〔姓名不詳〕；曾參加過我領導的抵抗團體（從一九三九年開始）的退伍士兵一〇八號〔Stanisław Dobrowolski〕；以及少尉一〇九號〔姓名不詳〕；一一〇號〔Andrzej Makowski-Gąsienica〕；與一一一號〔姓名不詳〕。

有些人負責為我們製作的玩具上漆（上校六十二號在被送往地牢前，曾短暫做過上漆的工作），其中的預備軍官一一二號〔Stanisław Jaster〕加入我們的行列，他是已經獲釋的上尉八號推薦進來的。

我們已經接管所有的工作小隊，但還有一個我們未能滲透。

終於，（一九四二年）二月，我結束留守工作崗位的命令之後，很晚才回到集中營。抵達營區時，我從六十一號口中得知，六十八號已經打探好了。親衛隊駐守部隊的無線電站需要兩名製圖人員，已經決定找他，也就是六十一號，以及我們的前指揮官一一三號〔Sokołowski〕擔任。

過了一兩天，我們發現一一三號的手不停抖動，於是我們把他轉到親衛隊的馬鈴薯工作小隊，確保他的飲食能獲得改善。由我代替他前往無線電站（我與雕刻廠的五十二號達成協議）。

我與六十一號在無線電站工作了幾個星期，對那裡的狀況做了評估。我們平日除了在親衛隊無線電站工作，還得額外進行訓練課程。在七十七號的協助下，我偷到了無線電站的一些料件，幾個月來我們一直想偷這些東西，但沒成功。

我們用的是囚犯能接觸到的備料。

就這樣，七個月後，我們終於組裝了自己的發報機。少尉四號特別選在親衛隊員最不想涉足的地方組裝這臺機器。

直到（一九四二年）秋天，成員中有人走漏了消息，這才迫使我們不得不拆掉機器。

我們對外發送了各項詳細資訊，而這些資訊又由其他發報站發送出去。我們提到新來者的數量與集中營的死亡人數，以及囚犯的實際狀況。

當局簡直要發瘋了，他們到處搜尋，拆掉一號工業倉庫工廠與庫房地板。

我們不是很常發送訊息，而且時間也不固定，要發現我們並不容易。

當局放棄在主營區繼續搜查，他們把目光放在營區外，也就是奧斯威辛小鎮的周邊地區。當局推斷，我們一定是經由平民工人將消息傳遞給外頭的組織，所以他們對平民工人營進行搜查。

我們確實與平民有接觸。

我們傳遞消息的路徑，必須透過布澤什切（Brzeszcze）的居民，而這些居民當中也有我們的組織成員。

這條路徑也經過平民工人營，當中有人表面上是我們的長官，骨子裡卻是我們的組織成員。這條路徑又通到了布納，同樣也是仰賴平民工人通風報信。

透過這種方式，我把德軍的一大堆電報暗碼檢索表（所謂的Verkehrsabkürzungen〔通訊簡寫〕）送到「自由世界」，另一方面也偷偷利用無線電傳布出去。

我們收到從自由世界送來的醫藥與治療斑疹傷寒的藥劑。一方面，我們有醫官二號治療我們；另一方面，我們可以仰賴五十九號。

我的朋友五十九號是個有趣的人。

他不管做什麼事，臉上總「帶著微笑」，而他經手過的事，也總是順利過關。

他總是救助在營房與製革工廠的夥伴，盡可能讓他們吃飽，至少讓他們能重新站起來，有體力面對接下來的挑戰。

他總是設法把人帶到製革工廠裡救助他們。

他做事從不半途而廢，行事果敢，能讓怯懦不前的人振作精神。

他身材高大，肩膀寬闊，面帶微笑，為人慷慨。

希姆萊（Heinrich Himmler）到集中營視察時，五十九號是第六區（舊分區）的區長，他受命向人人望之生畏的希姆萊進行報告。當重要的日子來臨，希姆萊走進營舍，五十九號站在他前面……不發一語……然後微笑，希姆萊也笑了。

當天他能夠保住性命，可能是因為希姆萊旁邊還跟著兩個有頭有臉的平民紳士。或許希姆萊溫和對待囚犯是為了做宣傳樣板。

還有一次，五十九號透過製革工廠的窗戶看見視察小組已經來到庭院，他們正在檢查倉庫，接下來就要朝製革工人工作的地方走來。五十九號於是抓起水管，裝出在為小組人員打掃環境的樣子。他開始噴灑牆壁與地板，而且還故意灑向小組（由德國軍官組成），然後他放下水管，裝出闖禍吃驚的樣子。這回，他又逃過一劫。

當隊伍進入集中營，恐怖的想法縈繞在犯人心中，突然間，五十九號用令人振奮的聲音以波蘭語持續大聲喊著口令：「一……二……三……。」

不用說，他這個人也有缺點，但誰沒有呢？

不管在什麼情況下，他的身邊總是圍繞著許多支持者，而他總是予人深刻的印象，具有傑出的領導統御能力。

一九四二年最後一次釋放犯人是在三月，管弦樂團裡有些人獲釋。我之前提過，司令官喜愛音樂，他說服柏林高層同意，每年釋放幾名樂團成員離營。

司令官宣布，如果樂團成員愈賣力演奏，就愈有可能獲釋，因此樂團的演奏總能維持很高的水準。司令官也因此陶醉其中。

每年，他會釋放樂團中最不需要的人。

三月之後，整個一九四二年就再也沒有人獲釋。因為當局不希望太多曾經目睹奧許維茲現狀的人返回現實世界，特別是那些目睹一九四二年開始在奧許維茲發生的事情的人。

終於，第一批女性——娼妓與罪犯——從德國監獄運來奧許維茲，她們居住的營區與我們隔了一道高牆。這些女人將接受訓練成為集中營幹部，以協助管理日後即將運來的大批女性「政治犯」。

在拉伊斯科，可以每日使用的毒氣室正式啟用。

（一九四二年）三月十六日，有一百二十名波蘭女性運來集中營。[3]她們對著列隊走進集中營的囚犯微笑。

經過一番訊問與嚴刑拷打（這點無人可以確認）之後，當晚一車車的屍體被運到火葬場。這些屍體都已支離破碎，看得出來頭顱、雙手與乳房都已割了下來。

舊的火葬場已不足以處理主營區的屍體，更不用說還有拉伊斯科的部分。（火葬場的煙囪建於一九四〇年，因為持續焚屍產生的高溫而龜裂崩塌，現在又蓋了新的煙囪。）

於是屍體只能挖個大坑草草掩埋，而挖坑的工作就交給猶太人組成的工作小隊來進行。

在拉伊斯科—比爾克瑙，裝有電爐的兩座新火葬場正在趕工興建。

工地辦公室擬定了計畫。

在工地辦公室的夥伴說，每座火葬場有八個燃燒室，每個燃燒室可以容納兩具屍體。電爐焚化需要三分鐘。

這項計畫呈送到柏林。

獲得批准之後，計畫發還奧許維茲，並且附加一道命令，要求在二月一日開始正式運轉。之後又改為三月一日，而到了三月一切才準備就緒。

現在，火葬場終於可以全面運轉。

上級下令，要把所有先前屠殺的證據全毀滅掉。於是當局開始把之前掩埋的屍體全挖出來，總計數量約有數萬。

屍體都已經腐爛分解。亂葬坑一經挖掘，可怕的腐臭味隨即四散開來。

負責挖掘時間較久的亂葬坑的人，必須戴上防毒面具。

這項地獄般的工作，規模超乎想像的龐大。

每天有超過一千名剛運來集中營的人被送進毒氣室，屍體則送到新火葬場焚化。

他們使用起重機從亂葬坑裡抓起屍體，並且直接用吊鉤往支離破碎的屍骸堆裡鏟。

有些地方噴湧出惡臭的膿汁。

起重機硬生生把屍體鏟開運走，留下的零碎屍塊則以徒手方式拿到由屍體與木頭碎片交疊起來的屍堆上。

他們直接燃燒屍堆，有時還會淋上大量汽油……

屍堆日夜不停焚燒，如此持續了兩個半月，奧許維茲周邊地區瀰漫著燃燒人肉與人骨的臭味。

負責處理屍堆的工作小隊，清一色由猶太人組成，而他們只能活兩個星期。然後這些猶

3　在原稿的打字報告中，皮雷茨基打的是十九日，然後又用手寫改正為十六日。其他編輯的版本是十九日。英譯者注。

太人會被送進毒氣室，由其他新抵達的猶太人組成的工作小隊處理掉。後者不知道自己只能活兩個星期，還盼望自己能活得久一點。

美麗的歐洲七葉樹與蘋果樹開始欣欣向榮。

在一年的這個時節，春季，犯人總是強烈感受到自己遭受監禁的現實。當沿著灰色道路朝製革工廠列隊行進時，腳下揚起了塵土，我們看見黎明美麗的紅光在果樹的白花與路旁青綠的枝椏間閃爍著。或者回程時，我們看見年輕夫妻悠閒漫步，呼吸春日的氣息，或者是看見母親寧靜地推著嬰兒車——然後，某個令人渾身不舒服的想法浮現腦際……不斷地盤旋，頑固地想為這個不可解的問題尋求解答：

我們都是……人嗎？

那些走在花叢中的，與那些朝毒氣室走去的，都同樣是人嗎？

那些手中槍隻上了刺刀，走在我們旁邊的傢伙……與我們，數年來一直遭受詛咒的不幸者，都同樣是人嗎？

營方首度收容了大批女性囚犯，讓她們住在隔離區（第一到第十區，新分區）。

不久，女性囚犯一批批地到來。

德國、猶太與波蘭女性被運到此地。

她們全交由犯罪者看管：第一批來到此地的娼妓與普通罪犯。

JG

毒氣室昏暗的內部。

USHMM/ IPN

視察奧許維茲第三建設工地期間，親衛隊最高長官希姆萊伸手向監督工程的工程師致意。

ABM

囚犯的管弦樂團。

USHMM/ IPN

囚犯管弦樂團為奧許維茲親衛隊舉辦星期日音樂會。

除了德國人，其餘女囚必須剃光頭髮與體毛。

這項工作由男性理髮師來執行。

這些理髮師很久沒看到女人，因此一開始興致勃勃，然而不久他們就感到厭煩疲憊。原本無法得到滿足的欲望，此時完全填滿了嫌惡與噁心。

女性在集中營裡受到的待遇與男性沒有兩樣。

女性未曾領教過集中營早期的殺戮方式，因為這種做法在男性集中營已經改弦易轍。然而許多活動都足以讓女囚丟了性命，例如冒著寒凍雨雪露天工作，從事缺乏休息的重勞動，以及點名檢閱。

我們每天都會看見同一批女囚列隊而出，分別前往不同工作地點。

我們可以認出幾個人的身影，她們的頭與小臉蛋。

起初，她們勉強能夠支撐，但不久，這些女孩的眼神便喪失了光采，她們的笑容不見了，腳步也不再輕盈。

有些人還勉強帶著笑容，但似乎是在苦中做樂。

她們的形容枯槁，眼神充滿動物性的飢餓，她們已經成了集中營的產物：行屍走肉半死不活之人。

我們發現我們熟悉的臉孔逐漸從這些五人隊中消失。

這群說是去工作，其實是去送死的女囚隊伍，旁邊同樣有一群「貌似人類的生物」戒護，他們穿著德軍「英雄式」制服，並且牽著狗。

在野外，由兩個或一個「英雄」監視數百名女性，旁邊有狗守著。她們的身體虛弱，已無脫逃的力氣。

（一九四二年）春，我們驚訝地發現這些半死不活的人，雖然仍跟過去一樣必須站在廚房旁邊接受檢查，但幾乎都能進醫院接受治療。

之後，他們連在廚房旁邊站立接受檢查也不用了，每個人都能毫無阻攔地直接送往第二十八區（新分區）的醫院。

囚犯們奔相走告，覺得集中營裡的狀況改善許多。沒有人遭到毆打。囚犯可以進醫院接受治療等等。

的確。在醫院的某些病房，犯人甚至有單人床可躺，而且要進入這些病房通常都不會受到刁難。

只有一個名叫克雷爾（Klehr）的親衛隊員每天都來巡房，並且記下身體最虛弱的囚犯編號。

他說這麼做是為了讓這些病人獲得更多協助，好讓他們早日康復。

他記下的號碼日後會接獲通知，移往第二十區（新分區）。

不久，這些號碼就會出現在醫院前面每天固定出現的屍堆裡（每個送往醫院的囚犯都會在胸前用化學筆寫上他們的編號，以便在他們死後確認身分，寫入死亡清單裡）。

這些人是被注射苯酚而死——一種新的殺人方法。

奧許維茲的面貌因此有了極大的變化。

人們再也看不到（至少在主營區是如此）有人的頭被鏟子打碎，腸子被硬生生地敲進一塊木板，或是無助地躺在地上，胸部被踹扁，肋骨被墮落的屠夫跳起來用全身的力量踩斷。

現在，德國（親衛隊）醫生靜靜地將囚犯的號碼抄起來，然後讓他們光著身子站在第二十區（新分區）的走廊上排隊。

他們一個接一個走進洗手間，穿過一道簾布，然後坐在一張椅子上。兩名行刑者將他的肩膀往後一開，胸部頓時隆起，親衛隊員克雷爾用一根長針刺進他的心臟，把苯酚注射進去。

起初他們採取靜脈注射的方式，但是耗時太久，受害者還可以活個幾分鐘。為了節省時間，他們索性直接注射心臟，不到幾秒鐘受害者便一命嗚呼。

他們把仍在痙攣的屍體扔到牆後頭的廁所裡，然後叫下一個人進來。

是的，這種殺人方式確實比較聰明，但殺人不眨眼的程度同樣令人驚恐。

站在走廊的人都知道自己將面臨什麼命運。

有人經過隊伍，看見朋友在裡面，他只能打聲招呼說：「今天是你，明天可能輪到我！」

這些人不一定病得很嚴重或甚至耗盡體力。有些人被送到那裡只是因為克雷爾討厭他們，他們的編號因此留在「注射名單」中——他們只有死路一條。

集中營現在的屠夫，與初期的屠夫作風大異其趣，但我認為這些人依然可以稱之為墮落。

克雷爾非常專注地用針殺人，他的臉上浮現瘋狂的表情，同時也因為施虐而露出滿足的笑容。每殺一個人，他都會在牆上做記號。我記憶所及，他不斷擴大他的名單達到一萬四千人，他每天都對自己的成就感到沾沾自喜，就像獵人誇耀自己的成果一樣。

有個名叫潘許奇克（Mieczysław Pańszczyk）的囚犯——他應該終身為此感到羞恥——自願為同胞注射心臟，他殺死的人數比克雷爾少，但也有四千人。

克雷爾有段插曲。某日，在完成注射工作之後，他跟平日一樣走進廁所，堆放的大量屍體彷彿在讚美他今日的成果。此時其中一具「屍體」突然甦醒過來（大概什麼地方出了差錯，也許是苯酚打得太少），他站了起來，像個醉漢一樣蹣跚走過其他的屍體，他朝著克雷爾走來，說道：「你打的劑量太少，再多打點！」

克雷爾臉色發白，但並不驚慌，他趕緊走到那人面前——這名劊子手平日優雅的形象完全消失——掏出佩槍，但他並未開槍，他不想發出太大的聲響。他拿槍托重擊那人的腦袋，就這樣了結他的性命。

醫院的護理人員每天都會報告病房的死亡人數。

曾發生過這麼一件事（至少我知道曾發生過一次，實際上應該更多），護理人員出了錯，誤把還活著的人的編號上報成死亡。

報告已經送到總辦公室。

搞錯的這傢伙擔心自己丟了工作，搞不好連命也兜上，索性一不做二不休。他把那名被誤植為死者的新來者從病床叫起來，這個可憐蟲還不清楚怎麼一回事，就站進克雷爾的注射隊伍裡。

多一個人對克雷爾來說沒什麼差別。

護理人員更正錯誤，原本誤植為死亡的人，這下子真的死在克雷爾手裡。原本多報的死亡人數，成為正確的死亡人數。

儘管如此，醫院裡的確有很多優秀的護理人員，他們都是很善良的波蘭人。

我們兩次希望修改死者編號，而他們也願意配合，並未傷害任何人。

在斑疹傷寒造成大量死亡的那段期間，每天都有許多屍體丟在各營區前面，我們有兩名成員因為病情嚴重而被送進醫院。為了拯救他們，我們將他們的編號寫在號碼類似的屍體上，並且留意這些死屍與政治部沒有任何瓜葛。

此外，我們也竄改了個人資料（由集中營辦公室的同事提供），設法讓這兩名成員從醫院轉到比爾克瑙。

比爾克瑙沒有人認識他們，他們會成為新來者，他們的過去不會有人知道，我們的計畫將會奏效。

我們的組織持續擴大。

我向上校六十四號提議，由他提名我的朋友伯丹少校八十五號擔任行動時的軍事指揮官，因為早在一九四〇年的華沙，我已考慮由他出任地下軍的司令官。

上校六十四號同意。

幾年前，伯丹曾經擔任第五騎炮兵團的連長，當時他的駐地就在這裡，對於這個地區極為熟悉。

於是我做了決定，上校六十四號也批准這項提案，我們擬定的最終行動計畫列出了四項重要目標。

為了配合最終的工作目標，我們必須接管這座集中營。而為了達到目的，我們必須多管齊下，分別組建不同的分遣隊從事任務。其中之一是在工作日採取行動；另一個則是在夜間或是工作結束後，也就是成員回到營區時採取行動。這麼做的理由是我們有些成員所屬的工作小隊並不住在營區內。因此我們要分成幾組人馬，有不同的連絡方式與不同的指揮體系，一個在工作日行動，另一個在營區裡行動。

這項計畫對於核心目標只能有一個大略的規畫，這些目標需要各自準備。因此，必須要有四個人負責發號施令的工作。

我提議上尉六十號擔任第一位指揮，[4] 上尉一一四號〔Tadeusz Paolone〕擔任第二位指揮；少尉六十一號推薦中尉一一五號〔姓名不詳〕擔任第三位指揮，上尉一一六號〔Zygmunt Pawlowicz，在集中營裡化名為Julian Trzęsimiech〕擔任第四位指揮。上校六十四號與少校八十五號同意我們的安排。

最後，我們取得同志五十九號的協助，並反覆討論共識的必要，與如何保持沉默（包括如果有同志被關進地牢遭受拷問該怎麼做）。上校二十三號與中校二十四號加入我們。

一名優秀的西利西亞波蘭人，同時也是我的朋友七十六號，在他的工作領域成效昭著，

4　有些資料顯示他的軍階是上校，皮雷茨基的原稿寫的是上尉。英譯者注。

從儲藏室提供衣物、制服、床單與毛毯給我們。

分配工作給組織成員，包括我在華沙時的朋友中尉一一七號〔Eugeniusz Zaturski〕以及三十九號。

一一八號〔姓名不詳〕與騎兵中士一一九號〔Jan Miksa〕加入組織。

我之前在華沙的同志，醫生一二〇號〔Zygunt Zakrzewski〕從克拉科夫（Kraków）運來此地。

這段時期，在克拉科夫附近發現了炸彈工廠。

送進來的人很快就被解決掉。

醫生一二〇號卻活了下來，並且被送往別的集中營。

有時候，集中營當局會試圖讓告密者滲透進來。一名德裔人假冒波蘭人，他同意與格拉伯納合作，企圖打探我們私底下的活動。但我們有成員從親衛隊那裡得到消息，他人還沒到就被揭穿了。

我們讓這個人喝下幾滴我們從醫院取得的巴豆油，他不久便感到肚子疼，於是馬上衝到醫院看病。

我們在醫院的成員早就知道這個混蛋要過去看病（他的囚犯編號已經被我們記下來），因此他拿到一些不傷身的藥但照樣混了幾滴巴豆油。

這傢伙連拉了幾天肚子，身體虛弱的他又回到醫院。於是我們為他打針，我們注射的東西並不會傷害他，問題在於針頭是生鏽的。

然而，有兩個例子算是帶點趣味的。

第一個例子，某個與格拉伯納合作的傢伙人在醫院，他照了胸部X光，「顯示」他得了結核病（其實那張X光片是別人的肺）。

第二天，克雷爾巡房時，我們向他指明此人是結核病患者。

這麼說就夠了，克雷爾馬上把他的號碼登記下來。

這傢伙對此毫不知情，然而等到他被送去「注射」時，他開始發狂大叫，還提到格拉伯納的名字。

克雷爾聽到格拉伯納的名字吃了一驚，他也發火了。他馬上朝那人的臉揍了一拳，很快就把這個人「處理」掉。他不許反抗者隨隨便便抬出格拉伯納的名字。

第二個例子與第一個例子幾乎相同，不同的是當事人是個新來者。他懵懵懂懂地被送去注射毒劑，連格拉伯納的名字也沒提。最後他滿臉訝異地被「處理」掉。

格拉伯納因為這些人一直沒向他回報，於是開始尋找這些人。不久，他發現這些人已經在火葬場化為「一道輕煙」。不僅如此，他們還是死在自己的部下克雷爾手中。格拉伯納因此惱火不已。

他開始追究醫院為什麼這麼快就把這兩個人處理掉。

此後，克雷爾在用針之前，一定會先送一份名單給格拉伯納，讓他仔細檢查有沒有他的人列在上面。

復活節快到了。

我仍住在第二十五區第七室。

我比較房裡的號碼與耶誕節時有什麼不同（我們在奧許維茲經常做這種事），想知道有多少人已經死了。

斑疹傷寒造成我們很大的傷亡。每個人都生病了，只有少數幾個老夥伴還能勉強活下來。

凡是因為斑疹傷寒而住院治療的人，很少能夠出院返回營舍。

不過，「我們」培養的蝨子確實發揮了功效，斑疹傷寒也開始在親衛隊軍營裡蔓延開來，造成嚴重的疫情。

醫生對於如何醫治西伯利亞斑疹傷寒感到棘手，親衛隊員的屍體也同樣令他們頭疼。親衛隊死者甚眾。他們被送到卡托維治（Katowice）的醫院治療，然而很少有人存活。

六月，有一批人從奧許維茲運往茅特豪森（Mauthausen）。

上校六十四號也在這批人當中（其實他原本可以避免的），他告訴我，他打算在途中脫逃（但此事並沒有發生）。

預備軍官十五號、騎兵中士一一九號與少尉六十七號同樣被運往茅特豪森。

上校六十四號臨行前，建議我推薦上校一二一號〔Juliusz Gilewicz〕接替他的位置，我照他的話做。

上校一二一號同意參加我們的組織，我們合作無間。

上校一二二號〔Teofil Dziama〕也參加我們的組織。[5]

在這段時期，上校二十三號與前國會議員七十號被槍斃。

比爾克瑙完成兩座電爐火葬場之後，開始興建第三與第四座火葬場。

5 嚴格來說，他是中校。英譯者注。

ABM

卡奇米爾茲·拉維奇上校（Kazimierz Rawicz，皮雷茨基的同志，上校六十四號），囚犯編號9319。

後續火葬場持續興建的同時，前兩座火葬場火力全開地焚燒屍體。

囚犯也一批批絡繹不絕地運到。

有些人被帶來主營區，在這裡，囚犯必須進行編組，每個犯人都有編號，現在編號已經超過了四萬號。儘管如此，絕大多數人是直接運到拉伊斯科的比爾克瑙，他們在那裡不需要做什麼編組，而是一下子就燒成了煙與灰。

在這個時期，每天大約有一千人的屍體被燒掉。

究竟是哪些人被丟進死神的嘴裡，為什麼？

他們是來自法國、捷克斯洛伐克、荷蘭與其他歐洲國家的猶太人。他們每個人都是獨自一人上路，沒有人護送，直到距離奧許維茲約十餘公里的地方，才有人包圍了車廂。然後列車轉駛支線，直到拉伊斯科的比爾克瑙。

他們為什麼搭上這些列車？

我曾有幾次機會與法國來的猶太人交談，也與比較少見的波蘭本地猶太人聊過一回。這幾名波蘭猶太人來自比亞威斯托克（Białystok）與格羅德諾（Grodno）。

根據他們的說法，德國在占領區的城鎮裡進行宣傳，表示凡是到第三帝國工作的猶太人才有活命的機會，因此大家全都到第三帝國工作。此外，奧許維茲（無疑的，還包括其他集中營）的猶太人寫的書信也激勵了他們，使他們誤以為猶太人在這裡有良好的工作條件，生活可以獲得溫飽。

猶太人可以帶任何隨身行李上路。

於是每個猶太人都帶了一到兩個皮箱，並且幾乎把自己所有的財產都裝進去。他們變賣房產與物品，然後買進體積小的貴重物品，如鑽石、黃金、金幣等裝進皮箱裡。

貨運列車每天運來約一千人，他們的終點站是拉伊斯科。

貨車車廂開到斜坡旁，裝運的東西全卸下來。

沒有人知道親衛隊在想什麼。

車廂裡有許多女性與兒童。有些孩子甚至還在襁褓中。她們都將在此結束生命，無一倖免。

他們像牲口一樣被驅趕著——前往屠宰場！

而到目前為止，這群旅客渾然不知，他們遵守命令，從斜坡上走下來。

為了避免發生不愉快的狀況，他們目前所受的對待相對來說還算客氣。

他們依照指示，把食物放在一處，把行李放在另一處。他們被告知，行李等一下就會還給他們。旅客開始面帶憂色：他們的行李會不會不見呢？他們還找得著自己的行李嗎？他們的皮箱會不會跟別人的搞混了？

他們被分成兩群。男人與十三歲以上的男孩一群。女人與孩子（十三歲以下的男孩）一群。當局以洗澡為理由，告訴他們為了顧及禮節，必須分組脫衣洗浴。

兩群人也把衣服分成兩堆，當局說這些衣服要進行消毒。現在大家更擔心了，因為衣服與內衣更容易搞混。

然後，婦女與兒童跟男人分開，一次數百人進到屋子裡，說是淋浴的地方，其實是毒氣室。屋外的窗戶是假的，進到裡面，四面全是密不透風的牆壁。

在密閉門關緊後，裡頭開始進行大屠殺。

一名頭戴防毒面具的親衛隊員從拱廊陽臺上扔下毒氣罐，剛好落在他的下方與群眾的上方。

毒氣室使用的毒氣有兩種：一種是瓶裝，擊碎後就可使用；另一種是塊狀物，親衛隊員戴著橡膠手套打開密封的罐子，然後扔下去，罐裡的塊狀物就會揮發成氣體，立即充塞整個毒氣室，迅速將裡面的人殺死。

這個過程持續幾分鐘。他們會等待十分鐘左右，然後打開通風設備：背對斜坡那一側的門打開，猶太工作小隊把溫熱的屍體搬上手推車與貨車，運到附近的火葬場，迅速燒掉屍體。

此時，第二批數百人正朝著毒氣室而來。

之後，當局持續改良屠宰技術，讓過程更快更有效率。

這些人留下的所有物品：堆積如山的食物、皮箱、衣物、內衣，原本也應該焚毀，但這只是理論上。

現實上，內衣與衣服在消毒之後，全送往衣物儲藏室。鞋子送往製革工廠。皮箱則是送到製革工廠燒掉。

但親衛隊與監督員會在比爾克瑙以及物品運往製革工廠途中先行挑選好的東西留為己用，他們說奧許維茲已經成了「加拿大」。[6]

這個詞逐漸流行起來。之後，凡是被毒氣殺死的人留下的東西，都被稱為「加拿大」。

於是，世上存在著一個可食用的「加拿大」，各種過去從沒嚐過的佳餚珍饈全從那裡運來：無花果、棗子、檸檬、柳橙、巧克力、荷蘭乳酪、奶油、糖、蛋糕等等。

理論上，當局禁止人們持有「加拿大」的物品，更不用說把這些東西帶進營。在集中營門口，總會派人進行檢查。

任何人被搜到持有「加拿大」的東西，就會被送進地牢，通常是一去不回。

然而，在奧許維茲，所謂的冒生命危險與外頭正常世界意義大不相同，反正平日隨時可能丟了性命，此時又有什麼好珍惜的，因此很多人很願意為了這麼一丁點微不足道的快樂做

6　加拿大這個國家被視為財富的象徵。英譯者注。

出冒險的事。

於是，一種新的心境在此產生，幾乎只是為了一點點樂趣——人們卻甘心賭上自己的性命。

所以，我們持續偷偷地從附近的「加拿大」取得各種食物。

當我們從工作地點回到集中營，經過崗哨時總是感到極度緊張。

還有另一個可以提供內衣、衣物與襪子的「加拿大」。

不久前，我們發現監督員與親衛隊員身上穿著來自法國首都的上等衣物。絲質襯衫、絲質長褲，以及昂貴的鞋子。

此外，他們有肥皂、上等香水、刮鬍刀片、修面刷與女性化妝品。

即使是有錢人家，要像他們一樣穿戴這麼多好東西也不是件容易的事。

從「加拿大」「組織化」一些東西，幾乎已經成為全營上下的共同目標。有些人甚至每天都在打「加拿大」的腦筋。

親衛隊員總是特別留意皮箱與皮夾，想找出黃金、錢與鑽石。

奧許維茲很快就成為鑽石與黃金的匯聚之地，而且持續向外流出財富。

不久，我們發現路上有德國憲兵檢查每個路過的人，就連軍車也不放過。

講到翻找財物，親衛隊與監督員絕對沒有囚犯精明。囚犯偶爾會發現鑽石藏在鞋跟，藏在皮箱或手提包的襯裡，塞在牙膏軟管或奶油軟管內，藏在鞋油盒以及一切看似不可能的地方。

他們總是偷偷做這件事，而且會抓準時機翻找這些被送進毒氣室的人遺留下來的物品。親衛隊員同樣也是偷偷摸摸地拿取這些財物。集中營司令官會自己開車來製革工廠找艾里克，而塞滿已經分類的貴重財物的皮箱，也一車車運往製革工廠：手錶、香水、錢等等。司令官一定假裝沒看見底下親衛隊員的所做所為，因為他自己也怕被人告發。

能取得「加拿大」物品的囚犯，很快就成為集中營裡的特權階級。

他們進行各種物品的交易，但不要以為集中營已陷入一團混亂，也不要以為黃金的影響力可以讓當局採取較寬鬆的管理方式。

儘管我們與衛兵的關係日漸密切，但死亡仍是主要的懲罰，因此交易必須私底下進行，絕不能過於明目張膽。

——

茉莉花盛開，香氣四溢之時，我們優秀的成員高級輕騎兵一二三號〔Stefan Stępień〕遭到槍斃（應該說是謀殺，因為他遭人從後腦勺開槍打死）。

我的心裡仍不時浮現著那充滿開朗笑容的勇者臉孔。

之後不久，我最好的朋友，深具騎士精神的第十三輕騎兵軍官，中尉二十九號，也以相同方式遭到槍斃。

他在遺囑裡提到他在一九三九年時把兩面輕騎兵團軍旗藏匿起來的地點：第四與第十三輕騎兵團。

——

我透過預備軍官一一二號把另一份報告送到華沙。一一二號連同三名朋友，四人漂亮地從集中營逃脫。

我以前看過《帕維雅克監獄的十名逃犯》（*10 z Pawiaka*）這部電影。

我大膽建議這四個人可以穿著親衛隊制服，以陰森的集中營為背景，開著司令官的名貴車子逃離奧許維茲，這會是相當不錯的電影主題。

大門衛兵舉槍向他們致敬。

集中營頭子奧邁耶（Hans Aumeier）此時正騎著馬急忙從布納返回奧許維茲參加晚點名，他在途中看見車子。他盡職地敬禮，但有點驚訝於駕駛居然把車開往廢棄不用的鐵路平交道。

車子迅速倒車，並在另一個地點跨越平交道。

他把原因歸咎於伏特加，以及駕駛不清醒的腦袋。

他們繃緊神經，這場逃亡終獲成功。

集中營頭子回到奧許維茲，剛好趕上晚點名，各區的囚犯都以整齊的隊形站好。

接下來好戲要上場了！

他接獲通報，有四個人在點名時失蹤了，更糟的是，他們開走了司令官的車子。

這件事發生在親衛隊衛兵室。

奧邁耶幾乎要氣瘋了。他大喊自己剛才還見到這些人。

然後他絕望地將帽子扔在地上，而且……突然間大笑起來。

沒有報復，沒有槍決，沒有漫長的懲罰檢閱。

從一九四二年二月起就不能這麼做了。

—

一九四一年，檢閱場上還曾舉辦過足球賽，但到了一九四二年，因為要進行新的建築工程的關係，已不可能舉辦球賽。

能讓德國監督員與波蘭人一較長短的運動競技，就只剩下拳擊。

與足球一樣，儘管在食物與工作上有所不同，波蘭人卻總能在拳擊賽中擊敗德國人。

拳擊賽是一個機會，囚犯可以直接打監督員的臉。而在旁觀者的歡呼聲中，波蘭人可以獲得最大的滿足。

我們有幾名相當優秀的拳擊手。我在組織工作中認識的只有二十一號，他總是能輕易擊敗這些惡棍。

—

囚犯逃亡時被抓住，會被公開處以絞刑。

這已經是改善後的結果；他們現在不會被棍棒活活打死或被木樁插死。

他們會先短暫關在地牢裡，然後在晚點名時，把裝有輪子的絞刑臺推到廚房旁邊，此時所有囚犯已經在檢閱場上站好，逃犯就在此時當著大家的面被絞死。

此外，負責絞死他的人，下一輪也要被絞死。以此類推，行刑者本身也是被絞死者。

這麼做是為了增加殘酷的程度。

有一次，在進行絞刑的時候，順便進行命令宣達，司令官神聖地告知所有囚犯，凡是行為良好認真工作者，都有獲釋的機會。因此，不要再做無謂的脫逃，因為那只會導致可恥的絞死，如我們眼前所見的那樣。

總之，這道命令並未「搔著癢處」。沒有人相信釋放這回事。我們已經看過太多死亡，恐怕當局是不可能讓我們回到現實世界。

此外，在這種痛苦的時刻宣讀命令，明顯是德國人一貫的作風。以人道方式殺人——見證了這群施虐者的文化——只是大開方便之門，把醫院裡的犯人公開送進毒氣室。

如果連續數天有大批囚犯送到醫院，而醫院病床已滿，搞得一張床居然要躺三個人，這時克雷爾又剛好沒心情打針，醫院因此擁擠不堪，就會有病人被載上卡車，運到比爾克瑙的毒氣室。

起初，幹這檔事的人還知道一點羞恥，他們利用深夜或清晨，在沒人看見的狀況下帶病人上車。

然後，逐漸的，整個集中營都知道這件事，而當局也不再對這些「生病的遊客」感到羞愧，於是他們開始在白天帶病人上車。

有時候他們會在點名時做這件事，只見瞭望塔上的士兵荷槍實彈冷冷地看著我們。

有時囚犯在被送往毒氣室之前看見隊伍中的朋友，會叫道：

「再見了，雅斯。保重！」他揮舞著帽子或手，「精神奕奕」地上車。

每個人都知道他們要去哪裡。為什麼這些人這麼高興呢？

我想這是因為他們已經看得太多，也受苦太久，因此不認為死是件可怕的事。

某日，四十一號跑來跟我說，有一群從比爾克瑙運來這裡處決的人，他認出裡面有個人是上校六十二號。

這個消息得到證實。上校六十二號，一名具有騎士精神的軍官，失去了生命。

——

我把這數十頁描述奧許維茲景象的稿子交給幾個朋友閱讀。

他們說，我有時會出現重複。這是可能的。一方面是因為我沒有時間重讀一遍，另一方面是這座巨大的「磨坊」不斷把人磨成粉末——或者，如果你比較喜歡說這是一臺「蒸汽壓路機」也行，它把面前的所有人軋得粉碎——它持續繞著同一根軸心旋轉，而這根軸心的名字叫做毀滅。

集中營裡這些個別而片段的景象，每日重複——一年可重複三百多次——樣態類似，它零星或固定地顯示出蒸汽壓路機相同的一面，因而讓我們能看個仔細……如果有人就這樣連看了一千多日……會怎麼樣呢？如果在外頭過著舒適生活的人輕鬆地閱讀這份報告，有幾次專注看著某個景象？特別是來自另一面的景象！

或許——至少就輕微的程度來說是如此——讀者在思想上加入我們是件好事，這跟看見兩次與看見一千次是不一樣的，我們已經被迫看了一千多次，但還沒有人感到厭煩。

事。

我們沒有時間想到「怨恨」這個詞！

我想再重複一次。

看見女性排成隊伍，被工作折磨得不成人形，在泥濘中拖著沉重的步伐，那是很難受的事。

她們的臉色暗沉……衣服汙穢不堪……她們前進著，看起來就像「行屍走肉」。

有少數人秉持著強健精神支持自己，也振奮他人。

有些人的眼睛大膽地環顧四周，努力排好隊伍。

我不知道是傍晚看著女囚疲憊地回營難受，還是早上看著女囚上工比較難受，她們有一整天等著她們，她們要走到工作的地方，除了要找機會休息，還要支持比較弱小的同志。

我們可以看見有些臉孔與身體顯然對野外工作毫無準備，而且也不適合。

我們看見波蘭的小姑娘，也許她們過去已習慣辛苦的工作，但最後她們也會跟「女士」一樣疲倦不堪。

無論晴雨，她們全都要走上幾公里的路前去工作。

當婦女陷在泥裡，「英雄」騎著馬，旁邊跟著狗，像牛仔一樣，將婦女當成牛羊一樣驅趕，他們一邊抽菸，一邊叫罵。

此時，我們在集中營裡有了真正的巴別塔。到處可以聽見各國語言。除了波蘭人、德國人、布爾什維克分子與捷克人，還有少數比利時人、南斯拉夫人、保加利亞人、法國人與荷蘭人被送進集中營來，以及一些挪威人，最後還出現了希臘人。

我記得法國人取得的囚犯編號已經超過四萬五千號。

法國人存活的時間比任何人都要短。他們無法適應工作，也沒有朋友。他們不僅病弱，還冥頑不靈。

親衛隊會把抵達的猶太人從隊伍中叫出來，等湊足數百人之後再送他們去毒氣室「洗澡」，只有少數年輕女孩能逃過一劫。

他們顯然讚同這種裸體的形態，而且每天從裡面挑出容貌最美麗的。

如果幾天後女孩還能存活，還能用她的美貌或其他令人喜愛的方法換取生命，那麼她很有可能被派到集中營辦公室或病房或其他辦公室工作。

然而，可以安插的空缺太少，而有姿色的女子太多。

親衛隊以同樣的方式從要送進毒氣室的數百人中挑出年輕的猶太男子。

他們被以正常程序處理，他們來到我們的營區，加入各個小隊。

這是另一種處理世界上剩餘猶太人的方式。

我之前曾經提過，猶太人曾有一段時間被分配到室內工作，他們因此寫信給自己的親人，表示自己在這裡過得很開心。他們跟我們寫信的時間一樣，亦即，一個月兩次，時間都是星期日。

現在，在猶太人居住的營區，親衛隊偶爾出現，通常是在工作日。（我們仍是星期日寫信。）親衛隊晚上來到營區，把所有住在該區的猶太人帶走，命令他們坐在同一張桌子旁。親衛隊拿出集中營的標準信紙，命令猶太人寫信給他們的家人與親戚，如果他們沒有家人親戚，那麼就寫給他們的朋友。

他們在一旁監視猶太人，等待他們把信寫完。

然後，他們親自收齊這些信件，寄到歐洲各個國家。

這群運氣不佳的猶太人就算想寫自己在這裡很不快樂……每個人實際上也只能乖乖寫上自己過得很好……

當我們營裡的猶太人正確完成他們的任務，向其他國家陷入不幸的猶太人擔保此地安全無虞之後，這些猶太人就成了「集中營無用的負擔」，於是被送往比爾克瑙從事重勞動，有時甚至直接送往刑罰營，當局希望愈快解決他們愈好。

送到刑罰營幾乎沒有存活的可能。

刑罰營有個猶太人，大家叫他「扼殺者」（Strangler）。[7] 他每日的配額是至少十二名

7　他的名字是依札卡・加斯卡（Izak Gąska）。英譯者注。

猶太人。但主要還是要取決於刑罰營的摧殘能力。

每一天，猶太人等待著令人不悅的死亡，他們注定要死在孔武有力的同胞「扼殺者」手裡。

每半個小時，也許早一點也許晚一點，完全要看死亡隊伍的長短。「扼殺者」命令自己挑選的獵物仰躺在地（如果有人反抗，他會快速而有效率地把他打昏），然後將鏟子的握柄擱在躺下的人的脖子上，接著整個人直接跳上鏟柄，用全身的重量壓住。鏟柄壓碎了喉嚨。「扼殺者」會左右擺動，把重量從左方移回右手邊。

可憐的猶太人壓在鏟子下，只能發出沙啞的聲音，兩腿不住地踢著，然後死亡。這名惡棍有時會告訴受害者別害怕，因為死亡很快就會來到。

在刑罰營，「扼殺者」與交給他處死的猶太人被當成自主運作的死亡工作支隊。

事實上，刑罰營（當中絕大多數是波蘭人）是個獨立的世界，他們的生與死跟其他地方無關，同樣是死，只是死的方式不太一樣。

夏天，許多囚犯突然被同時轉送到刑罰營。

這項指令直接來自政治部，他們在檢視檔案後認定，這些囚犯「與外界互通聲息」的事實確認無誤。

我在集中營的朋友與組織成員被移送到拉伊斯科刑罰營的名單如下：預備軍官副排長

二十六號、中尉二十七號、上尉一二四號〔Tadeusz Chrościcki，父親〕與一二五號〔Tadeusz Lucjan Chrościcki，兒子〕。

之後，中尉二十七號相當魯莽地捎來一張紙條。然而，這張紙條終於還是交到我手裡，上面寫著：「我要通知你，既然我們很快就要被燒成灰燼，那麼無論如何我們明天一定要碰碰運氣……我們成功的機會很渺茫……請代我向我的家人道別，如果可以，如果你還活著，請告訴他們，就算我死了，我也曾英勇奮戰過……。」

第二天還沒入夜就已經有消息傳來。傍晚，在拉伊斯科，當工作結束的信號響起時，刑罰營的囚犯試圖集體逃亡。

他們是否準備不足，是否有人通風報信而每個人都接獲警告，或許是形勢太艱難，總之，親衛隊幾乎殺了所有囚犯，有七十多人死亡。德國監督員有效協助親衛隊進行捕殺。

據說有幾個人幸運逃出生天。

有人說超過十餘人成功逃亡，如果是這樣的話，那麼這些人肯定要游過維斯瓦河（Vistula）。然而，我們聽到的消息充滿矛盾。三年後，我的確從羅梅克．G（Romek G.）口中得知，那群人當中，一二五號（我的華沙同袍的兒子）當時成功逃過一劫。

我們知道，正如我們的囚犯曾經飽受蝨子肆虐之苦，女性的集中營也是一樣。她們的營區與我們是隔離的，但卻孳生了大量跳蚤。

我們不瞭解這些跳蚤是從哪來的，也不懂這些蟲子為什麼會對囚犯有性別區分。後來我們才知道，女性集中營某些工作小隊曾到有跳蚤的建築物工作，因此把跳蚤帶回集中營裡。這些蟲子來到更舒適的環境，便以此為據點，開始追逐原先住在這裡的房客。不久，這些女囚從我們這個營區移轉到拉伊斯科—比爾克瑙，她們住在木屋裡，在可怕的環境中死去。

當地缺乏自來水與廁所。有些人睡在地上，因為營區是用板條搭建的，沒有地板。她們走在泥巴地裡，每一步都會陷到腳踝之上，因為當地沒有排水設施也沒有道路。早晨，她們依然數百人為一隊出現在檢閱場，但已經沒有力氣工作。槁木死灰，這群麻木的殉難者已經完全看不出是女性。

她們很快就獲得集中營當局的「憐憫」，每百人一隊送進了毒氣室。超過兩千名已經看不出是女性的囚犯被處理掉。

女囚離開後，她們原本居住的營舍仍有大量跳蚤。木匠到這些營舍修理門窗，準備讓男性工作小隊入住。他們描述這些「黑色蟲子」出沒區域的可怕情形，牠們成群在空無一人的營區裡跳躍。

這群飢餓的跳蚤衝向新來者，大家身上開始出現一個接一個的小紅點。做什麼都沒有用，不管是綁緊褲管或袖口都無濟於事。木匠乾脆脫掉衣服，把衣服放在完全沒有跳蚤的地方。他們全身赤裸，像在草地上吃草的動物一樣驅趕跳蚤。牠們在地板上成群移動，如果你在陽光下看著牠們，會以為到處都是噴泉。

到目前為止，我們這個集中營的所有營舍已經有了廁所與不錯的浴室。排水設施與自來水也成了標準配備。三個營區的地下室設有機械幫浦，負責供應整個集中營的用水。許多囚犯在建造這些改良設施時倒下。

所以現在新來者抵達的環境，與我們當初生活的環境已大不相同。過去我們缺乏盥洗與沐浴設備，連上廁所都不得安寧，因為種種不便而死亡的人不計其數。

現在，就連維持整潔也有專人負責——這個職位是眾人眼中的肥缺。他坐在廁所裡喝湯，總是有第二份糧食可吃，而對於這樣的用餐環境，負責人毫不在意。他會靜靜地吃東西，偶爾看見動作慢的囚犯便吼個幾句。

女囚從我們在一九四二年住的那種營舍，移往拉伊斯科的簡陋營房，她們的感受不言可喻。

女囚移出之後，春天興建用來區隔男女營區的高聳柵欄依然存在，直到女性營區的跳蚤除盡為止。

然而，不知何故，跳蚤居然越過了柵欄。不是所有的跳蚤，而是其中明顯較積極的一群努力穿過障礙，進入我們營區之內，在這裡找到了豐富的食物。

在此同時，湯匙工廠的發展，顯示我們需要開始考慮別的工作，因為我們已經製造了數千支湯匙，接下來我們的工作小隊很可能面臨撤廢的命運。

多虧我的朋友一一一號、十九號與五十二號的幫助，我在木匠工廠找到一個空缺，與第一流的木匠一起工作。

當時我跟木匠師傅一一一號一起工作。然而，當一一一號與一二七號（姓名不詳）因斑疹傷寒而接連倒下後，我只能靠自己的力量繼續待在木匠師傅的小隊裡，假裝自己是專家，努力維持工廠的產出。

有位新監督員接替原先的白癡胡拉伊諾加（他因斑疹傷寒而死）的位子，負責管理（製革工廠）木匠工作小隊。

我的處境變得十分艱困。我拿到一張訂製的家具圖樣，我必須靠自己製作出木製家具來。

雖然我在工廠裡獨力支撐的時間只有十二天而已，但我已感覺自己心力交瘁。

我不想在這裡栽跟頭，但我確實不是專業的木匠。無論如何，我做了一個折疊式櫥櫃。

雖然這段時間一流的工匠九十二號曾經過來幫我完成，但十二天來我每天都挖空心思模仿木匠師傅的樣子，以討好那位吹毛求疵而愚蠢的監督員。

此時的我已不完全算是菜鳥木匠（但要更上層樓恐怕需要天分），但我還是很高興看見九十二號來到我們的工廠（他審慎考慮了一下）。

之後，我有更多時間投入工廠「網絡」的建立，協調組織工作，在製革工廠與其他成員開會，或者以取料為藉口前往存放板條的倉庫，與五十號及一〇六號坐在高及屋頂的稻草堆上商討事情。透過屋頂的隙縫，我們彷彿置身在絕佳的瞭望崗哨，可以看到艾瑞克與司令官的一舉一動。

斑疹傷寒仍持續留下痛苦的標記，而親衛隊營房也繼續進行除蝨的工作。

每個營區的人都生病了。

在我們的營房（第二十五區第七室），每天都有人因染上傷寒而送進醫院。

在這個時期，三層床鋪往往只睡滿兩個人。

我們的成員最早倒下的是預備軍官九十四號，然後是下士九十一號、七十一號，然後是七十三號、九十五號，然後是跟我睡同一個床鋪的一一一號，還有九十三號——（接下來就搞不清楚誰接在誰後頭被送進醫院）。只知道每個人接二連三地倒下。

許多人一去不回，他們成了貨車上的屍體，被運往火葬場。

NAC

USHMM/ Yad Vashem

右方：存活……至少目前是如此。

NAC

USHMM/ Yad Vashem

左方：死亡。

Yad Vashem/ Otto Dov Kulka

奧許維茲—比爾克瑙第三毒氣室的屋頂工程。

Yad Vashem/ Otto Dov Kulka

奧許維茲—比爾克瑙建設中的第四火葬場。

Yad Vashem/ Otto Dov Kulka

奧許維茲—比爾克瑙第三火葬場的焚化爐。

USHMM/Yad Vashem

猶太男性、女性與孩童在奧許維茲—比爾克瑙的斜坡上等待揀選。

每天，大家可以從囚犯屍體中看見一兩個熟識的面孔，他們的屍體就像木頭一樣橫七豎八地擺在貨車上。

目前，我還未因斑疹傷寒而倒下。醫官二號建議我接種斑疹傷寒疫苗，他（祕密）從（外頭）取得疫苗；然而，我必須思考該怎麼做，如果我已經被帶有斑疹傷寒的蝨子咬了（這個可能性很高，因為我與一一一號同鋪，而一一一號已經感染了斑疹傷寒。此外，從感染到第一次發燒中間通常隔了兩個星期），那麼施打疫苗反而會致命。

然而，我逐漸確定自己並未受到感染，於是我決定接種疫苗。

點名時站在營區前頭的三十名年輕小伙子，現在只剩七、八名。其他都已經死於斑疹傷寒。

以下是死去的成員：勇敢的維尼霍拉五十號、五十三號、五十四號、五十八號、七十一號、七十三號、九十一號、九十四號、一二六號〔Tadeusz Czechowski〕與我非常想念的朋友三十號。

坦白說，我能寫自己「非常想念」某人嗎？其實我想念每一個人。

我努力想救回上尉三十號。他總是保持愉快的心情，以他的幽默感與「第二份糧食」振奮每個人的精神；有好幾個人是因為他才得以保住性命。

在羅患斑疹傷寒之前，三十號突然得了敗血症，但治癒了。醫官二號立刻為他的手臂動手術，移除了危險。

後來，過了一個星期，他得了斑疹傷寒，送往第二十八區治療。幾天後，他熱情地邀請朋友一起享用從「加拿大」帶來的美食，並且大聲地說：「上帝提供，好人帶來，你們吃光。」

他發著高燒，不斷叨念著。他興致勃勃地說，他必須活下去，就算把頭夾在腋下也在所不惜，但他會離開奧許維茲，因為他已熬過在漢堡的恐怖歲月，而且他一定要見到雅希亞。醫生說，他得了腦膜炎。

他被送到第二十區。他們為他做了腰椎穿刺。他獲得良好的照顧，但實際上醫生已無計可施。

他真的離開了奧許維茲，只不過是像輕煙一樣從煙囪裊裊散去。

他留給我一個訊息：「Isjago。」如果有人知道這是什麼意思，請與我聯繫。

就這樣，（一九四二年夏天）有太多的人命損失，但我們並非毫無所獲。

這個時期有新同志加入組織，但這些人其實早在集中營待了很長一段時間：一二八號〔姓名不詳〕、一二九號〔Leon Kukiełka〕、一三〇號〔姓名不詳〕、一三一號〔姓名不詳〕、一三二號〔姓名不詳〕、一三三號〔姓名不詳〕、一三四號〔姓名不詳〕、一三五號

（姓名不詳）、一三六號（姓名不詳）、一三七號（姓名不詳）、一三八號（姓名不詳）、一三九號（姓名不詳）、一四〇號（姓名不詳）、一四一號（姓名不詳）、一四二號（姓名不詳）、一四三號（姓名不詳）、一四四號（姓名不詳）。

我在營區裡工作了幾個星期，完全未踏進木匠工廠一步，區長八十號對我極為友善，他過去也曾在我艱難的時刻出手搭救。

他讓我在營區裡幹一些「有創意」的工作，並且向當局說明營區需要有人製作官方海報。

我畫了集中營的生活場景：「第二份湯」、「晚上檢查腳有沒有洗乾淨，沒通過就抓到『長凳』上打」。

我利用色紙做了剪貼畫或貼紙。

作品看起來相當出色。一個月後，帕里奇曾一度造訪那個營區，當時我已經不在那裡，他下令把所有的圖畫毀掉，把玻璃砸碎，就連框架也予以破壞——但他唯獨拿走了我的剪貼畫。

集中營新一波的除蝨行動開始。

有一天，大約是在一九四二年八月二十日到二十五日之間，與先前一樣，我沒有去工作，而是在營區裡畫畫。我突然看見載著大批親衛隊員的車輛駛進集中營，直衝斑疹傷寒營區而來（新分區第二十區）。

親衛隊員很快就包圍了這個營區。

我必須坦承，看著這個景象，一時間我的血液先是凍結，而後隨即沸騰起來。我想像親衛隊是為了別的理由而來。但我很快就醒悟了，並且感到沮喪。

病人被拉出來，推進車子裡。

無論是沒有意識的，還是身體狀況良好的，之前一個月還生病、但現在已逐漸康復只是還受到隔離的，這些人全不分青紅皂白被塞進車子裡。如此這般，車輛接連數次來回將他們送往毒氣室。

第二十區的每個人都被帶走了，包括那些已經恢復健康以及在此休養幾天的人；唯一的例外是護士，從服裝可以認出他們。幾個月來，醫院的工作人員穿的衣服明顯與一般囚犯不同。他們的衣服以白色亞麻布製成，背部畫了一道紅色條紋，褲子上也有類似的圖案。

當時，醫官二號救了不少波蘭人，他要他們（每次數人）換上護士的白衣服，讓他們接受親衛隊醫師的差遣，負責照顧病人。

醫官二號最後也發現護士的人數似乎太多，但由於真正的護士——親衛隊認識這些人——不斷流失，因此這些假護士最終還是逃過一劫。

我看到一名親衛隊員把兩個小囚犯丟進車裡。一個八歲的小傢伙懇求這名親衛隊員放過他，而且還跪在地上。但這名親衛隊員踢了他肚子一腳，然後像丟小狗一樣把他扔進車裡。

當天，他們全在拉伊斯科的毒氣室裡被處理掉。

然後持續兩天的時間，火葬場不停運轉，集中營不斷將新囚犯運來這裡。

親衛隊處理完第二十區後並未罷手，他們又繼續處理第二十八區，然後處理第二十七區與第二十八區之間的木屋，這是在斑疹傷寒爆發期間建的。然後他們乾脆從工作小隊中挑人。

親衛隊隨意在工作小隊居住的正常營區裡挑人，凡是腳出現腫脹或身體出現一些缺陷看起來像是無法做工的人，都會被送進毒氣室。

然後他們把腦筋動到休養區與集中營裡那些行將就木的人身上，不過，由於「加拿大」的影響，這些人的數量變少了。

總之，只要看到這樣的人，就會帶他們到毒氣室「除蝨」，然後將他們送進火葬場。

「除命」（de-lifing）這個新詞開始在集中營流行。

從自由世界運來的人在毒氣室裡失去性命之後，他們留下的衣物也被塞進毒氣室裡進行消毒，換言之，這是不折不扣的除蝨。此後，只要是使用毒氣，無論對象是衣物還是囚犯，都稱為「除蝨」。

幾天後，八月三十日，我出現發燒症狀，如果我壓迫關節與小腿，便會感到疼痛。換言之，幾乎可以說是罹患斑疹傷寒的症狀。我獨缺的是頭痛這個症狀，但我這輩子從未頭痛過，我不知道那是什麼感覺。我想這一點是遺傳了我的父親，他曾經驚訝地說：「頭會痛？這實在太荒謬了……。」

然而，醫生與朋友都說，不管你願不願意，斑疹傷寒一定會伴隨頭痛，所以我只好靜觀其變。

慶幸的是，我要感謝區長八十號的幫助，讓我能待在營區裡，不用出去工作。

我發燒超過攝氏三十九度，點名的時候幾乎無法站直身子。

然而我不想去醫院，我不確定親衛隊是否還會開著車子過來拉人進毒氣室，尤其這種病要強制隔離，一進去起碼要待上兩個月。

這是我進奧許維茲以來生的第二次重病。

此外，我過去在營裡曾經數度發燒，然後又因為著涼而加重病情；在外頭，這可能演變成流行性感冒，但在這裡，也許是因為純粹的意志力，或神經緊繃，我可以藉由工作來對抗病魔。

但現在，一日復一日，特別是到了晚上，我感覺自己無法「克服」病魔，我已經耗盡體力，就連走路都覺得吃力。

跟第一次一樣，假如沒有除蝨適時介入（儘管方式跟第一次不同），我不知道自己會發生什麼事。

連日的高燒讓我癱軟無力。

所有營區都已完成除蝨，就要輪到我們這一區。

儘管我晚上發燒到四十度，我還是準備進行除蝨，我的朋友一一一號（他順利從斑疹傷寒中恢復）協助我整理房間。營區裡所有的人都要出去接受除蝨，只留幾個人檢查營區，所有的人必須在半小時內完成除蝨。然而我感覺自己相當虛弱，加上回想起上一次除蝨的辛苦，這次又發著高燒，我實在很不願意接受折騰。

只有一個辦法可以避免除蝨：去醫院。但去醫院可能會被送進毒氣室。

我感到猶豫，此時醫官二號出現了，他看見我發著高燒，於是破例讓我快速進到第二十八區（在醫院裡），然後在點名前最後一刻把我送出第二十五區。

我燒到四十一度，非常虛弱——輪到我要被斑疹傷寒擊倒了。

沒有頭痛症狀是件好事，我至少能維持意識清醒。

或許我的症狀是比較輕微的，因為我之前已接種疫苗。

我在第二十八區待的第一晚，我們首次遭遇「空襲警報」：飛機照亮了拉伊斯科集中營，投下兩枚炸彈。[8]

或許它們想炸掉火葬場，但無論如何，這場空襲絕非重要的攻擊行動。

但它卻造成了極佳的效果。我們看見空襲讓親衛隊員陷入混亂。離我們最近的瞭望塔有兩名衛兵慌張地跑了下來，沿著鐵絲網牆沒頭沒腦地狂奔。

軍營裡的親衛隊員也慌亂逃出，朝集中營跑來，而且焦急地尋找彼此。

遺憾的是，這是個微不足道的空襲行動，也是奧許維茲發生的唯一一次轟炸，至少我還在集中營時是如此。[9]

有兩天的時間，我待在第二十八區「靜待觀察」。

在這裡，同志一〇〇號給予我特別和善而仔細的照顧，而且一有時間就來陪我，還為我帶來檸檬或糖。

透過他，我得以與我的工作夥伴聯繫，也得以掌控組織。

然而，我開始起了明顯的疹子，他們必須把我轉到第二十區，而第二十區最近的紀錄令人不寒而慄。

8 約瑟夫．加爾林斯基（Józef Garliński）的《在奧許維茲奮戰》（*Oświęcim Walczący*），頁172的注一二〇認為這是蘇聯進行的空襲。英譯者注。

9 一九四四年九月十三日，美軍轟炸集中營附近的法本公司（I. G. Farben），炸死了十五名親衛隊員、四十名囚犯與三十名平民工人。然而，這起攻擊的目標是工業設施而非集中營本身，而且也不是為了協助集中營囚犯脫逃。英譯者注。

我還在第二十八區的時候，醫官二號曾經為我打了一針，在幾個小時之內，我就從四十度降到略高於三十七度。

因此，當第二天醫官二號拿著針劑出現時，我開玩笑說，如果我現在體溫從三十七度降到三十四度，我肯定會死，我想我還是別打針吧。

我的身體對於藥物或針劑的反應總是特別強烈。

第二十區原本的病人全送去毒氣室後，現在又再度住滿。

每天，死於傷寒的屍體就像木頭一樣，一具具堆放在貨車上。

不知道我有沒有提過，這些運往火葬場的屍體全身一絲不掛，完全無法看出他們的死因：斑疹傷寒、其他疾病、克雷爾的針，還是帕里奇的子彈。

在這裡，在安置斑疹傷寒患者的這個營區，早上清走屍體之後，到了中午已經可以看見，到了晚上更是如此，許多新的、赤裸的、發紫的屍體成堆疊在走廊上，看起來就像屠宰後的瘦肉。

起初我相當唐突地與一名醫生起了口角，幾個小時之後我轉而向他示好。這名負責治療的認真醫生——一四五號（姓名不詳）——把病人擺在第一位，幾乎包辦了所有事，幫病人洗澡，餵病人吃飯，打針，各種瑣事他都做。

另一名充滿勇氣的醫生是好心腸而精力充沛的上尉醫官一四六號（Henryk Suchnicki）。

此外，我還得到同志一〇〇號與他的朋友一〇一號的悉心照顧。一〇一號是這裡的護士，他手持針筒，負責為我抽血化驗。

營區有一名工作人員是我們的組織成員，在倉庫工作，是我的年輕朋友艾德克五十七號。當我漸漸好轉時，他為我帶來額外的肥豬肉與糖。

此外，卡奇歐三十九號（皮雷茨基的外甥）與七十六號合作，兩人從「加拿大」為我帶來枕頭與毛毯。

在度過危機之前，在這座收容行將就木之人的巨大停屍間裡——鄰床的病人急促地喘息，即將嚥下最後一口氣，另一個人就要死了，還有一個人掙扎著要下床，卻重重摔在地板上，有人掀掉身上的毛毯，在高燒恍惚中與心愛的母親說話，吼叫，詛咒某人，拒絕進食，或要求喝水，發著高燒想從窗戶跳出去，與醫生爭論，或要求某些東西——我躺著，想著自己還有力氣瞭解發生了什麼事並且平靜地接受任何可能的結果。

我想，光是這些經驗就足以讓一個人渾身不舒服，不僅使他厭惡人類生命的有限，也使他憐憫人類身體的不完美；事實上，人們更厭惡的是疾病本身。

因此，我產生極其強烈的渴望，希望能離開這個地方，盡快恢復體力。

當危機過去，我覺得自己已經有體力下樓去上廁所（到目前為止，我一直使用相當原始的住院病人專用廁所），結果我的體力差到我必須扶著牆才能移動。

我感到訝異的是，我不僅沒有力氣上樓，連下樓也感到吃力。

我的體力比我想像的恢復得慢。

我渾身無力的時候，不只一次，我的朋友已經做好準備，只要親衛隊準備將醫院的人帶往毒氣室，他們就會把我帶到閣樓藏起來。

克雷爾好幾次走過病房，他像蜥蜴一樣瞪著大家看，想挑幾個當他的「針下魂」。

我在這裡遇見幾個人，並且吸收他們進入組織：一一八號、一四六號、一四七號（姓名不詳）、一四八號（姓名不詳）與一四九號（姓名不詳）。

醫生一四五號盡忠職守，他很適合這份工作，因此不需要做任何調整。我知道我可以仰賴他。

有時候醫官二號會帶檸檬與番茄給我，跟過去一樣，這是他從「另一邊」拿來的。

我很快就能站立了。在隔離期間，我下樓來到庭院，隔著柵欄跟朋友說話。這道柵欄將我們這個「瘟疫區」與外界隔離開來。

同志七十六號過來跟我討論他剛設立的新「分支」；六十一號擬定了一份逃亡計畫，在四號建議下，一二九號與一三〇號將協助他從第二十八區挖地道出去；五十九號提議整併所有組織成員，在一些特定團體指派常設的指揮，上校一二一號也想這麼做（他們打算等除蝨完畢後進行）。

於是我準備如下的整併與部署計畫：

由於集中營當局在全面除蝨之後以工作小隊為單位來分配營區，因此，我們不再需要先前那些接管集中營的多重行動計畫（亦即，在工作時以及在營區內進行暴動占領集中營），我決定以每個營區作為起事的基本單位。

每個營區就是一個排，也就是說，每個住在該區的組織成員，暫不考慮自己原先所屬的小隊，一律劃歸同一個營區組織單位來管理，以此構成基本的排。當「暴動」開始，排的擴充端賴他們能鼓動多少人參與，在人數上必須盡可能與德方抗衡。

例如，營區X指住在一樓的囚犯，而營區Xa指住在二樓的囚犯，一棟兩層樓建築物就能組織成擁有兩個排的連，組織會在當中任命一名連長擔任指揮。

幾個營區或幾棟建築物就可以構成一個營。

我把整座集中營分成四個營。

我重新任命少校八十五號擔任全軍總指揮。

第一營指揮是少校一五〇號〔Edward Gött-Getyński〕，統率第十五、十七、十八區。

第二營指揮是上尉六十號，統率第十六、二十二、二十三、二十四區。

第三營指揮是上尉一一四號，統率第十九、二十五區、廚房，以及第二十、二十一、二十八區的醫院人員。

第四營指揮是上尉一一六號，統率第四、五、六、七、八、九與十區。

基於技術性的理由，我留下一些營區未進行組織。這些營區要不是最近才填補了新囚犯，例如第一與第二區，就是充當倉庫，如第三、二十六與二十七區，或者是仍在建造中，如第十二、十三、十四區，再不然就是屬於特殊營區，如第十一區。

上校一二一號批准了這項計畫。

幾天後，我出院回到集中營。在友善的醫生協助下，我的隔離時間獲得縮短，醫生在集中營紀錄裡填寫了（假的）比較早的入院日期。

此時是一九四二年十月初。

我排進五個百人隊中外出工作。跟過去一樣，我的工作地點是製革工廠，但我沒有回到生病前工作的木匠小隊，而是被派到製革工人小隊（真正的製革工人）。多虧同志五十九號把我介紹給新的製革工人監督員「馬特奇卡」。馬特奇卡自己也是製革工人，而且曾經生病，康復後又回到工作崗位。

起初，我跟上校一二一號一起在雪地裡工作。之後，由於五十九號與六十一號的好意，我被調到烘乾室，這裡有一座巨大的火爐，因此相當暖和。我在這裡待了四個月，假裝自己是個製革工人，並學習新的技藝。

巨大的製革工廠沒有太大的變化。

每天都有幾部車把送進毒氣室的人遺留下來的物品運來，充當火爐的燃料。但鞋子會保留下來。

每天都會送來大量的鞋子——褐色與黑色，男人與女人的鞋，各種大小的童鞋——堆積如山。

為了對這些鞋進行分類，還特別成立了工作小隊。其他人負責燒掉其他的物品，如皮箱、皮夾、女用皮包、嬰兒車與各種玩具。

各種顏色的羊毛，這些都是婦女隨身帶著編織的，這些羊毛暫且擱在一旁，並未拿去燒毀。想要的人可以保留起來織成毛衣自己穿。

製革工場巨大的火爐與煙囪吞噬了一切——燃料是免費的，幾乎完全可以直接從門邊取得。

負責燒東西的人可以順便稍微搜索一下皮箱裡裝了什麼東西。

有時候，製革工廠的人會在火爐前努力翻找皮箱，因為若是在開闊的場地尋找，恐怕逃不過艾瑞克或沃特的法眼。

我看見大家在欲望的驅使下，為了獲得黃金與寶石，把皮箱、皮包與手提箱大卸八塊，連鞋子、奶油與肥皂也不放過。

唯一被收走的紙幣是美金。

其他的紙幣，主要是法郎，就像葉子一樣在秋風中任意飄揚，散落在庭院裡無人搭理。沒有人會撿拾這些東西，而且撿了之後在門口還得面對危險的搜查。在大家眼裡，這些紙幣毫無用處，只能當成廁紙使用。

有一段時間，製革工廠裡有人——工作小隊中的「貴族」——每次上廁所都得用掉五萬法郎。

當時有人開玩笑說，如果有人上廁所花不到五萬法郎，那麼他一定是個吝嗇鬼。

——

最難的事情莫過於描述自己。

某個程度來說，當我發現自己走過黃金與寶石而能看都不看一眼時，連我自己也嚇了一跳。

今日，在現實世界裡回顧過去，我一直想知道為什麼會如此。

這些物品其實不屬於任何人所有，囚犯也據此替自己的行為辯解。

當時我也幾乎同意這樣的說法。

然而，我還是無法克服對這些沾了血的事物的嫌惡。而且就算我能克服這種感受，我也看不出這麼做有什麼道理。我為什麼要這麼做？詭異的是，對我來說，這些物品早已喪失了價值。

此外，那時的我已經歷某個階段，也許是經驗的影響，也許是信仰的驅策，因為我是個信仰者，對我來說，自尊的價值遠超過任何黃金與寶石。

簡單地說，如果我逼迫自己去拿黃金和珠寶，那麼這只會讓我失去我努力到現在所得到的珍貴之物。

此外，我要尋找黃金之前，首先遇到的困難就是，我覺得這麼做是在傷害我自己。這是我當時的感受，但是天知道，也許再讓我回到當時的狀況，我會做出不同的行為。人會有不同的反應。

我當時不需要錢，但後來我打算逃亡，路上會需要盤纏。於是我找上羅梅克，問他如果我們要一起逃亡，他是否有錢可以支應，以備不時之需。他對我說，他要算算自己積攢了多少東西，隔天才能告訴我。第二天，他告訴我他蒐集了一公斤的黃金。

然而，跟羅梅克一起逃亡的事並未實現，我後來反而是跟身無分文的同志逃亡成功，但這是以後才發生的事。在那個當下，我沒有逃亡的計畫，而是等候集中營生活最有趣的時刻來臨，我們在集中營的一切努力都是為了實現這個目標。

經過幾個月的部署，我們已經有把握在幾天之內控制集中營。

我們等待命令，但心裡並不預期全世界與波蘭會「響應」我們的行動，儘管這的確有可能發生。我們的行動並不是為了自身的利益，或為了X先生或Y先生的利益。我們必須聽從〔家鄉軍〕最高司令部的指揮才能進行這場實驗。

但我們已經迫不及待。

我們很清楚，魯莽行動只會更加顯示我們民族數百年來的積弱不振。被一時的野心與渴望沖昏了頭，完全無視大局，很可能使整個西利西亞遭受報復。

尤其當時，我們很難預料事情會如何發展。

我們依然希望我們可以在一場全面協調的作戰中充當組織元素。

我們的報告透過各種方式呈送給〔家鄉軍〕總司令，希望能引起他的注意。

由於擔心外頭有人做出無謀的舉動，因此我們呈送報告時完全不仰賴任何中間人。

我們不清楚德國情報人員對我們網絡的滲透達到什麼程度，也許波蘭地下運動的高層也有德國間諜潛伏也不一定。

德國情報人員有可能打聽到一些消息，如果是這樣的話，他們一定會先「剪除」集中營中最有活力的分子。

當時盧布林遭受鎮壓的消息傳到集中營裡。

首先，就在某日，在送進火爐燒掉的物品與破鞋子中，我們看見波蘭農民穿的鞋子，尺寸大小不一，然後是波蘭農民的衣服、波蘭文祈禱經與簡樸的念珠。

我們的「五人小組」突然感到一股震顫。我們開始聚在一起討論此事。大家的眼神變得堅定，拳頭也不耐地緊繃著……

這些是波蘭人的物品，他們被送進比爾克瑙的毒氣室。

德軍鎮壓盧布林暴動之後（在拉伊斯科的成員告訴我們），有幾個波蘭村落的居民被送進這裡的毒氣室。

事情就是如此，而我們無計可施。其他國家人民的物品在這裡燒掉，幾個月來，我們持續燒毀他們的鞋子與皮箱，已讓我們充滿罪惡感——但現在，當我們看見小孩的鞋子、婦女的上衣，上面還纏著念珠，我們不由得萌生復仇的念頭。

從盧布林運來的人當中，當局挑出十到十五歲的男孩。這些男孩被隔離起來帶進集中營。

我們以為這些孩子可以保住性命。但有一天，我們得知有個小組要來視察集中營的狀況，當局為了避免問題與解釋這些男孩是從哪兒來的（雖然他們大可用別的理由搪塞），結果這些男孩全被送到第二十區注射苯酚。

我們在集中營已經看慣了堆積如山的屍體，但是這個屍堆是由兩百多具小屍體堆成的，任何人看了這個景象，哪怕是已經待了很久的囚犯，都會心跳加速……

製革工廠加入了幾名新成員：一五一號（姓名不詳）、一五二號（姓名不詳）、一五三號〔姓名不詳〕、一五四號〔姓名不詳〕、一五五號〔姓名不詳〕。

同時，我們設立了一個諮詢計畫單位，上校二十四號、上校一二二號與少尉一二六號〔Stanisław Wierzbicki〕加入了這個單位。

在奧許維茲，我們經常看見有人收到家裡的信，母親、父親或妻子哀求他在德意志民族登記簿（Volksliste）上簽字。起初局限於姓氏唸起來像德語的囚犯，或者母親那邊是德語姓氏，或有些遠親是德國人。

之後，當局開始放寬限制，因此就連姓氏不像德語的囚犯也可以簽字。這項政策的目的是要抹煞囚犯的波蘭人意識，除非另有更重要的意圖。

我們經常看見，在這樣的「地獄」裡，一名正直的農民，他頂著發音像外語的姓氏，但這不妨礙他堅持自己是波蘭人。

有些人充滿情感地說：「是的，我愛我的母親、我的妻子、我的父親，但我不會在上面簽名！我知道我會死在這裡……我妻子寫道：『亞修，務必簽字』……不！我以我的生命為證，未來沒有人能唾棄我的決定，我堅決當一個波蘭人。」

在奧許維茲，許多這樣的人死了……

……他們的死是崇高的，因為他們直到最後一刻，依然不撤守自己對波蘭的認同。

但是，集中營外的所有波蘭同胞，自由且擁有波蘭姓氏的同胞，是否都願意為波蘭的認同而戰？

我們真正需要的是某種工具，某種可以彰顯波蘭認同的工具。在過去數年戰爭期間，不同的波蘭家庭，都曾經歷了不同的堅持認同的過程。

十月下旬，我們的成員注意到（四十一號帶來這項訊息），兩名惡名昭彰的監督員（他們不僅殺害囚犯，還向政治部與政治部頭子格拉伯納告密）在集中營裡閒晃，彷彿是在尋找某人，他們記下囚犯的編號。

有一天下午，當我從第二十二區沿著主要道路匆忙趕去醫院見其他同志時，我在第十六區巧遇這兩名監督員。

其中一人拿著筆記本，另一人堆起微笑對我說道：「你急著上哪兒去？」彷彿意有所指，他明顯向另一人指出我的囚犯編號，然後揚長而去。另一名監督員看著我，似乎有點猶豫，但他們離去之後，我也繼續趕路，心裡想著哪裡出了錯。

（一九四二年）十月二十八日，早點名時，各營區的辦事員開始叫喚囚犯編號，要這些人到檔案室核對他們的照片。

全部約有兩百四十名左右的囚犯被叫到號碼，我們日後發現，這些人清一色是波蘭人，而且主要來自盧布林，大約有四分之一與盧布林運來的人毫無瓜葛。這些人被送到第三區，這讓我們起疑，為什麼不立刻前往檔案室所在的第二十六區呢？這不是他們被叫出來的理由嗎？

工作小隊的鐘聲召喚我們，我們於是一如往常地離開集中營，每個工作小隊各自帶開前去工作。

所有的小隊都忙著工作，我們不知道其他人是否陷入危險之中。

然後有消息傳來，說這些人都被槍斃了。兩百四十人，主要是盧布林人，其他則是格拉伯納的「走狗」在路上看到人隨意添加的。

我們找不出真正的原因，或者這只是那兩名惡棍「突如其來的念頭」。

然而，這起事件也叫「盧布林鎮壓」，整個集中營對此議論紛紛。

來自華沙勇敢的四十一號也在這群罹難者當中，他是最早告訴我們囚犯編號被記下來的人。

當時我們不知道他們是不是真的被槍決，我們認為這也許只是傳聞。

到目前為止，當局從未槍決過數量如此龐大的囚犯。當我們已經做好準備，渴望行動時，卻不得不戴上沉重被動的面具。組織的領導人焦慮地咬著指甲，希望攤牌的日子早點來臨。

要是那群人起而反抗，那麼我們也不會坐視不理，一定會跟著起事。

這場叛亂將會點燃集中營上上下下的怒火，屆時我們將擁有優勢力量，可以放開手來大幹一場。

我們這五個百人隊平口都是在室內工作，體力相當充沛，我們返回集中營會經過工地辦公室，我們知道辦公室下方存放著預備用的武器。

無論如何，取得這些武器絕非難事，這群小伙子已做好戰鬥的準備。每個人都願意慷慨就義，但在那之前，我們會先讓那群雜種付出鮮血的代價。

集中營只有九個小得可憐的瞭望塔與大門，守衛者只有一二名下級親衛隊員，他們戒護我們時會揹著槍，只有在接近集中營看到長官時會把槍放下，他們已經很習慣我們恭順的樣子。

如果能出現奇蹟，從華沙那裡傳來簡單的幾個字，「行動」……那麼那一天……我們將能解救其他人……

但這只是個夢。

有沒有人知道？這個念頭是否曾短暫出現在他們的心中？當然，從後見之明來看，我們可以說這只是波蘭民族苦難的一小段插曲。

然而，對我們來說，當天下午消息傳來，所有的人全都平靜而無抵抗地遭到槍斃，那種痛苦是極其難受的。

在執行「槍斃」的日子，有時候我們會在晚上聊到，人在面對死亡時有什麼差異：他是否勇敢赴死……或他是否在恐懼中死去？

一九四二年十月二十八日被殺的那些人，他們知道自己面臨的是什麼。他們在第三區被告知自己即將遭到槍斃，於是他們把紙卡丟給那些不用死的同志，要他們把紙卡寄回給他們的家人……

他們決定「開心地」赴死，這樣他們當晚才會被人稱讚一番。

我們波蘭人不需要別人教我們該怎麼死！

目睹行刑的人說，他們絕不會忘記自己看到的一切。

從第三區出發，穿過第十四與十五區之間，經過廚房與第十六、十七與十八區之間，然後直接橫越醫院各區，他們五人為一排，整齊前進，他們抬起頭，有些人甚至還微笑著。

沒有人在一旁戒護，後面只跟著帕里奇，他的腰間插著魯格手槍，以及布魯諾，兩人一邊抽菸，一邊閒聊。

其實只要後面五排的人向後轉，就足以對付這兩名惡棍。

那麼，他們為什麼不這麼做？他們害怕嗎？當他們即將死亡時，還有什麼可怕的？

他們大概是瘋了……他們沒有這麼做，因為他們有自己的理由……

當局宣布，這點也得到幾名成員證實，囚犯只要敢耍什麼花招，那麼他的家人就要為他的行為連帶負責。德國人的殘忍無情眾所皆知，進行報復，將對方的家人殺光，這種事對德國人來說只是家常便飯。而說到殘酷，有誰比我們更清楚呢？

只要想到自己的母親、妻子或孩子可能遭受拉伊斯科女囚的痛苦，我想沒有人敢衝上前去殺死這些豬玀。

但如果是整座集中營可就另當別論了。接管集中營，摧毀所有檔案……他們能找誰負責？你不可能同時對數萬個家庭動手吧？在經過長考之後，我們決定遵從命令，除了考量到德國人可能報復，也考慮到要與整個作戰行動配合。

我們已經習慣死亡，我們每天都會看到無數屍體，但我們自己面對死亡，要比想像家人面對恐怖的折磨好受得多。

真正可怕的不是他們的死亡，而是冷酷無情的手將我們的摯愛帶離這個世界，從精神上打碎他們，將他們丟入另一個世界，那是任何人均無法輕易通過的地獄。

想到老父老母在某處的泥濘裡奮力掙扎，遭棍棒戳刺毆打，只因為兒子的罪……或者，想到自己的子女被送往毒氣室，只因為父親……這些遠比思及自己的死要來得難過。

即使有人不是為了如此崇高的理由而從容赴死，他仍繼續前進，跟隨夥伴的步履。

他感到「難為情」——不，這個詞不夠貼切——應該說，他沒辦法從如此整齊劃一勇敢走向死亡的隊伍中脫離！

於是，他們就這樣走下去。

走到福利社旁（這是一間木造建築，位於第二十一區後面的廣場），隊伍依然走在第二十一與二十七區之間的小路上，此時隊伍似乎停下腳步……猶豫著……然後又繼續往前，但沒多久便左轉九十度朝第十一區的大門走去，就這樣走進死亡的血盆大口。

當所有人員進入之後，大門隨即關閉，他們被留置在這一區達數個小時——他們在下午遭受槍決——在這段等待死亡的時間裡，開始出現不同的聲音，有五個人試圖說服其他人發動暴亂，攻占集中營。

他們堵住第十一區的大門，要是德國人未增援衛兵前來，這起事件應該會迅速延燒才是；我們所有的工作小隊一直在等待訊息，可惜這場反殺戮抗爭並未擴大到第十一區之外。

這是因為除了這五個人之外，其他人對於起事無動於衷。而某個在第十一區工作的西利西亞人向親衛隊通風報信；帕里奇與幾名親衛隊員來到第十一區，他先槍斃那五個想帶頭作亂的人，留下其他的人等下午再處理。

這五個人贏得我們的尊敬，因為他們至死仍奮勇抵抗：上尉醫官一四六號、一二九號與其他三名同胞。

到了下午，所有的人都死了……

當天，除了前述三個人之外，失去性命的組織成員如下：四十一號、八十八號、一〇五號、一〇八號與一四六號，還有一些人我無法明確指出，因為我不是每個人都熟識——地下工作無法做到跟每個成員都熟絡。

我們結束工作回營時，聞到空氣中有一股味道，那是我們同志鮮血的氣味。屍體早已在我們回來之前焚燒完畢。

但路上仍浸滲著血水，那是從運屍的貨車上滴下來的……

當晚，整個集中營因這些人的死而陷入愁雲慘霧。

這時我才意會到，我差點就出現在死亡名單上。我回想那兩名監督員記下編號，我不知道是不是因為我看起來並不危險，所以最後監督員沒有將我的編號寫上去。或許，格拉伯納之後自己又做了篩選，他把過多的號碼去除，把看起來跟「政治」無關的人刪掉。

從華沙帕維雅克運來新一批囚犯，裡面有我的朋友以及前波蘭祕密軍的同袍：一五六號、一五七號〔Czesław Sikora〕與一五八號〔Zygmunt Ważyński〕。

他們帶來有趣的消息。

同志一五六號告訴我，二十五號離開奧許維茲之後如何抵達華沙，以及他後來開車載著二十五號到明斯克赴任。

另一方面，一五八號告訴我，中士十四號順利轉達了我提到的Z鎮教區登記簿上母親舊姓不同的問題，於是我的弟媳E.O.女士連忙趕去見他。我正直的朋友一五八號在同一天搭上火車前往Z鎮，他見到了教區教士一六〇號〔Kuc〕並且解釋了整件事。教士一六〇號於是用鉛筆在登記簿上我冒用的名字旁邊寫下所有的訊息，他承諾會處理這件事。我想他一定把事情解決了，因為政治部之後再也沒來煩過我。

同志一五六號在新抵達的人群中指出了上尉一五九號〔Stanisław Machowski〕，他來自〔家鄉軍〕華沙最高司令部，曾是「Iwo II」的副司令。

我們的成員一三八號認識上尉一五九號，他曾經在上尉一五九號底下服役，現在他是區長，因此順理成章讓上尉一五九號住進他管轄的區（此外，七十六號也把一五六號找進來，還有原本就在那裡工作的一一七號）。

因此，這兩名波蘭祕密軍成員工作與生活都在一起。

我在華沙認識的波蘭祕密軍成員，在奧許維茲的有以下數位：一號、二號、三號、二十五號、二十六號、二十九號、三十四號、三十五號、三十六號、三十七號、三十八號、四十一號、四十八號、四十九號、八十五號、一〇八號、一一七號、一二〇號、一二四號、一二五號、一三一號、一五六號、一五七號與一五八號。

由於一二九號已被槍決而一三〇號死於斑疹傷寒，所以已不可能繼續從事第二十八區的地道挖掘。這個地道沒有人發現，但四號卻因為另一件事被捕。

（一九四二年）秋末，許多區長被迫去採收馬鈴薯，四號也必須長途跋涉到馬鈴薯田工作。政治部的親衛隊員拉赫曼（Lachmann）不清楚區長們必須外出工作，於是到營區找四號問話。到了之後才發現四號不在，於是他轉身離去。

營區裡的人馬上知道是怎麼一回事，於是趕緊衝進四號的房間（他是第二十八區區長，有自己的獨立房間），把所有不利的證據全清除乾淨。

一定有人通風報信……

拉赫曼才剛要走出營區門口，彷彿想到什麼似的，突然掉頭回去開始搜索四號的房間，但一無所獲。

然而拉赫曼就在那邊等，四號當晚一返回集中營，他便「逮捕」四號，並且將他送往地牢，四號從此未再回到第二十八區。

四號在第十一區的地牢與政治部接受訊問。

雖然近來四號存有一些不適切的妄想，但公允地說，他確實勇敢地面對地牢的拷問與訊問。雖然他知道許多內情，卻堅不吐實。

事情最糟糕也就是如此。

四號很幸運地感染了斑疹傷寒，於是從地牢移往斑疹傷寒區。

人需要親自體驗事物的相對性，才能瞭解我這裡說的幸運是什麼意思。鐵絲網牆外的生活對集中營囚犯來說是自由，但對於地牢裡的人來說，回到集中營也是自由。

因此，只要能離開地牢，哪怕是生病還是進了斑疹傷寒區，也勉強算得上是自由的替代品。

但在斑疹傷寒區，他的身旁還是隨時有親衛隊監視著。

拉赫曼並未放棄！

然而，四號強悍而且意志堅強，某天晚上，他停止繼續活下去。

我提過的那些來自華沙的同志，一五六號、一五七號與一五八號。他們表示，他們沒有想到奧許維茲囚犯的身體狀況與士氣這麼好。

他們說，他們對於這裡的野蠻殘酷與「淚牆」一無所知，更不用說苯酚與毒氣室。

他們沒想到，在華沙的人也沒認真考慮過，奧許維茲可以代表積極的資產；因為絕大多數人都認為，奧許維茲的囚犯每個都瘦骨嶙峋，解救他們既無意義也無用處。

看著大家勇敢的臉，聽著這種說法，不由得感到苦澀。

所以，優秀的人就在這裡死亡，為了避免連累外界的人而喪失生命，但外頭那些遠比我們軟弱的人居然輕鬆地說我們瘦骨嶙峋。

我們需要何等的堅忍，才能讓我們甘心死去，好讓親朋好友能在自由中「享受自己的生命」。

是的，集中營裡一切的毀滅方法對我們的傷害甚大，但現在，外界這種持續而無知的沉默，更令人感到心痛。

——

四個營，每個營負責輪值一星期。也就是說，在輪值時如果遭遇空襲或空投武器，那麼輪值的營就必須立即採取行動。

七十六號、七十七號、九十號、九十四號與一一七號負責將「組織化」的糧食衣物分配給人員不足的連，而這些物資由當值的營負責接收。

儘管集中營已設有禁令（對囚犯來說，禁令有什麼意義呢？），儘管最重可以處以死刑，集中營裡黃金與鑽石的交易量仍急速增加。

此時出現一種新的組織化的現象，兩名囚犯想以物易物——例如，用屠宰場的香腸來換取黃金——在兩人已經開始聯繫的狀況下，如果有一方持有黃金被捕，並且在地牢中遭到拷問，他很有可能說出是誰拿黃金給他，以及拿黃金要交易什麼。

這個時候集中營內部因持有黃金被捕的事突然大量增加。

親衛隊專注於追捕這類交易，因為這麼做有利可圖。

無論如何，黃金「組織化」對我們來說起了絕佳的隱蔽效果。

任何想追蹤我們的嘗試，都會被引導到「黃金組織化」上，然後便不了了之，因為親衛隊滿足於這個新收入來源，他們不願節外生枝，給自己找事情做。

我曾經提過，我們會審慎評估新來者，因為你不知道新來者可能會做出什麼事來。不過，有些老囚犯的行為，令人吃驚的程度也不容小覷。

例如，由於某個同志的疏忽，知道太多內情的一六一號〔Bolesław Kuczbara〕——他是個精神分裂症患者——某天居然畫了兩個「嘉德勳章」給上校一二一號與五十九號，表彰他們對獨立運動的貢獻。

多虧五十九號阻止，他沒有再畫一個勳章給我。

他把這兩個「勳章」塞進一根管子裡，在午餐時拿著管子穿過檢閱場，到醫院裡炫耀他的作品。

他很有可能被親衛隊或某個對他拿的東西有興趣的監督員攔下來，他的行為很可能危及他的同志，更不用說整個團體。

他把勳章拿給醫官二號看，並且提到我，說只有我的腦袋最清楚等等，所以他沒有畫「勳章」給我。

醫官二號在醫生一〇二號協助下，設法從他手上把「勳章」奪過來，予以摧毀。

然而，一六一號還是精明的，有天夜裡，六十一號把我從第二十二區叫出來，帶我去見一名親衛隊員。結果那人原來是一六一號，他穿著親衛隊的制服與大衣。他之後便是用這副裝扮順利逃出集中營。

——

耶誕節到了，這是我在奧許維茲度過的第三個耶誕節。

我與衣服工廠的工作小隊一起住在第二十二區。

這年的耶誕節跟以往不太一樣。

囚犯還是一樣可以收到家裡寄來的耶誕節包裹，裡面多半是衣物。但當局終於通融讓家人寄糧食包裹到奧許維茲。

因為有「加拿大」的關係，集中營不再有人挨餓。

糧食包裹也有助於改善這種狀況。

德軍失利的消息鼓舞了囚犯的士氣，也讓許多人的精神大為振奮。

一次成功的脫逃行動（一九四二年十二月三十日），[10]更增添了樂觀的氣氛。這是由工作分配處的領導米特克（Mietek）與奧圖，以及一六一號和第四名夥伴組織的。

由於工作分配處的參與，這起大膽而有組織的脫逃行動變得容易多了，因為他們可以任意出入內外安全區。再加上一六一號巧扮親衛隊員，他們公然在大白天坐在馬拉的貨車上，用偽造的通行證出了營門（遠遠地就拿出通行證，守門的親衛隊不疑有他）。這起行動還為集中營的囚犯帶來另一件好事：當局從囚犯頭子布魯諾（囚犯編號一號）身上找到奧圖寄給

10 事實上，他們是在二十九日脫逃的。英譯者注。

他的信，於是這名惡棍在除夕時被關入地牢。

布魯諾的敵人奧圖在信裡寫著——他故意把信留在貨車上的外套裡，貨車與馬就遺棄在距集中營十餘公里的地方——他很羞愧自己未能依約帶布魯諾一同逃出，因為他們已經沒有時間，必須趕緊出發，但布魯諾可以任意使用他們留下的黃金！

當局迅速反應，他們把豬玀布魯諾鎖在地牢裡達三個月之久。他在地牢裡受的待遇遠比其他犯人好得多。他有獨立的牢房，但他從此無法回到奧許維茲，也不可能返歸原來的職位，他之後被派到比爾克瑙擔任囚犯頭子。

同時，集中營歡度耶誕佳節，大家吃著家人寄來的糧食，一邊揶揄布魯諾的遭遇……各營區夜間舉辦拳賽與文化活動。管弦樂團分成幾個小組，到各營區進行演奏。

每個人都因為情勢轉好感到開心，老囚犯搖著頭說道：「這下可好了……以前集中營叫奧許維茲（Auszwic），現在不是了……它只剩最後一個音節……不過是個『笑話』（witz）。」[11]

此外，集中營的管理似乎逐月放鬆。

然而，我們依然一而再、再而三地看見令人痛心的場面。

新年剛過，我們五個百人隊從製革工廠返營，我看見一小群男女站在火葬場前面（舊式的燃煤火葬場，幾乎與集中營建於同時）。大約有十餘人，有男有女有老有少。

他們站在火葬場前面，就像牛群站在屠宰場前面一樣。

他們知道自己為什麼站在那裡……

當中有一名十歲男孩，他看著我們百人隊，似乎在找尋什麼……也許是他的父親……也許是他的兄長……

接近這些人時，最怕的是跟女人與孩子的眼睛直視，你可以看見他們輕蔑的眼神。

看看我們，強壯健康的五百名男性；看看他們，很快就要迎接死亡。

我們的內心充滿掙扎與痛苦，但是，不！當我們經過時，我們從他們的眼神看見的輕視，那是對死亡的不屑，我們因此略感寬慰！

穿過營門，我們看見另一小群人挨著牆站著，他們背對著前進的隊伍，雙手高舉。

有些人在死前必須忍受訊問，其他人甚至要在第十一區遭受拷問，之後劊子手帕里奇才會大發慈悲從他們的後腦勺賞他們一顆子彈，而他們血腥的屍體會堆放在貨車上運往火葬場。

我們進門時，起先看見的那一小群人已經被趕入火葬場。

11　這是波蘭語wic的雙關語，意思是「笑話」，發音是「維茲」。波蘭語Auszwic發音跟德語Auschwitz一樣。英譯者注。

有時候，為了殺死十幾個人而用掉一罐毒氣似乎太浪費了點。於是這些人便改用槍托擊昏，在昏迷之下直接送入焚化爐。

從我們的營區，也就是最接近火葬場的第二十二區，我們有時會隔著牆聽見低沉但恐怖的尖叫聲，人們痛苦地呻吟著，但不久便一命嗚呼。

回營的人不一定走我們這一區的路線。

走別的路線的人，他們沒看過受害者的臉，因此這樣的想法一直縈繞在他們心頭：也許那是個母親……也許那是個妻子……也許那是個女兒……

然而，集中營的囚犯內心相當剛硬。才過半小時，有些人已開始排隊購買人造奶油或菸草，完全不管自己就站在一具具屍體堆疊起來的屍山旁，這些全是當天接受苯酚注射的受害者。

有時，有人甚至會踩在某個死人僵硬的腿上，他往下看著那具死屍：「老天，這不是斯塔西歐嗎……你能怎麼辦呢？今天輪到你，搞不好下星期就輪到我了……。」

然而……小男孩的眼睛看著我們，那尋找親人的眼神……一直困擾著我至深夜……

不過，耶誕節氣氛帶來的「亢奮情緒」的確引發了另一場痛苦的插曲。

第二十七區是制服與衣物儲藏區，也是衣服儲藏工作小隊的工作地點，這個小隊清一色由波蘭人組成。

這是個「好」工作小隊，換言之，它在室內工作，有額外的好處。工作小隊成員無私地提供朋友衣物、制服、毛毯與鞋子，他們同時也有機會與其他肥缺如區長或屠宰場工人或糧食儲藏室工人以物易物，藉由這種方式，他們的集中營生活變得較容易忍受。

衣服儲藏工作小隊是人人稱羨的地方，在七十六號的協助下，我們有好幾個成員進到裡面工作。

集中營的緊張氣氛轉淡，布魯諾被關在地牢裡，因而從集中營消失，這使得一些人過度看輕了營方的安全措施。

我們在第二十七區的成員舉行了一場集體的耶誕節聚會，七十六號在會中大聲朗讀他做的愛國詩：一名來自西利西亞的婦人有兩個兒子，一個在德軍服役，另一個是奧許維茲的犯人。當這名囚犯試圖逃跑時，另一個擔任守衛的兒子卻在不知情的狀況下殺死了自己的兄弟。

這首詩寫得很好，聚會的氣氛也很愉快。

結果：當局認定第二十七區的波蘭人日子過太好，而政治部認定，第二十七區的波蘭人已經結成組織。

（一九四三年）一月六日，政治部親衛隊員在工作時抵達第二十七區。他們讓工作小隊列隊站好。他們問，誰是上校。

上校二十四號起初不願回應。於是拉赫曼走到他面前，把他從隊伍裡拉出來（整個過程都是政治部有意策劃的）。

然後，他們開始隔離囚犯。他們把囚犯分成三部分。德國公民與德裔民眾一群，這些人可以留在第二十七區繼續工作。剩下的波蘭人分成兩群，右邊這一群只有十幾個人，他們是受過教育的人，包括上校二十四號、少校一五〇號、騎兵上尉一六二號（Włodzimierz Koliński）、少尉一六三號（Mieczysław Koliński）與律師一四二號；左邊在親衛隊眼中是教育程度較低的人，包括少校八十五號，他佯裝自己是樵夫，少尉一五六號與一名學校學生——我的外甥三十九號。

他們在寒凍的霧氣中站立於檢閱場達十餘個小時。

然後，受過教育的一群送往地牢，而教育程度較低的一群送到所謂的帕里奇砂石坑。[12]

受過教育的一群在地牢裡接受訊問與拷問，目的是逼迫他們承認他們是有組織的，而且要他們坦承自己是什麼團體。

教育程度較低的一群在寒冷的天氣裡被送到野外工作，營方打算讓他們死在外面。然而，經過數個月的辛苦工作之後，有少數人設法從這個工作小隊脫身，撿回了一命。

有兩個朋友一一七號與一五六號似乎操之過急。

他們都在衣物儲藏室工作。他們都住在第三區，而且有獨立的房間——儲藏室。兩個人當天（一九四三年一月六日）都很幸運，並未被歸類為受過教育的人，因此不用被關進地牢，都被送到帕里奇的砂石坑。

幾個月前，一五六號才剛從華沙被送來奧許維茲，我曾問他華沙方面如何看待從奧許維茲脫逃的人。他回答說，高層大概分成兩種意見：〔家鄉軍〕最高司令部頒發軍事勇氣勳章（Virtuti Militari）[13]給他們（一五六號大概以為這麼說可以鼓勵我脫逃），但一般大眾不知道連坐法已經廢除，他們認為脫逃是極其自私的做法……

現在，一五六號自己也陷於險境，於是他開始鼓勵我跟他一起逃走。現階段我沒有逃亡的計畫，但他，這個可憐的傢伙，卻連嘗試的機會都沒有……一一七號與一五六號過於急切，因此抓錯了時機——他們生病了，後來找到另一個更輕鬆的工作。

他們不是有經驗的「集中營老手」。

有一天，我心裡還想著這兩個人應該還在醫院，結果卻發現他們已經被槍決了（一九四三年二月十六日）。

拉赫曼在另一個工作小隊發現他們，他問他們是怎麼到這個工作小隊來的，當天他們就

12　砂石坑是刑罰營成員工作的地方。英譯者注。

13　波蘭對英勇行為頒贈的最高榮譽勳章。英譯者注。

丟了性命。

之後不久，三月，當局把受過教育的一群全數槍斃，這些人之前全在地牢裡遭受拷問，要他們交代組織的事，一名監督員之前曾目睹這場不幸的「耶誕節聚會」，他的腦子一直堅信這些人一定結成了組織。

他們什麼都沒說……這些好人……他們是我們的好夥伴！

——

波蘭人被從衣物儲藏室清除出去之後，他們的位置被烏克蘭人取代。然而他們與親衛隊格格不入，也無法成為不錯的監督員與工人，因此逐漸有一些波蘭人慢慢回流到衣物儲藏室裡。

來自衣物儲藏工作小隊的供給出現中斷。

不過，其他的供給依然運作良好。預備軍官九十號估計，光是（一九四二年）耶誕節，他們就運了七百公斤以上的豬肉進集中營，他們就這樣大剌剌地從大門進來，衛兵卻什麼都沒搜到。

——

到了一九四二年秋末，第十區開始進行不尋常的準備工作。所有囚犯都必須移出，連同一部分床鋪。木造的隔板安裝在窗戶外側，外頭的人看不見裡頭的狀況。

搬了一些設備與器具進去。

然後，晚上來了幾個德國教授，旁邊還跟著學生。有人被帶進去，在晚上進行工作，有些人在早上離開，但也有人一待就是好幾天。

白天，我巧遇其中一名教授，他在我心中留下極不好的印象。不知何故，他對我露出嫌惡的眼神。

我們有一段時間完全不曉得第十區裡面的情形，大家都議論紛紛。

不過他們確實需要集中營醫院的護士協助。

起初，這些派去的護士只負責打掃，然後便開始幫起其他的事。他們選了兩名護士，剛好都是我們組織的人。

我們的人終於進入第十區，這裡始終門戶深鎖。

有一段時間我們得不到任何消息，因為他們根本出不了第十區。但是有一天，其中的一〇一號過來找我；他感到極度憂慮，並且表示他恐怕沒辦法在那裡繼續待下去，他已經到極限了。

德國人在裡頭做實驗。

那些醫生跟醫學院學生正在進行實驗，而這裡有的是現成的人體，他們對於眼前的人完全沒有任何責任感。

反正這些白老鼠的生命完全掌握在集中營這群變態傢伙手裡，他們怎麼樣都是死，最後都要燒成灰。

於是各式各樣的性實驗登場。

以外科手術對男性與女性進行絕育。男性與女性的性器官接受輻射線的照射，這麼做是為了讓他們失去生殖能力。接下來還要繼續實驗，才知道輻射線是否真的有用。

這裡不進行實際的性交。他們讓某個工作小隊的幾名男性提供精子，然後立即注射到婦女體內。

實驗顯示，幾個月後，性器官曾接受輻射線照射的女性還是懷孕了。於是他們增加劑量，結果燒掉了婦女的性器官，有數十名婦女在極度痛苦中死去。

實驗使用了各個種族的女性。波蘭人、德國人、猶太人，日後還有吉普賽人，這些人全是從比爾克瑙送來的。另外有數十名女孩是從希臘運來，她們全在實驗中死亡。所有接受實驗的人最後都會被銷毀，無論實驗成功與否。沒有任何男性或女性能活著離開第十區。

他們曾想製造人工精子，但什麼也沒製造出來，只造成負面效果。

注射人工製造的精子替代品到女性體內，造成了感染。接受這些實驗的女性，最後被苯酚解決性命。

看見這一連串痛苦的歷程，一〇一號變得極度緊張而疲勞，看起來完全不像是個「老手」。

另一名目擊者則是五十七號（他們兩人現在都還活著，而且已經離開集中營獲得自由）。

即將被送進毒氣室的猶太女性，看著一車車載滿她們個人物品的卡車從眼前駛離。這些卡車將開往「加拿大」倉庫。

裝滿沒收的個人財產的卡車，在「加拿大」倉庫卸貨。資源回收小隊站在像屋頂一樣高的物品堆裡進行分類。

USHMM/ Yad Vashem

資源回收工作小隊的囚犯正在堆積如山的個人物品中進行分類，這些物品全是從抵達奧許維茲的猶太人身上沒收的。

USHMM/ Yad Vashem

「加拿大」成了親衛隊員的寶庫，資源回收小隊某些有特權的囚犯也一同沾光。

Bundesarchiv Bild 183-68431-0005/ o. Ang.

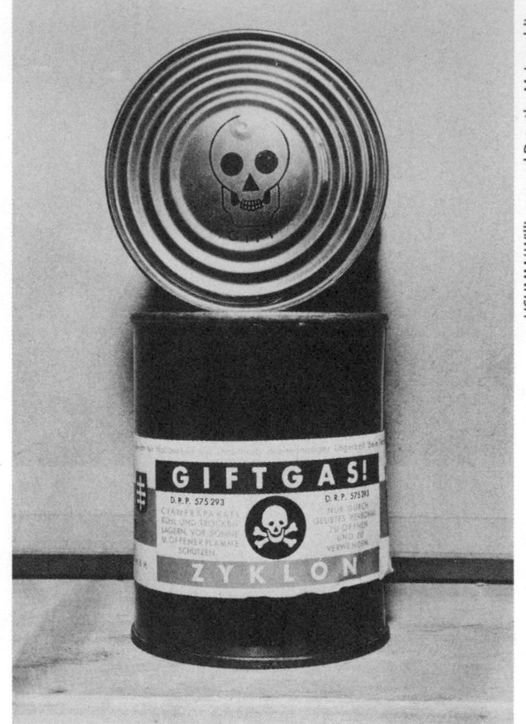

USHMM/ Williamn and Dorothy McLaughlin

齊克隆B，以氰化物製成的殺蟲劑。納粹利用這種東西在奧許維茲的毒氣室殺死了一百一十萬到一百五十萬人，其中主要是歐洲猶太人。

一九四三與一九四四年

有時候，在晚上，在奧許維茲，自己人聚在一起，我們會說，如果有人能活著出去，那真是一件奇蹟。但是，能活著出去的人可能無法與這段時間在外頭過著正常生活的人相處。對他來說，這些人關心的事實在太雞毛蒜皮。

反過來說，他也無法被外界的人理解……

但是，如果有人真的脫身了，那麼他的職責就是告訴世人，波蘭人是如何在這裡死去。他也要訴說，人，所有的人，是如何在這裡死去……遭其他的人殺害……

這些話聽在基督徒耳裡，是多麼詭異而刺耳：跟許多世紀前一樣，人遭到自己的同胞殺害……

因此，我先前已經寫過，我們……已經轉錯了彎……我們要去……哪裡？在走向「進步」的路途上……我們何去何從？

我們從政治部得到線報，營方打算把所有的波蘭人（囚犯）送走，因為怕他們在營裡激起變故。

當局認為，在波蘭的土地上集中這麼多的波蘭人——光憑這些波蘭人的經驗就足以鞏固他們的決心，使他們願意從事任何冒險行動——外頭又有當地民眾協助，這是一項威脅。要是出現空降攻擊或有人空投武器的話……

我們或我們的盟友從未思考過或甚至想到過敵人所擔心的事。現在他們開始把一些波蘭人從工作小隊中調走，讓工作小隊習慣在沒有波蘭人的狀況下工作。

在每個工作小隊，最優秀的工人通常是波蘭人。

德國人說，波蘭人跟德國人一樣優秀，但那並非事實。

德國人恥於承認波蘭人比德國人更優秀。

起初，他們只把那些從外表看來是到了集中營之後才成為「工匠」的波蘭人從專門的工作小隊調走。

在衣服工廠，五百人大約有一百五十人被調離。

由於我看起來像是受過教育的人，因此我也被調走了。那是（一九四三年）二月二日的事。

基於某種理由，這件事並不困擾我。我覺得這個改變對我不是件壞事。

第二天，我已經進到編籃小隊裡，主要是透過朋友的協助。事實上，此時已經形成一個傳統，「老號碼」可以進到任何一個小隊工作。他現在成了監獄世界裡的長老。

我在那裡只待了一天，沒幫集中營完成任何東西，自己倒是學會如何編草鞋。又過了一天，我已經在新成立的「包裹」小隊找到一份好工作。

現在，囚犯已可以收受糧食包裹，因此每天都有大量的包裹送來，而且數量愈來愈多。當局開始花更多的時間在這類事務上。每個人一星期只能收一件糧食包裹，重量不能超過五公斤。當局認為他們不可能阻止包裹寄來，於是只禁止大型包裹，但每個星期寄的小包裹（每個重量不超過兩百五十公克）數量則不設限。

營方的判斷錯誤，造成每天都有大量的小包裹湧入。囚犯的家人很高興能幫助在營裡的親人，他們焦急地每天寄出小包裹，而非一個星期寄一件大包裹。

結果與當局預期的相反。要處理大量郵件，然後將郵件分發給囚犯，龐大的工作量需要一個完整的組織，一個完整的工作小隊，我因此進到這個小隊之中。

我們被分配到第三區的三個小房間裡。其中一個房間放滿包裹。集中營所有的工作小隊都被要求工作要有效率，而在這裡，我們的主要任務就是清光包裹，這對囚犯自己也有好處，因為囚犯自己也能更快拿到包裹。

工作小隊分成兩班制，每班有二十名囚犯處理包裹，包裹辦公室一天二十四小時不斷地處理。

我故意選擇值夜班。

由於包裹要一天二十四小時不斷地處理，因此總辦公室也必須二十四小時辦公。每一件包裹都有一張卡片要填寫，每三十分鐘就要送數百張卡片到總辦公室。辦公室的人會在卡片上寫下要送達的囚犯的所在營區與「編號」，或者直接打叉表示這個人已經死了。之後卡片會送回到包裹辦公室，包裹根據營區加以分類，放置包裹的架子已經做好，而包裹上的卡片如果是被打叉的，就會被放到房間的角落，那裡已經堆積成一座小山，因為很多人已經死了。

有些包裹是寄給猶太人、法國人與捷克人，這些人絕大多數都已經被處理掉了。有些波蘭家庭不知道親人已死，還是繼續寄包裹。我之前提過，死亡通知書不一定會寄出，政治部有時會刻意延後幾個月才寄。

親衛隊會從死者的包裹中挑選比較好的帶走，通常是來自法國或捷克斯洛伐克，以及裝了酒與水果的包裹。他們會裝滿滿一簍子回到自己的食堂。

比較寒酸一點的包裹通常就送到我們的廚房，連同其他從「加拿大」拿來的糧食（好的已經被親衛隊挑走），全部都丟到鍋子裡煮。

在這段時期，我們吃的是甜點湯，裡面有餅乾與蛋糕，聞起來像香水一樣。有一回，我們吃到最後居然發現鍋底有一塊尚未溶解的肥皂。

廚子有時會在鍋底發現金子或錢幣，大概是它們死去的主人小心翼翼藏在麵包與蛋糕捲裡遺留下來的。

包裹辦公室的人會吃掉已經死去的囚犯的糧食包裹，他們這麼做並不違反自己的良心，他們還會把食物送給營區裡沒吃飽的夥伴。

不過，我們吃這些東西時必須小心。因為按理來說只有「超人」才能吃這些死去的人留下的包裹，囚犯是不許這麼做的，違反的人會被處以死刑。

有一回，當局曾對擅離職守的囚犯進行搜索，結果發現七名犯人口袋裡有白麵包、奶油與糖，這些全是從死去的人的包裹取得的。這七個人當天全被槍斃。

一名奧地利親衛隊員負責管理包裹部。就親衛隊員而言，這個人算是相當的正派。

回復到原先每星期只能寄五公斤包裹的制度之後，開始出現各式各樣的包裹，有時是一整個皮箱。這位包裹辦公室主管毫不猶豫地將包裹全轉交給收件人——由於缺乏時間，他只會做簡單的檢查，有時只是剪斷綁繩而已。但某個區長，一個德國混帳，在區裡發放包裹時，明明收件人還活著，他居然硬是從對方的包裹拿走一大堆甜點。結果包裹部主管馬上舉報他，這名德國區長當天就被槍斃。

從這件事來看，集中營還是有正義的……

我找到別的方式讓其他夥伴能得到額外的糧食。

我在包裹辦公室值晚班。親衛隊值班的地方在我的前面，就位於暖和的火爐旁邊，他總是在凌晨兩點時呼呼大睡。

在我身後堆放著大批已經死亡的人的包裹。此外另有一小堆價值比較昂貴的包裹，那是要運到親衛隊食堂的。

我搬運、登記與移動包裹，然後順手從一小堆包裹中拿了幾件小包裹——我前面的那名親衛隊員鼾聲大作，我打開這些包裹，撕掉收件人地址，把紙反過來包好，綁緊，然後寫上集中營裡夥伴的地址。我有權力重新包裝那些包得很糟糕的包裹。有些包裹的外包裝已經撕破，這些包裹就非常適合動手腳。有些包裹我不會重新加以包裝，因為上面蓋有官印，我只能直接貼上用另一張紙寫的新住址。這些包裹會按照正常程序通過包裹辦公室，然後寄抵適當的架子上。

我前面這名親衛隊員有一份輕鬆的工作，他晚上可以安心睡覺，白天又沒有輪班，於是他會騎著腳踏車到集中營以外二十公里的地方，他的太太就住在那裡。換言之，每個人都對目前的安排感到滿意。一整晚的時間，我嘗試改了八個包裹的地址，寄給組織的四個營，每個營兩份，有時多一點，有時少一點。

早上，我會去找我寄件的對象，即「死人的包裹」的收件人，提醒他們收到預期外的包裹時，絕不能露出驚訝的樣子。

由於我已更換工作小隊，因此我移到了第六區。

在第六區以及在工作時，我認識了幾個人，並且吸收他們加入組織：少尉一六四號〔Edmund Zabawski〕、少尉一六五號〔Henryk Szklarz〕與副排長一六六號〔姓名不詳〕。

一九四二年底前，歐雷克（Olek，少尉一六七號〔Aleksander Bugajski〕）從克拉科夫被送來奧許維茲。聽說他是蒙特魯皮赫監獄的英雄，曾經詐死逃獄成功。現在他身上揹了兩個死刑，但由於他很聰明，知道怎麼對付親衛隊——他曾經假冒醫生，而且顯然醫治過他們——因此一直能化險為夷。不過現在他們把他送來奧許維茲，顯然是要送他上路。

我結識了這個人，而且喜歡他的幽默感。

我建議他一條逃亡路線，那是我替自己籌備的計畫。

下水道。

工地辦公室的朋友給我一份下水道地圖，清楚顯示進入下水道系統的最佳地點。

囚犯使用某個特定逃亡路線後，德國當局往往會提高警覺，不犯第二次錯誤，因此要使用相同路線是不可能的。

因此有句俗話說，「對波蘭人而言，後見之明是唯一精確的科學」，[1]這句話也可以用在其他民族身上。

我把我計劃的逃亡路線告訴歐雷克之後，自己便把這項計畫排除了，但我目前沒有打算要離開，而歐雷克的處境卻相當危險，必須盡快逃出。

此外，我可以讓他把我的報告帶出去，至於我自己在目前的環境下仍安全無虞。

這個時候，中尉一六八號〔Witold Wierusz〕帶著他的逃亡計畫過來見我，他打算利用工作時逃出。一六八號是副監督員。監督員生病了，因此他可以自由行動。他帶著他的工作小隊外出進行測量工作，距離集中營約有數公里遠。

我讓他與少尉一六七號聯繫；中尉一六八號的計畫比較適合少尉一六七號，於是一六七號開始準備透過那條路線逃離集中營。

一六七號從他現在工作的包裹工作小隊，轉到一六八號工作的測量工作小隊，中間的過程稍嫌匆促了點。

（一九四三年）一月，[2]有七名囚犯在夜裡經由親衛隊廚房逃出集中營。

當局眼見當眾絞死抓到的逃亡者收效不佳，於是採取新的策略。當局在每個區宣布，如果有囚犯逃亡，那麼他的家人將會被送進集中營。

這招確實打中我們的要害。

沒有人願意危及自己的家人。

有一天，我們返回集中營的時候看見兩名女子。一名和藹可親的老婦人與一名美麗的年輕女子，她們站在柱子旁，身上掛著一個牌子，上面寫著，由於我們夥伴的不智行徑，導致這兩名女子被送進集中營。

這麼做是為了報復有人逃跑。

對我們來說，女性是相當敏感的問題。

起初，集中營的囚犯咒罵逃跑的豬玀，認為他的行為害了他的母親與未婚妻，但事後一想，這兩名女性的編號大約是三萬多，而我們集中營的女性其實已經超過五萬人。

我們認為，這兩名女子是從拉伊斯科集中營叫來的，當局要她們在我們集中營的柱子旁站個幾小時。旁邊還站著一名親衛隊員，不讓任何人跟她們交談。

儘管如此，我們也不敢肯定他們不會把我們的家人帶來，因此有些人決定絕不嘗試逃亡。

一六七號與一六八號仍繼續準備逃亡。他們已經透過附近居民與克拉科夫方面取得聯

1 "Mądry Polak po szkodzie." 英譯者注。

2 有些資料說是一九四三年二月。英譯者注。

繫。

在幾個地點已經安排了衣物與女嚮導。

一六七號也邀請我加入他。

在與一六八號討論他們的逃亡方法後，我發現他們的計畫準備並不周詳。這兩名囚犯會與跟他們一起出去進行測量工作的親衛隊員，一起違反命令到村子裡喝伏特加。等親衛隊員喝醉之後，他們會把親衛隊員綁起來。如果沒辦法讓他們喝醉，就乾脆把他們「做掉」。

對此，我以組織的名義，嚴正地提出抗議。

我以組織的名義，反對他們的脫逃計畫，因為這可能使當局對其他囚犯進行報復。逃亡可以，但採取的方式不能對集中營其他囚犯造成重大影響。

他們開始對親衛隊員下藥，使用的是巴比妥類藥物。

他們從醫院取得粉末狀的巴比妥類藥物，可以加到伏特加中——但用在一些監督員身上時，卻未產生預期的效果，因為粉末未能溶解到伏特加中，而是沉澱在杯底。

他們決定把巴比妥類藥物放進甜點中。

此時，有將近兩萬名吉卜賽人被送進比爾克瑙，關押在隔離封閉的空間裡，他們是整個家族被關在一起。

SM

一九四〇年在華沙公園，一群吉卜賽女子擺姿勢供德國士兵拍照。德國人搜捕德國與德國占領區的吉卜賽人（羅姆人與辛提人），將他們殺死或放逐到猶太人貧民窟，或是送進集中營。

USHMM/ Jerzy Ficowski

關押在貝爾切茨（Belzec）的吉卜賽人。貝爾切茨是納粹德國幾座主要的滅絕營，其他還包括奧許維茲—比爾克瑙、特雷布林卡、索比伯爾（Sobibor）、馬伊達內克與赫烏姆諾（Chełmno）。

然後男人被帶走，以「奧許維茲方式」處理掉。

有一天，拉伊斯科一些囚犯進行了大膽的脫逃行動，我們稱之為「戴奧吉尼斯之桶」（Diogenes's barrel）。

在一個陰暗、起風而下雨的夜晚，十餘名囚犯用竿子撬開鐵絲網，塞進一個卸下底板的桶子，然後一個接一個穿過鐵絲網牆。這個桶子原本是用來裝糧食的，現在卻能用來隔絕電流，犯人於是像貓穿過皮手筒一樣地穿過水桶。

當局方寸大亂，一時間不知該採取什麼策略。

麻煩的是，拉伊斯科－比爾克瑙有許多人目睹這場逃亡過程。

當局決定在各地設下路障來逮捕逃亡者。他們找來陸軍參與搜索，一共搜索了三天。集中營也因此封鎖三天，因為所有士兵都出去搜捕了，沒有人能擔負戒護工作小隊外出工作的任務。

當局索性利用這個機會在集中營除蝨，一共花了三天的時間。

巧合的是，一六七號與一六八號在此之前已與外頭組織聯繫，準備進行逃亡，預定時間剛好就在「戴奧吉尼斯之桶」之後那一天。現在所有人都不能離開集中營，他們也就無法執行計畫。但更糟的還在後頭。

在工作小隊裡，督導與監督員害怕當局怪罪，於是會對囚犯進行搜查。他們仔細檢視囚犯的工作、點名與一切可以吹毛求疵的事。

此時，包裹部的督導與監督員問起歐雷克一六七號的事，他原本在這裡工作，現在卻看不到人。他病了嗎？

他們趕到辦公室，發現歐雷克現在在另一個營區與另一個工作小隊工作——由於他轉調到另一個工作而且是集中營外的工作，卻沒有知會他們，也未從工作分配處取得紙卡，也由於他在政治部有相當清楚的紀錄，他們因此認定，歐雷克一定在計劃逃亡，為了懲罰他，他們把歐雷克調到刑罰營。

為了以防萬一，我花了很長的時間準備從下水道逃走。

這絕不是件容易的事。工地辦公室地圖顯示的下水道網路往不同方向延伸，但絕大多數的管線直徑只有四十到六十公分。對我來說，最適合的入口在第十二區附近，從這裡只有三個方向的管線可以供我使用。這些管線的直徑，垂直段是六十公分，水平段是九十公分。

我曾經進入下水道一次，並打開人孔蓋附近入口的鐵柵欄。但不只是我對下水道有興趣。

有些人也察覺到可以利用下水道。

我與他們達成協議，他們是一一〇號與一一八號。此外還有一些人也在動下水道的腦筋。

問題是，誰有決心這麼做。

工作分配處的人在耶誕節之前逃走，六十一號也積極籌劃準備逃走，我讓他看過下水道路線。可能有幾名囚犯打算在耶誕夜利用下水道逃走，因為他們預料當時集中營的守衛應該會比較鬆散。

但在耶誕夜那天，第二棵耶誕樹豎立的地點剛好是他們準備爬出去的地方，這棵樹與周遭地區全被照得亮如白晝。

後來我在包裹辦公室值夜班，附近剛好有個人孔。當晚，我在第三區穿上工作服之後，曾兩次爬進臭不可聞的下水道。

在人孔中，上了絞鏈的鐵柵欄看似上鎖，其實鎖早已壞了，只是上面覆蓋著淤泥，從上面看會以為鐵柵欄仍緊緊鎖著。

現在，這條路線分成三個方向，使用的是較寬的管子。一條通往第十二與十三區、二十二與二十三區之間，然後轉而向左，經過廚房旁邊，然後越過最後一座瞭望塔，在第二十八區附近，管線稍稍偏右，最後在鐵軌外露出地面。

這條管線非常長，大約八百公尺。它有個很大的好處是，它的出口很安全，但有個很大的壞處：它淤積得很嚴重。我沿著管線爬了六十公尺，想知道在裡面爬行容不容易，然後我爬了出來，全身的力氣都已用盡。

這一晚很陰暗，是相當理想的逃跑之夜。

我全身髒得要命；我在第三區洗澡然後換件衣服。我必須承認，我有段時間不想再爬這條路線。

另一個方向的管線比較乾，要爬行也很容易，而且路線較短。

這條路線經由第四與第十五區、第五與第十六區之間，然後直直通往第十與第二十一區。

這條管線是往上的，因此管線裡的水與廢物較少。但它距離瞭望塔只有兩公尺。管線的出口在柵欄外，有一塊厚板覆蓋著，即使白天在砂石坑工作的同事幫你做好準備，你在夜間要掀開板子也很難不發出聲音，而且這裡就在瞭望塔的士兵旁邊。

第三條管線是上一條管線的延伸，它是最短的，只有四十公尺。

這條管線的水最多。它經過第一與第十二區之間，從行政辦公室與新蓋的建築物之間的管線下方經過。它的出口在道路上，相當明顯，在有光線的狀況下，從大門就可以看見。

曾經有人故意在那裡立了一棵耶誕樹，幫我們擋住衛兵的視線。但現在那棵樹已經移走。

此外，還有所謂的地下「潛水艇」與常設船員，但我並未將他們列入我的計畫之中。[3]

我現在可以冒險逃跑，但我仍覺得此時並非逃跑的良機。

有天晚上，我們認定當局正準備全面對付我們。

我們通常是透過一些親衛隊員從政治部、司令官辦公室與醫院獲取訊息，這些親衛隊員同時為兩方工作，他們會把消息透露給與我們一起工作的德裔人與德國公民。

有些親衛隊員原本是波蘭陸軍士官，[4] 他們顯然希望我們知道，當事件發生時，他們會跟我們站在同一陣線，甚至會給我們軍火庫的鑰匙。

事實上我們不需要他們的鑰匙，我們在鎖匠工廠的成員早已把集中營各處的鑰匙打了備份——雖然這些士官是騎牆派，令人不悅，但他們仍有用處，至少他們會通風報信，而且總是提供精確的資訊。

顯然，格拉伯納不再相信他底下的人，他總是把事情留到最後一分鐘才透露，就連要運送出營的名單他也嚴加保密。他只與帕里奇商討事情。

三月七日，實施營區監禁。

運送名單下達到各營區，然後各營區突然間開始進行封鎖。他們一一叫喚囚犯編號——

清一色是波蘭人——然後命令他們做好遷移準備。

叫到的通常是那些已經結案或政治部已缺乏興趣的編號。

這些人要運送到其他集中營，那裡的狀況應該比奧許維茲好得多。

我們祕密得知，先叫到的會去比較好的集中營，後叫到的會去比較差的集中營。

各營區對此的反應不一。有些人很高興自己能去比較好的集中營，不用在此坐以待斃。有些人擔心自己仍留在此地，他們的案子隨時會被拿出來檢視，他們很可能被槍斃。同時，有些人則是對離開感到相當不開心，因為他們在這裡熬了一段時間，已經獲得比較好的工作。如果遷移，他們勢必成為新來者，屆時只有最適者才能生存，而他們很可能無法取得較好的工作。

儘管如此，一般還是高興能獲得遷移，因為沒有別的地方比奧許維茲更糟的。

無論如何，沒有人問過我們。

---

3 有些資料指出，曾經有囚犯發現一個廢棄不用的地下燃料筒，他們於是在筒上裝設了電力與藏匿良好的潛望鏡！然而，我們不知道這樣的燃料筒能拿來做什麼，此外，也無法確定這個故事是否真實。如果排除這項可能，皮雷茨基的說法就變得相當模糊，而從奧許維茲的地點來看，也難以理解。此外，也沒有紀錄或遺跡顯示集中營有這種裝備。英譯者注。

4 這些人很可能是德裔波蘭人。英譯者注。

如果是白天而且營區是開放的，我們可以做點事情。

想留下的人，我們可以讓他「掛病號」，但現在在夜裡，我們什麼也不能做。

我的編號在第一晚一開始就叫到了（三月七日到八日晚間）。

我們接到命令，必須把東西搬到第十二區。第十二區現在已經淨空，讓我們把自己的東西搬進去。

第十九區同樣住滿了人，那裡連續三晚（三月七日、八日與九日）一直持續叫號，總計約有六千人。

我們被封鎖在第十二區與第十九區，只能透過窗戶互通聲氣。

醫官二號走到樓梯井，透過門上的玻璃他指示我，如果我想留下，我必須裝病。

由於我負責在此從事地下工作，以及我在囚犯工作世界裡的地位，這一點相當值得考慮。

（一九四三年）三月十日早晨六點，我們以五人隊的方式整隊走出營區，然後站在「紅巷」裡。

德國軍醫在此對即將出營的囚犯進行檢查。

我站在上校十一號與卡奇歐三十九號（皮雷茨基的外甥）附近。

我的思緒來回翻騰，整個腦門突然熱得發燙，思考著誰要走，誰要留下來。

我曾經緊密合作的一群人即將離開。我的本能告訴我應該跟他們一起走。醫療團對於波蘭囚犯的健康與絕佳的身體狀況感到吃驚，因為絕大多數人營養充足（除了新來者），他們搖頭說：「這些人是待在什麼地方啊？」

除了「加拿大」與包裹，就某個程度來說，我們的組織是這些波蘭人營養充足的幕後功臣——現在成果就攤在大家面前……

但我的責任是完成在這裡的工作……還有誰能跟我一起努力？我開始與其他夥伴討論此事……

上校十一號與卡奇歐三十九號對於能離開這裡感到高興。他們被分配到布亨瓦爾德，屬於比奧許維茲好的集中營。

我的朋友上校十一號認為，無論如何，我的責任是留在這個鬼地方。

我有充裕的時間想這件事，因為檢查的速度非常緩慢。

我們一整個白天還有晚上一部分時間一直站著。

當上校十一號、少尉六十一號與我排到隊伍前面時，已是凌晨兩點。

很久之前，我就決定要待在奧許維茲。

一六九號〔Stanisław Barański〕——他可以自由活動——從醫院拿疝帶給我，即使我並沒有疝氣。

到了凌晨兩點，醫生們也累了。

上校十一號比我大上十來歲，相較之下他的身體比較虛弱，但還是通過檢查，判定適合工作，確定可以遷移。

然而，當我赤裸裸地站在醫生面前，在不存在的疝氣部位綁了疝帶，醫生一邊揮手一邊說：「走開，我們不需要你這種人！」我未獲准遷移。

我走向第十二區，帶著紙卡通報我未獲准遷移之後，我立刻被遣回第六區自己床鋪。第二天，我又開始到包裹辦公室做平常的工作。

三月十一日，在去除不適合工作的人或假裝自己不適合工作的人之後，當局把五千名健康的波蘭人（連同一小群非波蘭人，所以總數略多於五千）運走。

總辦公室把運走的囚犯編號詳細清單送到包裹辦公室，讓我們把糧食包裹轉寄給他們。我們因此能精確確定，這五千名波蘭人被分派到五個地點，以下的集中營大約各分配到一千人：布亨瓦爾德、諾因加默（Neuengamme）、弗洛森布爾格（Flossenbürg）、格羅斯羅森（Gross-Rosen）與薩克森豪森。

我們組織的基本領導努力擺脫這次運送，我們的工作因而得以繼續。

一個星期後，也就是在那之後我們遇到的第一個星期日，我們再次收到令人驚訝的東西。為了避免出發前毫無章法地收拾，最好能早一點慢慢地整理。

那天，每個區所有剩下的波蘭人都必須接受醫學檢查，之後他們會在囚犯編號旁寫上A或U，[5]顯示他「適合」或「不適合」工作。

這令我們感到驚訝，我們之前使用的各種遁詞此時似乎都派不上用場。

我想著應該怎麼做。拿到「A」表示下一趟要離開，前往較差的集中營，因為我上次沒去比較好的那幾個。

我們聽說不適合工作的人會被送到達豪，然後送進醫院這類地點。我知道當局在想什麼，拿到「U」很可能就表示送進「毒氣室與火葬場」。

我必須想個對策才行。

無論如何，我決定先解開疝帶。我到醫生面前接受檢查，他們完全沒仔細看，就在我的編號旁打上「A」字。

我看起來健康得很。

德國軍醫看到波蘭人的好體格，曾不只一次驚訝地大聲說道：「這些人壯得可以上戰場了！」

我現在成了等待被運出的貨物，必須想個辦法才行，因為我先前沒有去「更好」的集中

5　縮寫或許是arbeitsfähig（適合工作）與arbeitsunfähig（不適合工作）。英譯者注。

營，現在也不想被送到「較差」的集中營裡。

親衛隊率領的工作小隊負責特殊的職務，他們很希望有波蘭的工匠加入。他們特別偏愛波蘭人，因為波蘭人是最好的工人。但由於當局已經下了指令，因此這些親衛隊不敢明目張膽地挑選成員。

在包裹辦公室，很難有假扮工匠的機會。然而，在醫官二號與一四九號的協助下，包裹辦公室的主管選上了我，讓我成為他的五人隊的重要工人。

我並未在新一波的運送名單上，這波運送一共要分兩趟（四月十一日與十二日出發）。兩次都是運往茅特豪森。

當局運出了兩千五百名波蘭人。

總計，（一九四三年）三月與四月，當局運出了七千五百名符合條件的波蘭人。

這個時候，我認為要留下來似乎變得十分困難。

我在奧許維茲待了兩年半以上的時間，現在卻必須跟「新人」從頭開始。

四月十三日早上，我到第十七區的地下室，上尉一五九號（來自華沙最高司令部）在這裡工作，他有一間獨立的小房間。我只是看過這個人，少尉一五六號（他已遭到槍決）與少校八十五號不只一次指出他這個人讓我知道，但我還沒跟他說過話。因為他過去一直是由成員一三八號負責，這是我們第一次交談。

我告訴他：「我在這裡已經有兩年七個月。我在這裡有事情要做。最近我沒有任何指示。現在，德國人把我平日合作的好夥伴送走了。我必須從頭再來。我發現待在這裡已沒有意義。因此，我打算離開。」

上尉一五九號有點驚訝地看著我，他說：「是的，我能瞭解，但我們可以自己選擇想來或離開奧許維茲嗎？」我回答：「可以的。」

此後，我所有的精力都集中在尋找最佳的脫逃方式。

然後我跟少校八十五號商議此事，他當時在醫院裡與醫官一號一起。他宣稱自己生病了，因此躺在醫院，不能加入運送的行列，因為當局不接受病人。他屬於「A」，但我在離開前為他在包裹辦公室找了一份工作。

我去見八十五號，他對奧許維茲的周邊環境非常熟悉。我問他，如果要逃走，他會走哪一條路，往哪個方向。八十五號看著我，用難以置信的語氣說：「如果是別人談這件事，我會當他在開玩笑。但既然是你說的，我相信你一定出得去。我會朝特雷比尼亞（Trzebinia）與赫札諾夫（Chrzanów）方向走。」

我從外套掏出一張比例十萬比一的奧許維茲地圖，這是我從七十六號那裡拿來的，我讓八十五號看這幅地圖。

我打算朝肯提（Kęty）走。[6]

我們充滿溫情地互道再見。我把責任交給他，「伯丹」——少校八十五號，未來出現戰鬥時，一切就交給他負責。

我去見朋友五十九號，把一些組織事務移交給他。此外，我也仰賴勇敢的上校一二一號，他是組織的官方領導，也是五十九號的朋友。

現在到了該走的時候了……真的要離開了……

說自己想做什麼跟實際去做，中間總是存在著差異。很久之前，多年以前，我努力讓自己能將這兩者合為一體。

但重要的是，我是個信仰者，我相信如果上帝想幫助我，我一定能成功……

還有另一個原因幫助我下決心。我從醫官二號口中得知（這是他從帕維雅克來的新來者那裡打探到的消息），一六一號與工作分配員逃出奧許維茲之後，在華沙被捕，現在正關押在帕維雅克。

我對這個人沒有信心——因為我聽過有關他過去的傳言，而且他在這裡曾經無恥地蒐集死人的金牙，再加上他曾畫「動章」表揚上校一二一號與五十九號在組織裡的工作成果——我覺得，他為了活命，很可能答應與德國人合作，把組織的事全抖出來。

我對醫官二號、五十九號與一〇六號談到這件事，我認為一六一號所知道的組織領導都必須盡快離開奧許維茲。

——

三月中，同志及朋友一六四號通知我，有個同志（我曾經遠遠看過這個人）雅希克（Jasiek）一七〇號〔Jan Redzej〕正計劃逃出集中營，如果我想送報告出去，他可以代勞。

我跟雅希克接觸後，馬上就覺得意氣相投。

我喜歡他臉上經常掛著笑容，寬闊的肩膀與直率的個性。簡言之，他是很不錯的夥伴。

我告訴他，在沒有別的辦法時，可以考慮利用下水道脫逃。然後我詢問他是否擬好計畫。

他回答說，他曾搭乘運貨馬車到麵包鋪領取麵包，他常看見麵包師傅把腳踏車放在鋪旁。如果沒有別的法子，他會拽起腳踏車，「騎了就跑」。

我反對這個計畫。過了一陣子，雅希克跑來找我，順便告訴我新的消息。如果我們可以進到麵包鋪，那麼鋪裡頭有一道巨大沉重、裝有飾釘的門，門上有兩扇門板，應該可以開啟。

6 這等於是往南走，與八十五號建議的往北走完全相反。英譯者注。

為了搞清楚那道門的狀況，雅希克獲得他所屬的「裝卸麵包工作小隊」監督員的許可，有幾天的時間轉調到麵包鋪工作，他故意裝出他是想多吃一點麵包才這麼做。

當時，雅希克有九十六公斤。監督員很喜歡他，因為他是個有經驗而且討人喜歡的工人。

那是三月底的時候。

在麵包鋪工作五天後，雅希克沮喪地回來。麵包鋪的工作非常辛苦。

五天下來，雅希克掉了六公斤，剩九十公斤。更糟的是，他認為那道門無法開啟……其中一扇門板有個大鎖，鎖裡有根大栓卡進另一扇門裡，但這不是太大的問題，只要能把卡著兩扇門板的大栓（總共有四根）往後拉開就行了。但門的外鉤是麻煩所在，當門關上時，外鉤會把兩扇門板固定住。

辛苦的工作與外鉤讓雅希克意志消沉。

有一段時間，我們未再提起麵包鋪，轉而將心思放在下水道上。

在這段期間，集中營引進了兩項創新。

早期，我們一天要點三次名。除了一些野蠻原始能置我們於死地的虐打方式，點名附帶的懲罰檢閱也能起到殺人的效果，而且是靜悄悄的，不會發出聲音。

然後殺人方式改變了……變得較為文明……藉由毒氣與苯酚，每天可以殺死數千人，每天送進毒氣室的人數達八千人。

不再用棍棒殺人，這是一種「文化」改良。讓囚犯進行懲罰檢閱，這種做法固然安靜，但與同樣安靜的毒氣相比，產生的死亡數量實在少得可憐，同時也荒謬可笑；於是在一九四二年，午點名取消了。

之後，只剩下兩次點名。每個星期日，跟以前一樣，只有在早上十點半點名一次。這次（一九四三年春）的創新是進一步廢除另一次點名，也就是廢除早點名，並且讓囚犯穿著平民服裝，這些全是被送進毒氣室的人遺留下來的。

在鐵絲網牆內，在集中營內工作的囚犯，允許穿著一般民眾的衣服，但要用油漆在肩膀上、外套的腰際與長褲的大腿部位漆上一條紅色線。

在集中營外與離開集中營封閉區工作的囚犯，不許穿平民服裝，監督員與副監督員除外。

無論如何，現在跟過去有很大的差別。

囚犯現在睡在床上。他們可以蓋著毛茸茸的毯子，這些都是從「加拿大」拿來的，原來的主人是荷蘭人，但這些人都已經送進毒氣室。待在集中營裡的人，早上穿著上等的羊毛平民衣物，上面畫著明亮的條紋，他們外出工作，看起來就像辦公室職員，而且也不用站著參加點名。

午餐休息時間不受任何點名干擾，也不用立正站好。

現在只剩下晚點名，但現在晚點名也沒什麼壓力。我們不用站在外頭很久。就算當天發現有三個人從醫院逃跑，我們也不用懲罰檢閱。營方只是徹底搜查逃亡者，他們不希望目擊者以為在營裡可以任意胡為。

營方努力想改善奧許維茲的可怕形象，但外界的人早已產生牢不可破的印象。

官方宣布，集中營將從「集中」營改成勞動營——無論如何，不會再有毆打的事件發生。

至少在主營區是如此。

我比較了一九四〇年與一九四一年的印象——很難相信就在同一堵牆內，在同一群人當中，事情曾經是那個樣子。

我記得一九四〇年到一九四一年的冬天，一名親衛隊員站在我們十幾個人面前，突然間他勃然大怒，殺死了兩名囚犯。然後，他發現我們直盯著他看，於是他也轉身看著我們，突然間，彷彿是為了替自己的行為辯解似的，他罵了一句粗話然後說道：「這裡是死亡營！」

當局做了一切努力想要抹除一切跡象，不讓人想起集中營曾經是那個樣子，即使那些跡象存在於人的心裡……

他們要如何抹去毒氣室與目前這六座火葬場的記憶，我想這會是非常有意思的事……

對於逃亡者，態度沒有多大變化……

最近又有兩名逃亡者被捕，之後他們在檢閱場被絞死，以儆效尤。

於是，雅希克與我看了彼此一眼，說道：「好吧。如果他們真的要玩的話，我們何不試著逃跑，讓他們來抓我們。」

雅希克已逐漸從沮喪中恢復，我問他，門上那個「該死的鉤子」難道不可能打開嗎？雅希克解釋說，或許做得到，因為那鉤子是靠著螺栓與螺帽固定起來，而螺帽位於門的內面。

往後幾天，雅希克從麵包鋪帶回麵包，麵包上留有螺帽與窗戶掛鎖鑰匙的印子，那是他趁麵包剛出爐時印的，而掛鎖鎖的是麵包鋪用來堆放新鮮麵包的房間窗戶。

雅希克的朋友是一號工業倉庫的鎖匠，於是讓他利用麵包上留下的印子，製作一個扳螺帽的扳手。我之前在波蘭祕密軍的同袍准尉二十八號負責製作打開掛鎖的鑰匙。這兩件東西都在一天之內完成。

雅希克小心地檢查這兩件東西是否管用。

掛鎖鑰匙只是備而不用，雅希克說，要打開那扇窗戶幾乎是不可能的。

然而，製作工具只是個開始，離脫逃仍有一大段路要走。

現在我們只是往前邁了一小步。

首先，我跟雅希克都必須到麵包鋪裡。以我來說，我在麵包鋪裡只能待很短時間，因為別人很快就會看出我不是麵包師傅。至於搬運麵粉的粗活早已被搶個精光，那幾個假扮麵包師傅的人一定緊緊巴著這份工作不放。

此外，即使我真能混進麵包鋪，我也只能待很短的時間，因為包裹辦公室的人很快就會發現我沒來辦公室，尤其最近我在包裹工作上變得不可或缺，可能有人會特別跑來要我處理事情。

工作小隊單方面的變動，會讓當局懷疑有人想逃亡，特別是牽涉到有人想從包裹辦公室這樣的肥缺離開時，一旦被發現，我很快就會被送到刑罰營，跟歐雷克一六七號一樣。

當我思索如何克服麵包鋪這條路線的障礙時，我還是一直想起下水道，但下水道也有困難存在……所以我還是會回來繼續思考麵包鋪的問題。

終於，雅希克與我達成最後結論，要從麵包鋪逃出集中營。我們要克服所有的障礙，取得輪值夜班的資格，而就我而言，我只能待一個晚上。

剩下的就是……執行！

我暫且不知會雅希克，自己去找九十二號，他的朋友接任米特克的職位，現在是工作分配員。透過他的協助——我並未告訴他，進行調動背後真正的原因——雅希克得以轉調到麵包鋪工作。我告訴工作分配員，雅希克原本就是一名麵包師傅，但不知何故他一直在各個工作小隊輪調，對於「老號碼」來說，這的確有點傷害尊嚴。

第二天，雅希克過來找我，他告訴我，他意外收到到麵包鋪工作的紙卡。他的監督員對於失去他這個成員感到難過與不快，但終究還是接受了。我把這張紙卡的前因後果告訴雅希克，接下來他就到麵包鋪工作。只要多待一點時間，他就會成為烘焙「老手」。

麵包鋪的監督員是一名捷克人，雅希克的幽默與孔武有力讓他留下深刻的印象，於是他讓雅希克擔任他的副手，並且同意讓雅希克帶領工作小隊值晚班。

離復活節只剩幾天的時間。

我們決定利用復活節，在伏特加的影響下，氣氛會變得更為輕鬆，親衛隊、監督員與集中營當局都會放鬆警戒。

過去，弗里奇或奧邁耶如果聞到伏特加的味道，馬上會把監督員送進地牢，但現在不同了。

飲用伏特加依然是明令禁止的，被發現要送地牢。與婦女性交也是禁止的，不僅要送地牢，還要送刑罰營，但同樣的，現在一切都變得比較寬鬆。

不只是親衛隊男性，就連囚犯也會與穿著親衛隊制服的德國女人性交。這些德國女人是女性集中營的「管理者」，通常由娼妓充任；犯人結束工作列隊回營時，通常會跟這些親衛隊女人交換一下眼神。

這些私通事件有一定比例會被發現，許多囚犯，通常是監督員與區長，會被送進地牢，但因為他們屬於管理者的地位，因此免於被送往刑罰營。

區長一七一號〔姓名不詳〕也因為類似的罪名被關在地牢裡。

由於集中營的管理較為放鬆，囚犯與女性發生關係的數量也愈來愈多。

結成伴侶之後，就會造成情感包袱。

親衛隊在這方面也一樣會犯錯。這幾個月來，我們看見先前從未看過的景象：親衛隊員被帶出第十一區的地牢，他們身上的腰帶沒了，每天要做兩次半小時的體能。這些親衛隊員是因為與女性性交而遭到關押。

嚴格來說，像這種犯行（例如與屬於「次人類」的女性性交），親衛隊員面臨的懲罰會更為嚴厲——有專為親衛隊設立的監獄，之後帕里奇也會被送進去吃好幾年牢飯，因為他與一名猶太女人卡提（Katti）有染。

但那是之後的事，現階段地牢內使用比較溫和的懲罰形式，或甚至可以不受懲罰便離開。因為這裡也一樣有不相互為難的默契，親衛隊在拉伊斯科找女人是內部祕密，而這跟司令官本人同樣有不檢點的行為很有關係。他對黃金有強烈喜好，長期以來一直小心翼翼與製革工廠的艾瑞克合作，由他負責蒐集黃金、寶石與珍貴物品；如果他對部屬責以過重的刑罰，可以預期他的部屬很可能會反咬他一口。因此，他總是對部屬的行為睜一隻眼閉一隻眼。

然而，如果囚犯窩藏黃金，那麼他的結局一定是死亡，在那之前會先在地牢訊問，然後搜索他招供的藏匿地點。親衛隊通常會把囚犯處理掉，不讓別人知道他們從囚犯身上拿了多少黃金。

每個人都會死，不管他們是什麼國籍。

有兩個德國混蛋就是這麼死的：第二十二區區長與沃特監督員。

少尉一六四號也想加入我們的「返家」行列，但他擔心家人可能被牽連，因此作罷。他給我們家人在Z鎮的地址。他謹慎地寫下他們會遇到他的朋友前去拜訪，他告訴我們與他家人聯繫的暗語，我們也可以用這個暗語跟Z鎮的地下組織接觸。

在包裹辦公室，我從夜班轉到日班。

（一九四三年）四月二十五日，復活節到來。

天氣晴朗，陽光普照。春天，草木生長，植物萌芽開花。每到這個時節，總會讓人萌生自由的念頭。

四月二十四日聖週六早上，我在包裹辦公室裡抱怨頭痛欲裂。事實上我從未頭痛過，但誰知道呢？

下午，我沒回來上班。在營區裡，我也抱怨我的關節與小腿疼痛。

區長是個相當溫和的德國人，他對包裹辦公室的工人總是很客氣。他聽到我跟勤務人員說的症狀，擔心地說：「你得了斑疹傷寒。立刻去醫院！」我佯裝不願到醫院的樣子，勉強離開營舍。

我在醫院附近找到艾德克五十七號。我告訴他我這一天必須住進醫院，最好是在傷寒區。艾德克在斑疹傷寒區的倉庫工作，但目前這個情況他可以非正式地安排我住院，然後幾天後出院。

艾德克做事情從不猶豫不決，也絕不半途而廢。

聖週六下午，診療所不上班。艾德克用自己的方法幫我填好所有的表格，讓我經由診療所（第二十八區）進入斑疹傷寒區。然後，又利用聖週六許多人沒上班的機會，讓我住進醫院。

艾德克不走平日的程序（洗澡與交出個人物品），而是直接把我送進一樓的個人房，我在這裡更衣，並且把東西交給他的朋友。然後他帶我到一樓的病房，由一七二號〔Janusz Mlynarski〕負責照顧我。

艾德克幫我找到床位，然後把我交給一七二號。一七二號還記得我，因為我先前曾因斑疹傷寒住院。

他認為我這是第二次感染斑疹傷寒，雖然我看起來好得很。他只是搖搖頭，並未問我跟艾德克任何不明智的問題。

我感謝地抓住艾德克的手，他要離開的時候，我告訴他我會在兩天內出院。麵包鋪復活節星期日不開工，第二天星期一才做事。

我估計，我必須在開工日出院然後到麵包鋪工作，這樣才不會予人唐突的感覺（這是一種心理策略）。大家可能會以為過了一個假日，當局對於麵包鋪人員的配置有不同的想法，因此做了更動。

星期六晚上，我在第二十區的病房裡度過，我做了好夢：我快步走進一間小屋，裡頭站著一匹駿馬。如果我不是騎兵，不知道馬的毛皮顏色的正確稱呼，我會說那匹馬像牛奶一樣潔白。我立刻把馬鞍放到馬背上，馬兒似乎也躍躍欲試的樣子。此時有人拿了馬鞍的毯子進來。我告訴他不用麻煩了，我沒時間。我用牙齒繫緊馬兒的肚帶（這是我在一九一九年到一九二〇年間養成的習慣），[7]然後我跳上馬鞍，縱馬衝出小屋。我好想擁有那匹馬……

復活節星期天。我仍躺在第二十區的床上。

艾德克有時會出現，留意我需要什麼。

到了下午，我決定跟艾德克聊個幾句。

艾德克被送來奧許維茲時還是個少年，兩年過去了，他現在剛滿二十歲。

7　波蘭與布爾什維克戰爭。英譯者注。

他被發現口袋裡藏著一把手槍。他認為，他們應該不會放他離開奧許維茲，因此他經常跟我說：「托梅克先生，我就靠你了……。」

於是，在星期天下午，我對他說：「艾德克，我就直說吧，我要出去。由於你讓我進到醫院，省去了一般程序，而且你明天就要送我出院——還是一樣，你會用非正式的方式讓我不用接受隔離，而且違反規定讓我不用回到原本住的第六區，而是前往第十五區——如果我跑了，他們會找誰算帳呢？你。因此，我建議你跟我一起走。」

艾德克考慮了一兩分鐘。他甚至沒問怎麼逃。他決定跟我一起走。

之後不久，雅希克跑來窗邊，告訴我我明天必須出院，而且要到第十五區，我告訴他一切都辦妥了，但艾德克也會去。

雅希克抓著頭，但當他知道艾德克（他不認識艾德克）是個了不起的小伙子時，他的臉又浮現了笑容。他說：「嗯，那就這麼辦吧。」

當晚，艾德克向區長抱怨，波蘭人在這一區不受歡迎，他已經受夠了，第二天他就會「返回集中營」。區長是個德國人，他喜歡艾德克，於是試圖安撫他，他說他看不出艾德克有什麼理由放棄倉庫管理員這麼好的工作，因此他不會放人。況且，這裡的工作並不繁重，糧食又很充裕，他去別的地方找機會是沒有意義的。然而，艾德克沒有被說服。他繼續表示自己不會留下來，因為身為波蘭人的他在這裡受到苛待等等諸如此類。

區長終於失去耐性，他說：「那麼你愛去哪兒就去哪兒吧，你這個白癡！」

他們交談的回音傳到我躺臥的病房。有幾個小時的時間，整個區的勤務員與護士持續去找一七二號，詢問艾德克到底發生了什麼事。他居然放棄這麼好的工作。由於他們看到艾德克曾經過來找我，於是他們問我艾德克是否曾告訴我他要離開的原因。我回答說，他顯然是個衝動的年輕人。

星期日晚上，我待在同一間病房，我又夢見馬。

我夢見我們幾個人坐在貨車上，前面有兩匹馬拉著，更前面又有三匹馬並排拉著。馬兒的腳步輕快。突然間，貨車陷進泥裡。馬兒因為貨車的緣故無法繼續往前，但牠們最終成功將車子拉到乾燥的路面，於是又恢復原先輕快的腳步。

復活節星期一早上，艾德克給我一張調往麵包師傅住的第十五區的紙卡。他自己也拿到一張調往第十五區的紙卡。我們的夥伴一七三號〔Władysław Fejkiel〕協助艾德克將這些紙卡填好。

我起床，從附近小房間裡拿起自己的衣服穿上，與艾德克一起前往第十五區。

我們前往區辦公室向區長報告，區長是個德國人。這裡充滿過節的氣氛。區長顯然喝了幾杯伏特加，正精神奕奕地跟其他監督員打牌。

我們立正站好，簡潔扼要地報告調來第十五區的事。區長用德文說道：「瞭解，『老號碼』，聽到你們來報到真是件愉快的事。」不過他隨即皺起眉頭，「為什麼你們要來我這一區？」

「我們是麵包師傅。」

「麵包師傅，呃？好吧，」區長一邊回答一邊看著文件，「麵包鋪監督員知道這件事嗎？」

我們根本沒見過麵包鋪監督員，但事已至此，我們也只好硬著頭皮說有。

「知道！我們已經告訴監督員，他決定接受我們。」

「好，交出你們的紙卡，然後進營舍。」

我們交出從第二十區調往第十五區的紙卡，然後進到麵包師傅的營舍。

雅希克已經在房間裡等我們，但他故意不馬上過來找我們。

我們站在監督員面前，告訴他我們是麵包師傅，我們知道如何操作自動的烘焙設備（他們正準備裝設這種機器），我們身為麵包師傅，被調來第十五區，因為區長認識我們（其實我們剛剛才初次見面），我們是「老號碼」，絕不會讓他的工作小隊丟臉。

監督員坐在桌旁，他感到很驚訝，而且不太確定。他還沒做決定，雅希克就開始在他耳邊低語然後微笑。監督員也笑了，但他什麼也沒說。（之後雅希克告訴我們，他是這麼跟監督員說的：「監督員，這兩個傻蛋想要加入，他們以為在麵包鋪可以有一堆麵包可吃，以為我們的工作很輕鬆。我讓他們擔任夜班的工作，我會讓他們知道厲害，」他比出巨大的拳頭，「光是在麵包鋪一晚就夠他們受了。」）

此時，為了表示我們的友善，我們送給監督員蘋果、糖與一些果醬，這其實是我家裡寄給我的。

監督員對雅希克微笑，然後看著蘋果與糖。也許他心裡想著將來他可以從我們的包裹得到不少好處。然後他看著我們說道：

「好吧，讓我們看看你們的技術怎麼樣。」

點名的鐘聲在十一點前響起（今天是假日的關係），我們與監督員的對話因此中斷，監督員於是等之後再跟雅希克詳談。

點名很順利地結束，因為目前的數目都還正確。

站在隊伍中，我想著，如果一切照計畫進行，那麼這會是我最後一次在奧許維茲接受點名。我計算我已經參加了兩千五百次左右。

而且點名的範圍很廣，不同的年分，不同的營區。

是的，集中營的管理愈來愈溫和了……

點名後，我們三人聚集在麵包師傅房間的頂層床鋪上，大聲聊著糧食包裹與其他事情，不認識的囚犯全坐在我們周圍。然而，有時候我們確實討論到對我們來說相當重要的事。

雅希克很快就與艾德克熟稔起來，他裝出對我們的復活節包裹很有興趣的樣子。

我們想著當晚就去麵包鋪，因為我們瞞騙當局的計畫不可能支撐太久。此外，我不能讓第六區的朋友與包裹辦公室的工人看見我，如果他們說曾在集中營看見我，而且看起來相當健康，那麼一定會引起包裹部監督員與主管的注意，到時候我的命運會跟歐雷克一樣。

此外，也有可能麵包鋪監督員會跟區長提起我們，屆時他們會發現他們都不認識我們。因此我們必須盡快行動，並且留意各種問題。

當晚有八名麵包師傅要到麵包鋪值夜班。

顯然八名就是晚上麵包鋪需要的人數。大門守衛室事先也知道有八人要到麵包鋪，因此人數不可能改變。無論如何，人數是無法更動了。

夜班由囚犯組成，沒有人願意把這個名額讓給別人。

雅希克已經是夜班成員，這點沒有問題，因此我們還要找到兩個名額。最難處理的是，如何在不引起對方疑心之下，說服兩名麵包師傅當晚不去工作，讓我們代替他們的位置。

麵包師傅各個面有難色，他們擔心我們會搶了他們的工作。誰知道呢？也許我們是技術很好的師傅（我們不希望裝出我們不是好師傅的樣子），監督員會把他們踢出麵包鋪，讓我們取代他們擔任全職工作。我們說，自動化的設備就要裝設了，因此每個人都會留下。

我們說，我們是老號碼，知道如何找到其他的工作，尤其如果他們告訴我們這不是一份好工作，而是一份辛苦的工作，那麼我們就會立刻走人。我們會尋找適合的工作，就算我們不想離開這個營區，我們也會另外找別的位置。

我無法在這裡詳述我們說了什麼理由或用了什麼方法。同時我們還得一邊將那些糖、薑餅跟蘋果塞給他們，一邊假裝我們不是那麼在乎這件事。我們把手中的包裹全分送出去，除了一小罐蜂蜜，那是我家裡寄來的。

這件事很難搞定。

我們很久之前就認定，我們不能從麵包鋪返回。首先，我會被送到刑罰營（我在未經允許之下私自更換小隊）；其次，在麵包鋪裡，一看就知道我們不是麵包師傅，我們不可能在那裡工作，監督員馬上就會把我們踢出小隊。

但是，不能從麵包鋪回來的前提是我們要先出去。

而現在夜班的名額已滿。

大約下午三點，有一名麵包師傅終於同意放棄，但條件是只有一晚，但我們還需要一個名額。

同時我也四處拜訪朋友，跟他們拿各種物品。我小心翼翼地移動到第六區尋找一些重要物品，然後去探望副排長四十號（第十八區a），他生病了而且知道我的計畫。我在那裡換了兩次靴子。

我拜訪了中尉七十六號（第二十七區），他給我幾件保暖的內衣供旅途上穿，也給我跟艾德克各一件海軍藍雪褲，我們把褲子穿在其他衣服裡面。

我的朋友一〇一號（第二十八區）給我一件海軍藍防風上衣。

我們快沒時間了，而我們還有一個人不能到麵包鋪。

我試穿了高筒靴，發現不太適合奔跑，穿起來很不舒服，而且我差點撞見囚犯頭子。我把這雙靴子留在第二十五區的走廊，放在區長八十號的房門口，但我沒時間向區長解釋。我衝出第二十五區時，遇見上尉一一？號，[8]我充滿感情地向他道別，也同樣不做任何解釋。

在第二十二區，我在上校一二三號、上尉六十號與九十二號面前換上部分衣物。我匆忙地穿上防風上衣與雪褲，外頭再套上集中營的「條紋衣」，他們在頂層床鋪看了擔心地直搖頭，上尉六十號打趣地說著他喜歡的那句：「呃，這行得通嗎！」

然後我向朋友五十九號道別，他給我一些美元與德國馬克當旅費。

我在朋友中尉九十八號的頂層床鋪做最後的準備，預備軍官九十九號也在那裡，不過他睡得很沉，我不想叫醒他。

在第十五區，下午五點剛過幾分，我們終於找到同意放棄的麵包師傅——是否因為他想交幾個「老號碼」與富有的囚犯當朋友，還是因為他這一晚想好好休息，我們不得而知——他相信我們不會騙他，不會搶走他的工作。

下午六點，我們已做好準備。

雅希克穿上便服，那是之前我從中尉七十六號那裡拿來的。中尉七十六號身為副監督員，到集中營外頭工作時可以穿平民服裝。

這件便服的肩膀有著寬而明亮的條紋，在腰際則刷上紅漆（為了避免囚犯逃跑，刷上紅漆從遠處就可以看得清楚）。

顯然，沒有人知道一一八號漆這些條紋時用的不是亮光漆，而是水溶性的塗料。

六點二十分，大門的親衛隊員高喊：「麵包鋪！」

一聽到聲音，所有到麵包鋪值夜班的人全跑出第十五區，前往大門。

今天是大晴天。集中營休息一天。囚犯們都在散步。從營區到大門這段路，我碰到幾個認識的人，他們驚訝地看著我，心裡想著我要跟這群麵包師傅去哪裡，我明明在包裹辦公室有一份好工作。

我認出中尉二十號與少尉一七四號〔Jan Olszowski〕，但我不擔心，他們是我的朋友。

我們在大門前排成兩排，準備出營。直到最後一分鐘，我們仍無法確定某個麵包師傅會

8　我們不清楚皮雷茨基指的是誰，因為號碼剛好在頁緣，最後一位數被切掉了。事實上，不可能是十一號，十一號是上校Tadeusz Reklewski，他早在一個月前就被送往另一個集中營。這裡可能是上尉一一四號。英譯者注。

不會反悔，跑來門前跟我們交換。

如果是這樣的話，那麼我們其中就要有一人留下來。

剩下的兩人必須拋下他，就算他們想回頭，也不可能在大門口這麼做。

我們有八個人，人數正確。

有五名親衛隊員圍著我們。

查驗時，親衛隊上士從守衛室窗戶探出頭來，對戒護的士兵說：「小心一點！」他們知道什麼嗎？事實上，上士這麼說是因為別的理由。今天是星期一，是一個星期的第一天，戒護的士兵剛好換了新的一批人。

我們出發。

我想著，這道門我經過不知多少次，但從不像今天這樣。我知道，無論如何我都不會再回來了。我感到雀躍，彷彿身上長了翅膀。但此時還不是振翅高飛的時候。

我們行經製革工廠。我已經很久沒來這裡。經過的時候，我一直看著製革工廠的建築物與庭院，腦中浮現我在這裡做的所有工作與夥伴的臉孔，有些人已不在人世。

我們走的這條路從集中營不斷延伸，最後與小鎮的道路銜接。一看到小鎮，我們分成兩隊。兩名麵包師傅與三名親衛隊員往右朝橋與「小麵包鋪」走去。

戒護的人數看起來不成比例，兩名麵包師傅居然需要三名親衛隊員，而我們這裡有六名麵包師傅，卻只有兩名親衛隊員。原來那三名親衛隊員計劃利用假日到鎮上喝酒狂歡。

我們往左走。我終於看到「大麵包鋪」，日班的麵包師傅出來迎接我們，然後我看到那道不懷好意的飾釘厚重大門。今晚，這扇門將決定我們的生死。

進到麵包鋪，左邊有個獨立的房間，裡面放著煤塊。我們把衣物堆在那兒，幾乎脫個精光，因為裡頭的溫度很高。

裡頭相當陰暗。

我們每個人各自堆好自己的衣服，把我們稍晚需要穿上的放在一邊，打算扔下不管的放在另一邊，也就是「條紋衣」。

兩名親衛隊員當中個子矮小的一位彷彿聞到哪裡不對勁似的，居然開始檢查那道門，他搖搖頭說，這道門不夠安全。

能言善道的雅希克微笑著說服他，事實上剛好相反，這道門牢固得很。

這道厚重的飾釘大門上面鎖了個大鎖，鑰匙別在親衛隊員腰帶上，備用鑰匙掛在牆上的壁龕裡，外面隔一層玻璃，要取出鑰匙就必須把玻璃打破。

這名親衛隊員的疑心或許是基於本能，但也是來自於責任感，新衛兵（所謂新官上任三把火）總想在第一天有所表現。

就這點來看，星期一不是理想的日子。

到了一個星期的末尾，親衛隊員與工人混熟了，自然就不會那麼警戒。

但新衛兵確實有好處，雖然艾德克與我是新來的，但他不曉得這一點，因此會一視同仁地監督每一個人。

我們在麵包鋪裡做什麼？

平民麵包師傅是鎮上的人，也一樣分兩班制，由他們負責實際烘焙。

一整個晚上，我們必須烤出規定數量的麵包。烘焙小隊如果未能完成規定數量，就要進地牢——平民與囚犯都一樣。

因此，一切都必須火速進行。

我們必須在晚上烤出五爐麵包。我們要把麵包放進爐子五次，再拿出來五次。

我們計劃在烤完第二爐時逃走，第一爐可能太早了。

第一、第二、第三與第四爐烤了也拿出來了，但我們還沒離開麵包鋪。

就像一個人玩接龍，紙牌一定會排成某種方式，你必須整理與洗牌才能讓遊戲重來。在麵包鋪也一樣，師傅們川流不息地來回搬運麵粉、鋸木屑、煤與水，然後拿出麵包，大家各自走著自己的路線，不斷交錯擦身而過，如果再加上值勤親衛隊員來回巡視，整個動線顯得相當複雜。遊戲一定會有結束的時刻，在那個時間點，我們會接近那道門，並遠離親衛隊員與其他麵包師傅的視線。

而這場接龍遊戲的賭注，就是我們的命……

我們被關在麵包鋪裡，必須盡快完成工作，不能影響別的麵包師傅。因為高溫，我們全身都汗溼了。我們大口喝著桶子裡的水。

我們裝出心無旁騖努力工作的樣子，讓親衛隊與麵包師傅放鬆戒備。

在我們眼中，我們就像關在籠子裡的野生動物，要使用一切的智巧，創造條件，當晚逃出這個籠子。

時間一分一秒過去……「接龍」——還是未能破解……在這種狀況下，不可能進行逃亡……

機會曾數度出現，但隨即消逝。

神經的緊張，一下子鬆弛，一下子緊繃。

那道門就在眼前。親衛隊來來回回，持續經過那道門。

要打開那扇上鎖的窗是不可能的，因為附近一直有人守著。

午夜過後，時間從星期一來到星期二，麵包鋪裡變得稍微輕鬆一點。

其中一名親衛隊員伸展筋骨，然後睡覺，或者是假寐。無論如何，他不再四處走動。

麵包師傅都累壞了。

凌晨兩點左右，已經烤了四爐，只剩下一爐要烤。麵包師傅這回休息的時間較長，大家開始吃點東西。

我們三個在最邊緣的位置。

雅希克小心翼翼地開始著裝。艾德克與我為了掩護他，此時突然特別努力地搬運煤與水，準備最後一爐的烘焙工作。

事實上，我們正在做最後的準備——逃亡。

然後，利用親衛隊員離開那道門，走向烘焙室的這段時間，雅希克估計親衛隊員應該要兩、三分鐘才會回頭，已經著裝的他從堆煤間溜了出來，快速地旋開螺帽，他的鐵扳手輕易就解決這件事；雅希克推開螺栓，連同鉤子，讓它們掉在門的另一側。

此時親衛隊員往回走了，雅希克隨即躲入堆煤間裡。

我們假裝用手推車運煤。

親衛隊員在這裡巡了一回，於是轉過身去，他背對著那道門，雅希克快速而無聲地將上頭兩根與下頭兩根門栓往回推。我們用手推車輪流擋住雅希克，不讓其他人看到他。

疲憊不堪的麵包師傅全坐在或躺在烘焙室裡。

門栓花的時間比螺帽來得長。

雅希克走進門邊的廁所，卻被親衛隊員看見了，但親衛隊員對於雅希克已經把衣服穿好似乎沒什麼反應，或許這個新來的隊員以為到了早上這麼做是正常的。

到目前為止，一切看起來相當順利。

突然間，發生了出乎意料的事。大概是第六感還是某種力量的驅使，親衛隊員居然走到門旁，他就站在門的前面，相隔約半公尺的距離，開始檢查這道門。

就在他身後約四公尺的地方，我放下手推車。艾德克也呆立在煤堆旁。

我們兩人不約而同地準備在親衛隊員大叫之前衝上前去，制伏他，將他捆起來。

他為什麼沒注意到那道門有異？他真的看著那道門嗎？還是他眼睛看著，但心裡想著別的事情？我不得而知。

我猜想第二天在地牢裡，他肯定絞盡腦汁在想這件事。

親衛隊員轉身離開那道門，靜靜地朝爐子走去。當他離那道門約六公尺遠時，雅希克從廁所出來，我很快拿了自己的東西，與雅希克合力推那道門。

此時，站在親衛隊員身後的艾德克拿著小刀，快速而安靜地走到床邊，另一名親衛隊員正在床上呼呼大睡。他從兩端切下電話線，把中間這段帶走作為紀念。

雅希克與我用力推著門，門板已往外彎折，但整扇門就是紋風不動。

親衛隊員離我們又更遠一點，現在大概隔了八公尺，過了一下又達到九公尺。

我們這回更使勁地推，門板彎折得更厲害了，但還是開不了。我們從未打開過這道門，因此也不確定這道門是不是真能開啟。如果我們當時想到這點，很可能會嚇出一身冷汗，但我們根本沒時間害怕。

這時，艾德克從親衛隊睡的床鋪跑到堆煤間拿他的東西。雅希克很強壯，而我由於緊張的關係，也使出了前所未有的力氣，但這道門比我們想像的牢固許多……

這回，我們把所有力氣全貫注在門上……突然間，無聲無息地——門霎時在我們面前開啟……

冷意直衝我們溫熱的腦門而來，閃爍的星星彷彿在向我們眨眼……

這些全在轉瞬間發生……雅希克、我與艾德克迅速躍入未知的黑暗之中。

在此同時，身後響起了槍聲。

我們不知道自己跑得有多快。但子彈沒打中我們。我們的腿、手臂與身體在風中狂奔著。

當我們距離麵包鋪約一百公尺遠時。我開始叫喊：「雅希克！雅希克！」但雅希克就像賽馬一樣一意向前衝。如果我可以追上他……抓住他的肩膀……讓他停下來就好了……但我們三人的距離沒有變化，我們各自用相同的速度往前衝刺。

我們後頭響起了九聲槍響。然後是一片死寂。那名親衛隊員一定趕緊打電話去了。另一名睡著的親衛隊員或許第一時間還渾然不知發生了什麼事。

我想讓雅希克停下來，因為我計劃好的逃亡路線跟我們目前跑的路線是垂直的。在跑了兩、三百公尺之後，我終於叫住他。雅希克慢下來，我跟艾德克追上他。

「怎麼了？」雅希克氣喘吁吁地問道。

「我想我們暫時安全了，」我回道。

「你說你有計劃好的路線。」

的確，我確實有條路線。我要越過索瓦河（River Sola），然後掉頭沿著集中營對面的河岸走，一直往南到肯提。但雅希克像脫兔似地往北跑，打亂了我的計畫。現在要繞回去已經太晚了。已經過了凌晨兩點，我們必須加快腳步。

「那麼，現在呢？」其他兩人問道。

「沒事，讓我把衣服穿好，」我對艾德克說，「我要走另一條路。」我們兩人赤裸著，身上只穿著泳褲，腋下挾著一捆衣服。

我們所在的地點離索瓦河有一段距離，但我們跑的路線與河流大致平行，方向朝北。穿好衣服，我們發現自己在慌忙中把條紋褲帶出來了，於是我們把褲子藏在樹叢裡。我帶著他們兩人到河的左岸，然後沿著河邊的樹叢往北走。

我們問艾德克有沒有帶菸草粉，他說他帶了，但是在奔跑時這些菸草粉全撒了出來。如果狗要追蹤我們的氣味，牠們會先聞到菸草的味道。

這些菸草粉是很久之前我在（製革工廠的）湯匙工廠風乾磨碎的，用來幫助一些想脫逃的人。

顯然，我們的菸草粉一下子就撒光了，但還是能發揮一點掩蓋氣味的功能。

我們持續往北走，眼前出現了河流分岔口。這是索瓦河注入維斯瓦河的地方，在匯流處前的右方有一座鐵路橋梁。如果我們得到的情報是正確的，那麼橋上應該有二十四小時駐守的衛兵。

「托梅克，你要往哪兒走？」雅希克問道。

「別說了！我們沒有其他的路，而且我們沒有時間。我們必須抄捷徑。」

我們接近橋梁。我走在前面。我穿的鞋是橡膠鞋底，雅希克在我後頭十到十五步的距離，艾德克殿後。

我仔細觀察橋墩左方的屋子，然後從路堤爬上橋梁。

其他兩人緊跟在後。

我們腳步放輕，迅速過橋。我們過了三分之一……然後二分之一……我們愈來愈接近對岸……而橋的末端……看起來似乎無人阻擋……

最後，我們抵達橋的末端，迅速從左方跳下路堤，進入草叢與田野。

我們順利通過橋梁，這點出乎我們意料之外。

哨兵大概是利用假日跑到哪裡狂歡去了。

我接下來選擇往東走，沿著維斯瓦河與鐵路的左側前進。

要確認方位並不難，因為天上布滿了閃爍的星星。

我們已經嚐到些許自由的滋味。但在通往完全自由的道路上，仍充滿了各種危險。

我們開始越過原野。

在我們右方，是奧斯威辛鎮。

我們跳過溝渠，穿過道路，橫越已經犁過的田地。維斯瓦河蜿蜒地流著，我們離它也時遠時近。

我們事後回想才感到驚訝，一個人在極度緊張下居然能產生如此充沛的體力。

我們走在往山丘延伸的農地上。我們爬下水泥堤岸，然後像貓一樣爬上另一邊的堤岸——這是灌溉系統的一部分。當我們沿著鐵路前進時，一列火車呼嘯而過。

最後，在走了幾公里之後，以時間來計算，我們可能走了十公里（實際上略少一點）。

我們從高處望向前方，發現了柵欄、營舍、瞭望塔、鐵絲網……在我們面前的是集中營，熟悉的探照燈來回掃射地面……

我們有一刻整個人愣住了。然後我們判斷，這裡應該是所謂的「布納」，也就是奧許維茲集中營的分支。

我們沒時間改變方向。

曙光已逐漸照亮天際……

我們迅速從左方繞過布納集中營。我們碰上一些鐵絲網，然後我們再次爬下與爬上河堤……我們從步道橋越過灌溉溝渠。在某個地點，我們小心地走過底下滿是湍急水流的步道橋……我們繞過鐵絲網，涉水而行。最後，我們也遠離了這座集中營。

我們在維斯瓦河的岸邊奔跑（我們還有力氣跑），尋找白天可以躲藏的地點，以防不測。

天已經亮了。實際上已經沒有什麼東西可以掩蔽我們。可以隱藏的森林看起來遠在地平線上。明亮的光線下，一切都看得清清楚楚。

維斯瓦河岸旁有一個小村落。水面上搖晃的船隻應該是居民所有。

我決定搭船渡過維斯瓦河。這些船都用鐵鍊固定在木樁上，鐵鍊上有掛鎖。我們檢查這些鐵鍊，發現其中一條分成兩半，中間用螺栓連結。

雅希克拿出扳手（一塊鐵片，上面有個孔用來開螺帽），靠著這根扳手他打開了麵包鋪的螺帽。

我們對於這個巧合感到吃驚。扳手的孔與螺帽剛好吻合。我們鬆開螺帽。鐵鍊隨即鬆開。

太陽升上來了。

我們上船，然後離開岸邊。

村莊裡隨時可能有人從屋子裡出來，我們的距離相隔不到幾十公尺。

在離對岸約十幾公尺的地方，船隻擱淺了。我們沒有時間把船撐開，於是直接跳進河裡。水深及腰，我們只能努力涉水上岸。

在跑了一整晚後，我們的身體與關節都暖烘烘的，因此還受得了冰冷的河水，順利跳到岸上。

距離可以隱藏的森林大約還有兩公里遠。

我喜愛森林，而且已經多年不見森林，現在，森林成了我們的救命機會，我們只有到森林裡才能獲得真正的隱蔽。

說奔向救命良機是不真切的，我們已經跑不動了。我們只能快步前進，有時還因為體力不濟停下來休息。

日頭高掛。

我們可以聽見遠處道路上摩托車的聲音，或許他們在追捕我們……

我們放慢腳步……

艾德克與我身上的衣服，如果湊近一瞧，確實是非常可疑，但從遠處看，整個色調是暗色的，並不顯眼。反觀雅希克雖然穿著平民服裝，從遠處看卻相當突出，因為上面有幾道鮮紅的條紋。

遠方的田裡有人在耕作。他們肯定看見我們了。

森林逐漸離我們愈來愈近。

古怪的是——這或許是生平第一次，我居然在一百碼外就聞到森林的味道。強烈的氣味振奮了我們的感官，還有鳥兒輕快的叫聲，潮溼的氣息，松脂的芬芳……我們直望著樹林深處，現在幾乎就在我們眼前。

我們走進林中，躺在柔軟的苔蘚上。

我躺臥著，思緒飛到了林木頂端，既感到開心，又充滿疑問。這是多麼大的變化啊！回首在集中營的日子，我彷彿待了千年之久……

松林溫柔地搖曳，低語著……

枝椏將藍天切割成一片片。露水如寶石般垂掛在草葉上……金黃的光線從枝葉間灑落，為無數小生命帶來光明……這是甲蟲、小蟲子與蝴蝶的世界……這是鳥類的世界，數千年周而復始，生物群聚繁衍，延續生命……

然而，儘管我們四周充滿欣欣向榮的生命，但環顧左右卻是一片沉默……籠罩著深沉的靜謐……沒有人類喧囂……沒有機巧算計……這股沉默之中沒有半個人存在……

我們不算。

我們才剛回到人類生活的地方，我們還不能算是人類的一分子。

我們很高興至今尚未看到任何人。

我們決定盡可能離其他人遠遠的。

然而，要生存下去，不可能長久不與人接觸……我們沒有食物。目前，我們還不覺得很餓。我們吃了一些萵苣，喝了一點溪水。

周遭的一切，不管是什麼，都讓我們陶醉。

我們愛這個世界……但不包括世界上的人……我有家人寄給我的一小瓶蜂蜜與一根湯匙。我請雅希克與艾德克各吃一匙蜂蜜，我自己也吃了一匙。

我們躺著，談起了晚上的事。

雅希克禿頭，所以他不需要戴帽子。艾德克與我剃了頭。為了不讓其他人看到我們剃頭的樣子，我們在麵包鋪偷了麵包師傅的帽子，但艾德克晚上奔跑時，帽子被樹枝勾掉了。他現在頭上圍了女人的方頭巾。於是我們叫他艾芙妮亞（Ewunia）。

雅希克想弄點不同的花樣，他自稱亞當，然後看著長出綠芽的樹枝，他選擇加瓦茲卡（Gałązka〔細枝的意思〕）當做自己的姓。這跟他九十公斤的體格還真配！

雅希克用溪水把衣服上的紅色條紋洗掉，我則把藏在鞋裡溼掉的四張鈔票拿出曬乾。之後，我們在樹林中往東走。看到小空地就快速通過，看到大片開闊原野就沿著森林的邊緣繞過去。

我們的原則是盡可能跟人保持距離……

傍晚，我們跟一名獵場看守人發生了一點小衝突，他之前在遠處看到我們吃下最後僅剩的蜂蜜……他想攔下我們，因此擋住我們的去路，於是我爬進一旁新生的樹叢之中……樹叢十分濃密，我們只能匍匐爬過去。我在樹叢裡改變了方向，在道路旁冒出頭來。

我們隨即穿過馬路，然後再次隱沒在新生的樹叢之中。

獵場看守人失去我們的蹤跡。我們持續沿著路走，因為從路標上得知，這條路可以通往小鎮Z〔巴比切（Babice）〕，[9] 而Z鎮就在我們計劃的路線上。

日落之後，我們已經接近這座小鎮。

小鎮前方的山丘上矗立著一座毀壞的城堡。

我們從左側繞過小鎮前方的開闊地帶，悄悄行經房舍之間的道路，然後朝山丘林地走去，直接前往毀壞的城堡。

走到廢墟附近的山坡地，我們已經累壞了，於是直接躺下，將自己埋在前一年的落葉裡睡覺。就這樣，星期二（四月二十七日）過去了。

艾德克馬上就睡著了。

之前，我們涉水渡過冰冷的河流，艾德克與我的關節都發炎了，而我的坐骨神經也隱隱作痛。

我是靠著意志力才堅持到這裡。除了膝關節，我的右臂也非常疼痛，特別是在下坡的時候，即使是步行也疼得讓我「咬牙切齒」。

現在，我平躺在地，雖然緩解了疼痛，卻依然覺得渾身不對勁。

雅希克躺下後不再感到疼痛，也睡著了。

我無法入睡。我索性趁這個機會，開始思考下一步該怎麼做。

八公里外，是西利西亞（已被第三帝國併吞）與波蘭總督府（Generalgouvernement）[10]的交界處，我們必須跨過這條邊界。

我花了很長的時間，一邊打盹，一邊計劃如何抵達與越過邊境，以及越過之後該怎麼

9 皮雷茨基弄錯了字母，他用Z來表示他們最終的目的地伯赫尼亞（Bochnia），也用Z來表示途中的小鎮，亞當．奇拉說這個小鎮是巴比切；見Cyra, *Ochotnik do Auschwitz: Witold Pilecki (1901-1948)*, p. 398。奇拉也說IX才是伯赫尼亞，同前書，p. 404。英譯者注。

10 納粹把波蘭占領區分割出一部分，作為獨立的行政區，該行政區的首府是古城克拉科夫。波蘭首都華沙也在波蘭總督府的管轄範圍內。英譯者注。

做。突然間我靈光一閃，於是從樹葉堆裡坐直身子……但身體的疼痛使我倒抽了一口氣……

我記得一九四二年時，我在（製革工廠的）湯匙工廠工作，十九號在那裡擔任職員，我跟他可以說是無話不談。

他告訴我他寫信給誰，他的叔叔在邊境擔任教士，教區橫跨邊境，而身為教區教士，他獲准由貨車駕駛載著穿過邊境，必要的時候，他還可以讓駕駛越境過夜……

我朋友的親戚（也就是那位教士）住的小鎮，距離我們所在的位置大約七到八公里。

在睡夢中，艾德克開始喃喃自語，起初不是很清楚，然後他開始問某個叫布羅內克還是什麼的人，是否有幫他帶麵包過來（他餓了，於是夢見食物）。艾德克突然間一躍而起，大聲問話，就連雅希克也被他吵起來：

「他帶麵包來了嗎？」

「誰要帶麵包來？」

「當然是布羅內克！」

「別擔心，我的朋友。你沒看見嗎？樹木、城堡還有睡在樹葉裡的我們？你在做夢……。」

艾德克又躺下來。

但現在我站起來了。時間是四點鐘。我決定早上去找那名教士。我們要走的路程不算遠，只是我們的關節疼痛不堪。我的膝蓋疼得讓我連腳都邁不出去。雅希克起身伸展一下身子，結果跌跌撞撞，居然滾下山坡。他的膝關節幾乎讓他痛暈過去。然而，他還是忍住了。

起初幾步很辛苦而且很痛，特別是在下坡的時候。

我們花了不少時間才走完這七、八公里有點蜿蜒的路程。起初慢了一點，後來速度愈來愈快。

我們三人就只有雅希克穿得最像一般民眾，而且他也不需要遮掩剃髮，所以就由他去跟當地民眾交談探聽消息。

我們愈來愈接近II鎮〔阿爾維尼亞（Alwernia）〕。

山坡的樹林裡可以看見一間小教堂。

雅希克探聽完以後回來，從他得知的內容顯示，我們尋找的地方與我們可以看見的地方相符，它就在有教堂的山丘附近。

我們從田地之間穿過去，然後走到道路上，這條路設有關稅站。邊界本身還在更前方，在山嶺之上。

此時是早上七點。關稅站裡已經有幾個人，他們遠遠地就仔細端詳著我們。

然而，我們穿過道路，然後走過橋梁渡過小溪。我們可以清楚看見這些人，我們試著裝成心情愉快的樣子快步走過。

終於，我們走到山丘林地，當我們進到森林內部幾十公尺的地方，得到完好的掩護時，我們已疲倦地倒在地上。

巧合的是，就在此時，位於山丘頂端的教堂響起了鐘聲……

「實在沒辦法了，親愛的雅希克，你必須到教堂去。你是我們當中最不會令人起疑的，你也是我們當中唯一能走進教堂而不被人攔阻的，因為你可以不戴帽子。」

因此，我讓雅希克去找那名教士，見了他，告訴他我們過去曾一起待在那個地獄裡，包括他的兄弟弗蘭奇謝克與他兄弟的兩個兒子塔德克與洛雷克（Lolek）。

雅希克去了，但去了很長一段時間。

他回來時臉上充滿疑惑，他說，他在教堂裡等著那名教士來做彌撒，然後跟他說話。但這名教士不相信我們是從奧許維茲逃出來的，他甚至明白表示，他認為這可能是陷阱。

我心想，當他看見臉上堆滿笑容的雅希克，又聽見奧許維茲的名字，必定難以相信雅希克曾在那裡關了超過兩年半的時間，更無法相信他是從奧許維茲逃出來的。

我讓雅希克再去一趟，現在彌撒應該結束了。我仔細告訴雅希克，教士的親戚待在哪一區，他的姪子去哪兒了，以及他們的父親現在待在哪一區。我甚至告訴雅希克他們耶誕節的信裡寫了些什麼。

雅希克去了。彌撒已經結束。雅希克走到教士面前，告訴他每一件事，又說自己有兩個夥伴藏在樹叢裡，因為剃了光頭以及穿著詭異而不敢輕易現身。

教士相信他的話，並且跟著雅希克一起過來找我們。

一看見我們，他握緊了拳頭。他終於相信整件事。他每半個小時就來看我們，為我們帶來牛奶、咖啡、捲餅、麵包、糖、奶油與其他佳餚。

結果，他其實不是我們想的那名教士，我們要找的人其實還在兩公里外。

他認識那名教士，也知道他的家族在奧許維茲的事。

他無法帶我們到家裡去，因為廣場人來人往，難以避人耳目。

實際上，我們待在剛萌芽的雲杉與樹叢中，也感到十分舒適。

教士給我們一些藥膏，讓我們擦關節。我們終於寫了第一封家書，由教士幫我們寄出去。

晚上，趁著天色黑暗，教士幫我們找了一名新嚮導。

世上還是有好人的，我們彼此這麼說著。

於是星期三過去了（四月二十八日）。

我們向教士道別。我們的膝關節現在比較不痛了。晚上十點，我們跟著嚮導要越過邊界。

這名嚮導帶領我們走了很長一段時間，而且不斷地繞路，然後，他指了一個地點說，這是最好的地方。接著便回去了。

或許這確實是最安全的地點，理由是這裡到處都是倒下的樹木、鐵絲網、交錯的溝渠，邊境士兵一定覺得沒有人想走這條路，他們會到別的地方巡視。

我們花了一小時穿過這個長約一百五十公尺的邊境地帶。

我們快速走過不同的地形，但絕大多數時間還是要緊跟著道路。

夜裡，一片黑暗。我們不用擔心有人從遠處看見我們。不過我們還是有可能遇見巡視的哨兵，但藉著某種動物性的警戒心或本能，我們不斷化險為夷。

有時候，當道路走的方向不對，我們會離開道路，穿過原野，利用星星作為指引。我們會橫穿過森林，有時會被坑洞絆倒，有時則需要爬上斜坡。

我們一整晚都在隱蔽中不斷前進，我們覺得自己似乎走了一大段路。

在第一道曙光下，我們看見一座稍微大一點的村落，離我們約幾公里遠。道路進入村落之後便折往左，但我們的路線是往右。我們看見那條往左的道路上有人，這是我們這一天看到的第一群人，於是我們轉而向右，持續越過牧場與草地。

太陽升起。今天是星期四。

我們現在完全處於開闊的地面上，白晝時在這樣的地形行走實在太冒險。我們找到一大片樹叢，整個白天都躲在裡面，但我們睡不著，因為地面是溼的，而且上面還有石頭與樹枝。

傍晚，利用太陽已經下山但還有光線的時分，雅希克先去我們接下來要走的方向探路。他很快就回報，維斯瓦河位於我們的右方，如果我們想維持原來的方向，我們必須在這裡渡河。岸邊有船也有船夫，他願意載我們渡河。

我們決定搭船夫的船渡河。我們離開樹叢，往河流走去。船夫看著我們。我們上了渡船。船駛離岸邊。我們安全地上了對岸。當我們付他德國馬克時，船夫用更奇怪的眼神看著我們。

在我們前方是III（位於提尼耶克（Tyniec）的本篤會修道院尖塔）與IV鎮（提尼耶克）。

我們沿著主要道路經過城鎮。民眾在工作後返家。幾頭落後的牛連忙趕著回到牠們的圈欄。當地居民站在自家門口，好奇地看著我們。

我們很飢餓，而且很想喝點熱的東西。每天晚上都相當寒冷。我最後一次睡覺是星期日晚上，地點是奧許維茲的醫院，但我們還沒準備好要向居民借宿。

快要出城鎮的時候，我們的左方有一個老人站在前門看著我們。他看起來相當友善，於是我叫艾德克去跟他要點牛奶。

艾德克上前問道，能否跟他買點牛奶。那人做出邀請的樣子，他說：「進來，進來……

我會給你們一些牛奶……。」

聽得出他話裡參雜著別的跟牛奶無關的意思，但他看起來很正直，因此我們決定冒險跟他進屋。

我們進屋之後，他跟我們介紹他的家人，他的妻子與子女，然後他站在我們面前說道：「我不會多問……但你們絕不能像剛才那樣走來走去東張西望！」

他接著解釋，他在大戰中已看得太多，因此他不想知道我們的事。他端出熱牛奶、麵條、雞蛋、麵包讓我們飽餐一頓，然後建議我們在穀倉睡上一晚，但他必須把穀倉鎖住。「我瞭解，」他說：「你們不認識我，也許會有所顧忌，所以我並不堅持，但如果你們信任我，那麼就留宿一晚，什麼也不用擔心。」

他的表情與眼神，整個人給人的感覺是如此表裡如一而正直無欺，因此我決定留下。

我們一整晚都被反鎖在穀倉裡，再次嚐到被限制自由的滋味，但我們枕在真正的枕頭上，整晚睡得香甜——我們已經好幾年沒睡這麼好了。

於是星期四過去了（四月二十九日）。

早上，收留我們的先生為我們開鎖，沒有警察出現。我們吃了豐盛的早餐，補充了水分。我們相談甚歡，也兌換了貨幣。他是個正直、親切、愛國的波蘭人。

世上還是有這樣的人……他被稱為一七五號〔Piotr Mazurkiewicz〕。他的家人熱情地款待我們。我們告訴他們自己從何處來。我們又寫了幾封家書。不用說，這些信當然不會寄到奧許維茲當局知道的地址。

早餐後，我們啟程出發。我們越過原野，穿過樹林，從右方繞過V〔地點不明〕與VI〔地點不明〕，朝VII〔維里奇卡（Wieliczka）〕前進。

星期五晚上，我們在一棟孤獨矗立在田野中的小屋度過，一對年輕夫妻與他們的子女住在這裡。我們很晚抵達，但在他們起床前離去。我們留下一點錢，然後離開。

我們繞過VII，朝VIII森林〔聶波沃米切森林（Niepołomice Forest）〕前進。我們進入森林，聞到松脂香味，已經是五月一日星期六的事。天氣晴朗，金色的陽光穿過濃密的枝椏，照射在布滿松果的地面上。我們看見松鼠在樹幹上奔跑，林間深處也有野鹿徘徊。

雅希克與我輪流領頭帶路，艾德克殿後。

這一天看起來平靜無事。我們餓了。下午兩點，換雅希克領頭。我們走上大路，路的方向與我們的計畫吻合。雅希克走在最前面。大約四點左右，我們來到一條大河旁，上面有一座橋。橋的那一頭有幾座建築物：左方是森林管理員的屋子與幾間小屋，右方是其他的建築物。

雅希克大膽地走向橋梁與森林管理員的屋子。到目前為止，我們一直很順利，因此我們放鬆了戒心。我們沒看見任何動靜或任何人，森林管理員屋子的綠色窗板也是關著的，我們完全被眼前的景象騙了。

我們走過這間屋子，看見屋子後頭有個通往小屋的庭院。一名德國士兵，很可能是憲兵，他拿著步槍，從庭院裡朝道路走來，正對著我們。我們的外表沒有任何反應，只是想盡快離開此地，我們離屋子大約有十步的距離。我們的反應完全深藏在內心之中。然而，那名憲兵做出了反應。

「不要動！」

我們繼續走，假裝沒聽到。

「不要動，」聲音再次從我們背後傳來，我們聽見他拉起了扳機。我們冷靜地停下腳步，臉上帶著笑容。士兵站在庭院的另一邊，離我們約三十到三十五公尺的距離。另一名士兵立刻從小屋出來，離我們約六十公尺。於是我們說：

「好，好，沒問題……。」一邊冷靜地轉向他們。

第一名士兵看我們這麼冷靜，原本準備開火的他把槍放了下來。我看見之後，便冷靜地說：

「夥伴們，快跑！」我們三人於是分別跑向不同的方向。雅希克從我們原本的路線往右拐，艾德克沿著我們原先走的道路，至於我則是夾在他們兩人之間。

還是一樣，我必須強調要描述我們如何逃走不是件容易的事。每個人都沒命地往前跑。我跳過樹幹、農田的圍籬、樹叢。

一連出現數聲槍響。有些似乎就從我耳邊掠過。

我突然覺得有人正瞄準我，也許正對著我的脊椎神經。

有東西打中我的右肩。「混蛋！」我心想，「他打中我了。」但我不覺得痛。我繼續跑，快速地離開。

我可以看見艾德克在我左方遠處。我對著他大叫。他看見我了，於是我們逐漸跑向一處。我們現在離森林管理員的屋子大約四百公尺，他們仍舊繼續開火。由於他們已經看不見我們，我推斷他們應該是在射擊雅希克，或許他們已經殺了他。

此時，艾德克與我坐在傾倒的樹上。

我必須處理流血的傷口。我的右肩被射穿了，但沒打中骨頭。我的衣服被射穿了好幾個洞，但沒打中我。我的褲子與防風上衣一共有四個洞。用手帕包紮傷口之後，艾德克與我便朝東出發。

艾德克建議我們待在樹洞裡，但我認為必須盡快離開此地，因為德國人很可能打電話派人過來進行大規模掃蕩。

我覺得雅希克很可能有麻煩，因為槍聲還在持續，而且不是朝我們這個方向而來。

一小時後，我們來到一個村落，我開門見山地說：「我們是從森林來的。」原本我們有三個人，但現在只剩兩個。他們已經聽到槍聲，也許我們的夥伴已經死了……

這些正直的村民給我們牛奶與麵包，另外還找了一個嚮導帶我們去搭渡船。我們搭船渡過小河，發現我們來到一處規模較大的村落，村子裡有一間教堂。我們在這裡遇到德軍士兵，但他們是來這裡調集食物，並未注意到我們，他們把我們當成本地人。

最後，離開這個村子之後，我們遠遠瞧見了IX鎮〔伯赫尼亞（Bochnia）〕——我們最初的目的地。然而，一六四號的家位在伯赫尼亞的另一邊，而此時已經是晚上七點半（晚上八點宵禁），我們的外表可能會引起注意，因此我不想冒險穿過城鎮。於是艾德克與我一整晚都待在某個居民的閣樓裡，我們是從東邊與北邊繞過城鎮時發現這間屋子。

五月二日星期天早上，我們出發，走了一小段路來到一七六號夫婦〔Obora〕的家。我們接近他們的屋子時，看見門廊上站著一對老夫婦，那是一六四號的岳父岳母，一名年輕的女子，那是他的妻子，以及他們的女兒瑪麗西亞。

老夫婦微笑著，什麼問題也沒問，很客氣地請我們進屋。在屋內，我們自我介紹是一六四號的朋友。於是他們要我們來到屋子更裡面的地方，最後一間房間，房門是開著的，我們發現雅希克在裡頭睡得正沉。

我們叫他起來，給他一個熱情的擁抱。

雅希克因為穿著與一般平民無異，因此他前一晚直接從鎮裡走過來，出現在這間屋子前面。這是為什麼這對老夫婦（雅希克早已知會他們我們可能會來）微笑地歡迎我們進屋，什麼話也沒說。

雅希克的衣服以及他腋下夾著的衣物被射穿了好幾個洞，但他本人卻毫髮未傷。我的傷並不嚴重。我們隨時都可以離開。

一七六號夫婦與一七七號女士〔Helena Zabawska〕對我們的殷勤款待，讓我們覺得好像回到許久未曾返回的家中，充滿了溫暖與熟悉。

在逃亡的這段時間，每一天我們都有相同的感受……這世上還是有善良的人。

當我們描述自己在奧許維茲的經驗，以及其他朋友乃至於他們的親人一六四號的故事時，他們總是懇切地聽著，不願意放過任何內容。

我們逐漸熟悉彼此，培養出一定程度的信任並用暗語對答之後，我希望他們協助我與軍事地下組織聯繫。幾個小時之後，我便與雷恩一七八號〔Leon Wandasiewicz〕談話；以暗語對答之後，我請他協助我與當地司令官聯繫。

雷恩告訴我，我可以選擇與其中一位聯繫：第一位來自Ⅸ北區，另一位來自Ⅸ南區，後者住的地方離X鎮〔新維希尼奇（Nowy Wiśnicz）〕約七公里遠。我說，這對我來說都是一樣的。雷恩建議我們到X鎮去見司令官，因為他與那位司令官是朋友。

星期日與星期一（五月二日與三日），我住在一七六號夫婦家。星期二早上，我穿上雷恩的衣服，然後與雷恩一同到X鎮。雅希克與艾德克則留在一七六號夫婦家。

這一天風和日麗，我們一邊走著，一邊開心地聊著。雷恩推著一輛腳踏車，他準備騎這輛車回家，因為他預料當地司令官會留我過夜。

我一邊走著，一邊想到過去幾年的經驗。現在，這些經驗似乎都已經告一段落。然而，命運再次為我準備了意外的驚喜。

走到半路，在一個小樹林裡，我們坐在樹木的殘幹上。

我出於好奇，便向雷恩問起我們即將拜訪的司令官姓名，畢竟我待會兒就要見到他了。

雷恩答了兩個字：教名與姓。這兩個字對其他人可能不代表什麼，但對我來說可具有重大意義，而且代表了令人吃驚的奇妙巧合。

當地司令官的姓名跟我在奧許維茲使用的假名一模一樣……

也就是說，我冒用他的姓名度過了一段地獄般的歲月……而他完全不知情。

現在，我的腳步引領我去見……名字的主人。

這是命運嗎？盲目的命運？如果真的是命運，那麼它絕不盲目！

我大大地吸了一口氣，然後陷入沉默，雷恩問：

「為什麼不說話？」

「沒事。我只是有點累。」

我計算著我在奧許維茲度過多少日子。

在鐵絲網牆後頭的那座地獄裡，我待了九百四十七天。將近一千天……

「我們動作快一點吧，」我說：「我有個驚喜給你還有司令官。來吧，我們走。」

我們來到美麗的X鎮，這裡有谷地也有丘陵，山上還有一座優美的城堡。

走在路上，我想著，嗯，是啊，資料上我是出生在IX鎮的。一五八號就是來這裡請神父一六〇號幫我擺平問題。

我看到一名男子與他的妻女坐在屋子的陽臺上，這棟屋子四周環繞著花圃。我們走到他們面前。雷恩低聲對我說，我有話可以直說。

我自我介紹，說的是我在奧許維茲使用的名字。他回答說：

「我也是托馬什。」

「但我是托馬什。」

「我也是托馬什，」他驚訝地說。

雷恩聽到我們的對話，感到非常吃驚，那人的妻子也一樣。

「但我在這裡出生的。」我又說出他的出生年月日，這個資料我在每次變更營區或工作小隊時都會複述一遍，監督員登記時我也會再說一遍。

這名男子幾乎從椅子上跳起來。

「怎麼會這樣？這是我的個人資料。」

「是的，但與你相比，這些資料更常跟我在一起。」我告訴他，我在奧許維茲待了兩年七個月，現在我終於順利逃脫。

沒有人知道該做何反應。跟我同名的人，同時也是這個看似已跟了我千年之久的名字的真正主人，向我敞開雙臂。我們熱情地擁抱，並馬上成為朋友。

「但這是怎麼發生的？」他問道。

我問他認不認識華沙的醫生八十三號。是的，他認識，而且曾經住在她的出租公寓裡。是的，身分文件就是在那裡替他偽造的，但那些文件做好之前他就離開了。我於是運用那些身分文件，作為自己的假身分。

我在一七九號夫婦（塞拉芬斯基夫婦）家住了三個半月。

我們透過朋友傳話給神父一六〇號，請他把教區登記簿上用鉛筆寫在我的名字（其實是我冒用但對我極其重要的名字）旁邊的訊息擦掉。

在八十四號與一八四號（Andrzej Możdżeń）的協助下，我在這裡組織了一支分遣隊。如果華沙方面同意我的計畫，我會率領這支隊伍與集中營裡的人裡應外合攻下奧許維茲。

我與一八〇號擁有一些德軍武器與制服。我寫信給家人以及我的朋友二十五號。二十五號之前帶著我的報告逃離奧許維茲，他現在人在華沙，在〔家鄉軍〕最高司令部工作。

我寫信給在XI〔華沙〕的四十四號，他也曾帶著報告逃出奧許維茲，我希望能跟他取得聯繫並繼續我們的工作。

六月一日，我的朋友二十五號彷彿長了翅膀一樣，從華沙火速趕來，他為我帶來重要的訊息，那就是我在奧許維茲寫信時的收信人E. O.女士依然平安活著。蓋世太保只威脅讓家人負連帶責任。他們沒有必要，也沒有興趣讓某個在他們眼中只是朋友的人負起責任。他們找不到我的家人，也不知道他們的名字。

我的朋友二十五號也為我帶來一些文件與錢。

我跟他討論了一下。我告訴他，目前我不打算回華沙，因為我仍希望他們讓我從外部攻打奧許維茲。唯有我接到命令，要我打消這個念頭，我才會前往華沙。

我的朋友對於他只能隻身返回華沙感到難過，因為他臨行前還向我的家人保證能帶我回去。

六月五日，當地的蓋世太保與奧許維茲派來的親衛隊員出現，他們首先來到托馬什母親的家中，詢問她的兒子現在人在何處。她回答說，她的兒子一直住在附近，而且已經好幾年了。

他們於是前往托馬什家。

當時，我人就在不遠處。

親衛隊員肯定已經從當地蓋世太保口中得到線報，八十四號確實在當地住了很久一段時間。親衛隊員看了他一眼，又看了手上的文件（他或許比對了八十四號的臉與我那張臉頰腫脹的相片）。

他還問八十四號當地秋天盛產什麼水果，之後便離去。

在X鎮工作時，我遇到一些傑出而善良的波蘭人；不只是一七九號夫婦，還有一八一號〔Józef Roman〕。

後來，二十五號從華沙寄了一份包裹給我，裡面提到目前最新的一些對付占領軍的方法，此外還附了一封信。他在信裡表示，華沙當局相當傾向於要……（讀到這裡時，我突然產生一陣欣喜的震顫，以為即將要攻打奧許維茲）……然而接下來是這句話……授予我獎章，獎勵我在奧許維茲所做的一切。然而，他依然認為這場作戰是有希望成功的。

我在七月收到一封信，裡面提到一件令人悲傷的消息，格羅特將軍〔Stefan Rowecki〕被捕了。[11]

鑑於華沙的緊繃情勢，我知道我不可能期待華沙方面能對奧許維茲問題給予答覆，於是我決定親自到華沙一趟。

八月二十三日，我抵達華沙。雅希克於九月抵達，艾德克則於十二月抵達。

在華沙，我在最高司令部任職。

我持續向適當的單位提出建議，仍有許多人在奧許維茲，我們必須在那裡建立適當的組織。

我得知一六一號在帕維雅克監獄時已經把奧許維茲組織的領導階層「出賣」了，而他也同意為德國人工作。

他從帕維雅克監獄獲釋，口袋裡插著手槍，在華沙四處閒晃；不久之後，他在拿破崙廣場被殺。

我與奧許維茲的囚犯透過他們在外頭的家人來往書信。我試圖維持他們的精神士氣，但我覺得這麼做還不夠。

之後，我得到消息，在奧許維茲，我們組織的領導幹部有幾個人被槍決了（或許是因為一六一號的證詞造成的）。

我在游擊戰與敵後破壞司令部（Kedyw）[12]的清算名單上看見維斯特里奇的名字，他曾在奧許維茲救我一命。我知道他是個混蛋，然而即使我想幫他一把，也為時已晚，因為在他

---

11 史帝芬・「格羅特」・羅維茨基中將是波蘭家鄉軍的司令官。英譯者注。

12 游擊戰與敵後破壞司令部（Kedyw）全名Kierownictwo Dywersji，是波蘭家鄉軍的菁英單位，他們的任務是敵後破壞、宣傳，以及與敵人正面作戰。英譯者注。

的名字旁邊寫著：「已執行」與日期……。

我在街上巧遇斯瓦維克，在奧許維茲，我曾與他一起拿著鶴嘴鋤，夢想著有一天他會在華沙請我吃頓好的。正如當初說的，我們兩個都是樂觀主義者，我們都有不切實際的夢想，而現在，我們兩人都在華沙，兩人都依然活著。

他拿著一個包裹，一看到我，包裹差點從他手中掉下來。

我在他家吃了幾回飯，菜單正如我們當初在地獄擬的一樣……

我依然住在同一棟房子，也就是一九四〇年我前往奧許維茲時住的那棟，我在集中營寫信時寄給E.O.女士的地點也是這棟房子，只是現在住在上面一個樓層。

住在這裡像是某種對權威的挑戰，讓我感到滿足。

在占領期間，沒有人因為我從奧許維茲失蹤而出現在E.O.女士門前。同樣的，也沒有任何人去騷擾雅希克的妹妹或艾德克的家人。

一九四三年秋，我把奧許維茲作戰計畫呈送給游擊戰與敵後破壞司令部，部裡的計畫頭子（「威爾克」、「吉格蒙特」〔Major Karol Jabłoński〕）對我說：

「戰爭結束後，我會讓你看一份檔案，裡面全是奧許維茲的報告，你寫的也在裡面……。」

我的最後一份奧許維茲報告足足寫了二十張打字稿，在最後一頁，那些寫過報告的人親筆寫下他們向誰報告，報告了什麼，與何時報告。

我收集了八份這樣的聲明，至於其他的要不是作者已死，就是作者不在華沙。

我除了在最高司令部的某部門工作，也忙於照顧奧許維茲囚犯的家人，這些囚犯有些還活著，有些則已不在人世。

八十六號在這方面幫了我不少忙。我們獲得三名女士（一八二號〔姓名不詳〕）組成的組織的捐助來從事這項工作，她們投入很大的心力幫助囚犯與他們的家人。

某日，透過這三名女士，我得知某人的活動範圍包括奧許維茲。她們說這個人相當能幹，而且很有辦法，我們也許可以透過他與奧許維茲的囚犯聯繫，因為最近各地方的通訊普遍出現中斷的現象。

這位先生剛好離開，所以我沒見到他。然而，既然他這麼有辦法，而且宣稱能聯繫上囚犯……我想助他一臂之力，並且提供朋友的名字給他。那是一名奧許維茲的囚犯，名叫穆爾金（Leon Murzyn），這位先生可以使用托馬什這個名字向他說明，托馬什已經在復活節離開了集中營。

除了一些牢靠的朋友，我也遇到幾位來自奧許維茲、感覺有點魯莽的朋友（他們很早就從奧許維茲被釋放出來），他們聲稱我也是從奧許維茲被放出來的。

一九四四年六月十日，在元帥街（Marszalkowska Street）上，有人突然張開雙臂說道：

「我真不敢相信他們會放你離開奧許維茲！」

我回道，我也沒想到他們會釋放你。那個人是歐雷克一六七號。他就像貓一樣，這個幸運的惡魔總是能死裡逃生。他巧妙地假扮成醫生離開刑罰營，然後被送到拉溫斯布呂克（Ravensbrück）[13]，最後再從那裡逃脫。

一八二號三名女士通知我，那位在奧許維茲地區工作的先生會再來華沙一趟，他想跟我見面。

我急忙過去見他。我比那位先生早了幾分鐘抵達。三名女士待在另一個房間，神情看起來相當謹慎，她們靜待著這場會面的結果。

我等了一會兒，期待某個像老鷹一樣的人物出現。門一打開……進來的是個圓滾滾像球一樣的先生，矮小、禿頭而且長了朝天鼻，然而以貌取人是不對的。我們坐下來，這位先生為了讓氣氛輕鬆一點，於是說道：

「如果我拿……一個木板……然後在上面漆一個黑色人形……我拿著這個木板……連同上面的黑色人形……慢慢地爬進奧許維茲的牆內……？」

我起身，向那位先生表示我要暫時離席，我走進三名女士的房內：

「你們幫我介紹的這個人是誰？他能不能正經一點？」

「但是，他確實是個優秀的組織者，他……。」她們滔滔不絕地說著他的豐功偉業。

我轉念一想，這可能是他拉近人與人之間距離的一種方式，我心裡暗暗發誓，要有耐心。當我回到座位上，這位先生眼看黑色人形不管用，於是他說：

「嗯……如果不是黑人呢？如果我畫的是聖湯瑪斯……或……一塊復活節蛋糕呢？！」

我必須承認，我的心裡已經爆出笑聲，而且我想我可能會把雙手緊抓的扶手木頭拆下來，才能避免自己大笑。

我起身然後說道，很遺憾，今天我不方便談話，因為我在別處還有要緊的約會。

我不是編故事，這是真實的事。

一九四四年七月底，也就是〔華沙〕起義爆發前一個星期，我在菲爾特羅瓦街（Filtrowa Street）騎腳踏車時有人叫住我：「哈囉！」我不太情願地停下車來，這是每個從事地下工作的人都會有的反應。有個人走了過來。起初我不認得他，但我一下子就想起來，他是我在奧許維茲的朋友，上尉一一六號。

———

雅希克與我參與了〔一九四四年華沙〕起義，而且在同一個防區服役。在赫洛布里二世

13　拉溫斯布呂克比較知名的是這裡設有一座女性集中營，但附近還有一座小型的男性集中營。英譯者注。

第一營群（1 Battalion Group-Chrobry II）的歷史紀錄中，有一段描述提到了我們的行動與我朋友的死。

艾德克在作戰時挨了五顆子彈，但他活了下來。

我的朋友二十五號在起義時受了重傷。

在起義期間，我巧遇四十四號。

後來在別的地方，我遇見幾個曾待過奧許維茲的夥伴，他們幾乎待到最後一刻（一九四五年一月）：一八三號（姓名不詳）與一八四號（姓名不詳）。聽他們談起麵包鋪脫逃在集中營造成的餘波，我感到欣慰。一方面，遭欺騙的當局成了集中營的笑柄，另一方面，沒有任何囚犯因為此事遭到報復！唯一的例外是值勤的親衛隊，他們因為此事而被關在地牢接受處罰。

我接下來要提的是奧許維茲的死亡人數。

我離開奧許維茲的時候，當時集中營的人數略多於十二萬一千人。在此之前，約有兩萬三千人被移送與釋放。大約有九萬七千名囚犯被殺，這些囚犯是有編號的。

但這些並未計入被大批送進毒氣室然後燒成灰的人，因為這些人並未經過集中營正式登記。

以在毒氣室附近工作的工作小隊的計算為基礎來推估，直到我離開奧許維茲為止，這類受害者大約超過兩百萬人。

我謹慎提出這些數字，避免過於誇大，每天的數字都經得起仔細檢查。

有些人待的時間比我久，他們親眼看見每天有八千人進毒氣室，因此這個數字可能在五百萬人左右。[14]

ABM

雅希克（Jan Redzej，皮雷茨基的同志，一七〇號），囚犯編號5430。

艾德克（Edward Ciesielski，皮雷茨基的同志，五十七號），囚犯編號12969。

14 現在廣泛接受的數字是，在二次大戰期間，大約有一百一十萬人死於奧許維茲，其中有九成是猶太人。英譯者注。

Pilecki Family

皮雷茨基站在「科里茲諾夫卡」（Koryznówka）前方，也就是塞拉芬斯基家前面，一九四三年。

Pilecki Family

成功從奧許維茲脫逃的三個人，站立者由左方開始：楊・雷德澤伊（Jan Redzej）、威托德・皮雷茨基、愛德華・奇希爾斯基（Edward Ciesielski）。他們站在塞拉芬斯基家前面，地點是新維希尼奇，時間是一九四三年夏天。

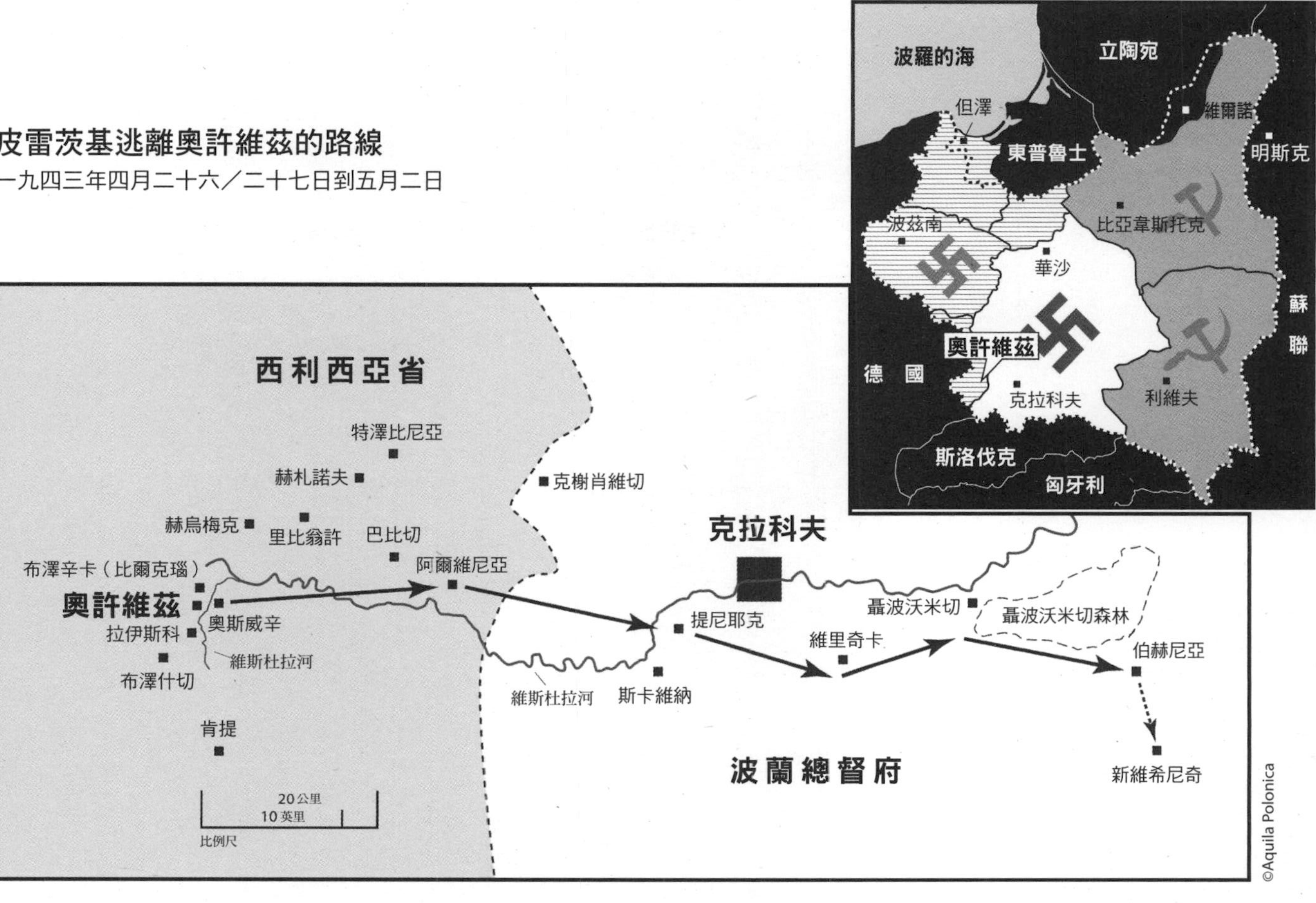

皮雷茨基逃離奧許維茲的路線
一九四三年四月二十六／二十七日到五月二日
西利西亞省
特澤比尼亞
赫札諾夫
克榭肖維切
赫烏梅克
里比翁許
巴比切
布澤辛卡（比爾克瑙）
阿爾維尼亞
奧許維茲
奧斯威辛
拉伊斯科
維斯杜拉河
布澤什切
肯提
20公里
10英里
比例尺
克拉科夫
提尼耶克
斯卡維納
維斯杜拉河
維里奇卡
聶波沃米切
聶波沃米切森林
伯赫尼亞
新維希尼奇
波蘭總督府
波羅的海
立陶宛
但澤
維爾諾
東普魯士
明斯克
比亞韋斯托克
波茲南
華沙
蘇
聯
奧許維茲
德
國
克拉科夫
利維夫
斯洛伐克
匈牙利

一九四五年夏天

現在，我可以說說我重返人世的感受，我所逃出的那個地方，坦白說：進去的人幾乎可以宣告死亡，僥倖離開的人說是重生也不為過。而當我重生之後，我對眼前的一切有什麼印象呢？這種印象不是來自於我們當中最優秀或最低劣的一群，而是來自於一般民眾。

有時我覺得自己在一棟大房子裡遊蕩，突然問我打開房門，房裡只有孩子：「啊，孩子們正在玩耍……。」

是的，這個落差實在太大了，與原本對我們來說相當重要的事銜接不上，也與我們認為重要的事──令我們煩惱、樂在其中或憂心忡忡的事──八竿子打不著。

不僅如此……一種廣泛的不誠實變得愈來愈明顯。有一種毀滅性的因子正在發酵，不斷地模糊真實與虛假的界線，這種現象已明顯到眾人皆知的地步。

真實變得極富彈性，可以無限延展，幾乎任何事情都能披上真實的外衣，成為藏汙納垢的地方。

誠實與普遍的不誠實之間的界線，正一點一滴遭到侵蝕。

——

到目前為止，我寫下的這數十頁報告其實並不重要，對那些想從中尋求驚悚內容的人來說更是如此。然而，如果可能的話，我倒是挺願意以遠大於打字機上的字體，寫下我的所見所聞，讓所有的人看看，特別是讓那些頭髮分得整整齊齊，但頭殼底下空無一物只裝著木屑的傢伙看看，這些人顯然應該感謝自己的母親給自己生了一副好頭骨，沒讓腦子裡的木屑漏了出來：讓他們有機會思考自己的人生，讓他們能環顧四周，起而對抗虛妄、謊言與自利。這些漫天大謊如今正以狡獪的手法將自己美化成充滿意義的事物，甚至讓人誤以為它們就是真實，是值得投入的偉大宗旨。

附錄

前頁圖：奧許維茲囚犯照拼貼。
ABM

䟦

麥可·舒德里奇（Michael Schudrich）
波蘭首席拉比

在二次大戰這個人類歷史最黑暗的時期，許多男女如英雄般奮起，他們展現了人類精神最高貴的一面，挺身與邪惡對抗。其中有許多人並非出於自願捲入各種災難，他們的身體、情感與心靈受到極大的挑戰，但他們仍勇於面對這一連串的艱難。另一群人數量較少，他們主動迎向危險，與邪惡奮戰。

在這群人數不多但特立獨行的英雄當中，波蘭陸軍上尉威托德·皮雷茨基尤其引人矚目，他自願參與一項幾乎可說是有死無生的臥底任務，地點是奧許維茲。

皮雷茨基是英雄行為的最佳例證，他樹立的典範超越了宗教、種族與時代。在二次大戰期間，皮雷茨基為盟軍擔負了最戲劇性的任務，儘管如此，他的故事卻不為西方所知。

為什麼皮雷茨基的故事無法普遍流傳？答案很簡單：二戰之後，波蘭共黨政權刻意湮滅了他的事蹟，因為皮雷茨基在奧許維茲將近三年的任務結束之後，他的英雄行為並未因此停止。

皮雷茨基逃出奧許維茲之後，替波蘭家鄉軍進行情報工作，於一九四四年參與華沙起義，成了德國人的階下囚。二戰結束時，皮雷茨基還被關在德國人的戰俘營裡。然後，到了一九四五年底，他自願參與另一次臥底任務：戰後的波蘭，由於共產黨開始奪權，局勢變得動盪不安，皮雷茨基回到波蘭，祕密為波蘭流亡政府蒐集情報。

遺憾的是，這成了他最後的任務。皮雷茨基被波蘭共黨政權當成西方間諜加以逮捕，經過諸般拷問之後，於一九四八年處死，享年四十七歲。他的英雄事蹟也從波蘭歷史上被刪除。

現在，這是第一次，英語系的讀者有機會一睹皮雷茨基的故事；透過他自己的文字，這位傑出人物冒險從事組織活動，對抗奧許維茲各種難以言喻的惡行，他向世界揭露這個惡名昭彰的死亡營的恐怖現實。如果當時皮雷茨基的警告能獲得重視，歷史的發展很可能因此出現變化。

皮雷茨基對自己親身經歷所做的描述，涵蓋了奧許維茲最初始的時期：從一九四〇年九月，也就是德國啟用奧許維茲集中營後不久，一直到一九四三年四月，皮雷茨基從集中營脫逃為止。他的報告提供了奧許維茲較不為人知的一手資訊——例如，這座集中營最初是用來關押波蘭政治犯；消滅蘇聯戰俘；納粹德國對猶太人採取的「最終解決方案」，一開始僅略具雛形，之後在一九四二年開始認真執行。

皮雷茨基的經驗與觀察提供了一個視角，使我們得以一窺奧許維茲的全貌。凡是對猶太人大屠殺感興趣的讀者，都應該閱讀這部作品。這本書或許也在無意間呈現了一個深具良知之人如何面對不可想像的恐怖，如同皮雷茨基在開頭為他的嚴謹事實描述說的這段話：

> 他們告訴我：「你愈貼近事實，不做任何評論，那麼你的描述就愈有價值。」於是我照他們的話做……但人非木石，焉能無情，更何況即使堅硬如石，也會有感而出汗之時。

上帝造人之時，祂心裡想著，所有的人類都應該如同已故的威托德・皮雷茨基上尉一樣。願皮雷茨基的生命激勵我們，在人生的每一天，無論事情大小，都能努力行善。

波蘭華沙，二〇一一年十二月

皮雷茨基的報告，他的任務，與他這個人

雅瑞克・加爾林斯基

報告

威托德・皮雷茨基在一九四五年提出的報告，是一份震撼人心的文件。它的力量不在於字句的音韻或描繪之意象。事實上，皮雷茨基本來就不打算寫一部文學作品。皮雷茨基在給佩琴斯基將軍的信上說明得很清楚，他在一九四五年下半年於義大利撰寫這份報告給他的上司。在報告裡，皮雷茨基使用簡短的句子與段落。他直率地承認，如果時間允許，他會再潤飾一下。然而，正因文字的直言不諱，也因為它揭露奧許維茲環境的野蠻惡劣，才使這份報告震撼人心；唯有親自體驗過集中營慘狀的人，才有辦法寫出這樣的作品。

皮雷茨基不是社會學家，他無意將奧許維茲塞進整齊方正的小框架或理論裡，他也不想把自己的經驗講得太抽象。他是個誠實的人，說話絕不裝腔作勢，他不為任何政治或意識形態服務，只是一心愛自己的國家與忠於天主教信仰。皮雷茨基信守「上帝、榮譽、國家」這

三個信條，他寫下自己親眼所見與親身經歷的事，偶爾在情感的觸動下，他也會寫下一些哲學性的自省文字。

無論從什麼角度去想像，皮雷茨基都是個卓越的人物。他有著極強的身體恢復力與勇氣，他在極其駭人的環境裡仍保有傑出的心智與常識，絕不懷憂喪志。沒有立刻被殺害的奧許維茲囚犯大多數僅能勉力求生，皮雷茨基卻還保有足夠的力氣與決心協助他人，甚至在集中營裡建立地下反抗組織。不僅如此，他時時保持腦袋清醒，並且瞭解該怎麼做好讓自己能存活下來，舉例來說，他能克制自己的生理需求，把食物保存到隔天才吃：這需要超乎常人的意志才做得到。皮雷茨基的運氣也相當好，他甚至有時間嘲諷自己，他提到自己在集中營裡的編號4859，外面兩個數字跟裡面兩個數字加起來剛好都是十三！

皮雷茨基宣稱他可以很快讓自己的精神平靜下來。集中營的恐怖環境使波蘭人變得團結，而這使他感到「幸福」：「然後，我感受到一股想法在所有肩併肩站著的波蘭人身上竄流著，我感受到，終於，我們全團結在相同的憤怒之下，一種復仇的欲望，我感受到自己身處在一個完全適合我開始進行工作的環境裡，而且發現心中產生了一股類似幸福感的感覺。」這裡甚至存在著一種神祕的、索忍尼辛式的信仰，那就是唯有待過勞動營的人，才真的瞭解深層的生命意義。皮雷茨基寫道：「我們被銳利的工具雕琢著。它的刀刃劃進我們的身體，令人疼痛不堪，但在我們的靈魂裡，它卻找到了耕耘的田地……。」之後，他又說：

「一個人的價值完全以他最原本的樣子來判斷……。」

這份報告之所以震撼人心，還因為它寫出了奧許維茲較不為人知的一面，這一面只有波蘭人和集中營生還者以及歷史學家清楚瞭解。許多人知道奧許維茲位於德軍占領的波蘭境內，知道它與猶太人大屠殺有關，也知道可憎的毒氣室與令人髮指的以毒氣殺人的惡行。然而，很少有人知道這座集中營最初是為了處置信仰基督教的波蘭人，他們許多人要不是被殘忍地殺害，就是被迫工作到死。事實上，奧許維茲在一九四〇年設立時，主要是為了關押波蘭政治犯，之後才轉變為歐洲猶太人的死亡營。況且，在學術圈之外，西方有多少人知道蘇聯戰俘被送到奧許維茲並遭到殺害？[1] 這份報告提到——有些細節相當嚇人——無情無休止，有時近乎任意的殺戮。在這裡已全無道德界線可言。報告顯示，一旦道德規則崩解，人性可以沉淪到什麼地步。

然而在此同時，報告也留下了一線希望。它顯示即使在如此殘酷而墮落的環境裡，仍有人堅守基本的美德，保有正直、憐憫與勇氣。皮雷茨基提到，有些人可以超越環境的限制，雖然他們很想活命，但卻不願犧牲別人來換取自己的性命。皮雷茨基還寫到：「但另一方面，我們也對於人性的堅強感到敬佩，有些人強大到能擁有靈魂，能擁有不朽的內在。」皮雷茨基雖然是天主教徒，但他的報告並不是為了見證基督教的價值，而是提醒人們世上存在著普世的人性美德，無論哪種信仰與宗教，都必定稱許這些美德。

然而，皮雷茨基也表達了對世界沉淪至此的憤怒：「我們誤入了歧途，我的朋友，我們走上一條可怕的岔路。更糟的是，我們找不到適當的言語來形容它……我想說我們已經成了禽獸……然而不是，我們比禽獸還糟一大截！」他感到懷疑，到底哪個世界才是真的：是集中營的墮落世界，還是集中營外冷漠而膚淺的世界。

雖然信仰基督教，但皮雷茨基卻明確表示他支持以暴制暴。作風特別殘酷的卡波（Kapos，也就是由集中營裡表現良好的犯人擔任的監督員）、親衛隊與密報者，經常遭集中營的囚犯無情殺害，同樣的情況在醫院裡並不常見。雖然皮雷茨基未明白提到此事，但他確實建立了地下組織「軍事組織聯盟」（Związek Organizacji Wojskowych），[2] 並且設立了某種形式的法庭。[3] 這是個野蠻的求生環境，膽小、自私或懦弱的人在這裡沒有生存的可能。

報告描述的事件中，最不尋常的或許是兩百多名波蘭年輕人遭到射殺，他們在沒有衛兵看管的狀況下，昂首闊步走向刑場，因為他們知道反抗的唯一結果就是他們的家人會受到殘酷的報復。儘管如此，皮雷茨基說，如果這些人當時真的反抗，那麼他的組織也會採取行動起而對抗。

1　東線戰場與西線戰場不同，幾乎無人理會日內瓦公約的規定，而蘇聯也未簽署這個公約。
2　有時候會寫成單數（Związek Organizacji Wojskowej），但這樣似乎比較不合邏輯。
3　許多案件實際上交由幾個具有法律背景的囚犯來審理，以此來維持某種合法性的樣貌。

皮雷茨基的成就相當傲人。他不僅成立組織協助囚犯在集中營裡生存，他也努力使集中營裡的波蘭各政治黨派能化解歧見，一致對外：要做到這點並不容易，因為黨派之間的緊張與敵意相當強烈。他挖苦說：「所以，我們必須每天讓波蘭人看到成堆的波蘭人屍體，才能讓波蘭人盡棄前嫌……。」皮雷茨基的軍階並不高，而且完全沒有任何政治經歷，他能做到這點確實是很了不起的成就，也顯示他的性格。

皮雷茨基的組織透過波蘭家鄉軍（Armia Krajowa），把一些報告送到位於倫敦的波蘭流亡政府，報告裡提到集中營的狀況，也首次詳細描述有大量猶太人遭毒氣殺死。納粹德國違反一切人性與道德規章，其規模龐大的程度，即便是親眼在當地目睹各種可怕事情的皮雷茨基，在當下恐怕也無法想像這項罪行居然數量如此之多規模如此之大，日後甚至被稱為大屠殺（the Holocaust）。或許，外界對於大屠殺消息的反應會如此遲鈍，也是基於相同的原因。

皮雷茨基的報告，末尾充滿了挫折感，而非憤怒。不要忘了，皮雷茨基是自願前往奧許維茲，他對於家鄉軍的指揮官，連同其他盟軍的指揮官感到惱怒，因為這些人不願對奧許維茲發動軍事攻擊，善加利用他在當地建立的組織：「要是出現空降攻擊或有人空投武器的話……我們或我們的盟友從未思考過或甚至想到過敵人所擔心的事。」事實上，皮雷茨基覺得友軍根本不在乎集中營裡受苦的人，他在報告裡提到外界「持續而無知的沉默」。

皮雷茨基不只一次以略帶貶低的語氣提到那些在較不嚴苛的環境下度過這場戰爭的人：

「所以，優秀的人就在這裡死亡，為了避免連累外界的人而喪失生命，但外頭那些遠比我們軟弱的人居然輕鬆地說我們瘦骨嶙峋。」他逃離集中營，接觸到外在世界的人時，略帶嘲諷地寫下他的反應：「有時我覺得自己在一棟大房子裡遊蕩，突然間我打開房門，房裡只有孩子：『啊，孩子們正在玩耍……。』」或者是寫道：「誠實與普遍的不誠實之間的界線，正一點一滴遭到侵蝕。」

任務

皮雷茨基的組織有三個主要目標：獲得外界消息與額外的補給品，並將其分配給成員，以提振眾人士氣；把關於集中營的報告送出去；為武裝起義做準備。短期來說，組織的重點在於協助囚犯面對可怕的環境。透過各處的暗樁，可以將人分派到比較輕鬆的室內工作小隊（集中營裡面稱工作小隊為Kommando，集中營的官方語言是德語）、把病人帶到醫院、蒐羅額外的糧食與衣物，或者，以集中營的用語來講就是「組織化」。皮雷茨基宣稱，到了一九四二年初，他的組織已經滲透到（他用「接管」這個詞）每個工作小隊，只剩一個還未能突破。

集中營的重要職位原本掌握在德國罪犯手裡，但積極的政治犯[4]往往可以從這些人手中奪取大權，中間的過程曲折離奇相當精采，只不過這不是皮雷茨基故事的重點。隨著戰事不斷擴大，德國當局發現，與原本擔任集中營行政職位的罪犯相比，這群政治犯更有能力管理奧許維茲這座龐大的集中營。即便是皮雷茨基還關在集中營的那段期間，他也指出集中營的狀況確實有些微改善，這當中存在著各種原因，但主要與德國罪犯逐漸失去集中營的控制權有關。

皮雷茨基的組織，其長期目標是招募一群人並加以組織，一旦時機成熟，他們便起事掌控整個集中營。這麼做是為了因應某些狀況，舉例來說，如果親衛隊打算清除所有囚犯，那麼組織就會採取行動。雖然這群人已做好準備，皮雷茨基也說他們有能力接管集中營（「經過幾個月的部署，我們已經有把握在幾天之內控制集中營」），但沒有外界的援助，他們成功的機會其實相當渺茫。

皮雷茨基預料會有一場地面戰，或許會有來自英格蘭的波蘭空降旅支援，而他們可以使用空投到集中營的武器——由於奧許維茲地點的關係，這兩個想法在當時並不可行。然而，皮雷茨基很清楚太早起事會在集中營外造成什麼後果，地方上的居民可能遭到報復，而身為軍人，他也不想在未接到命令下擅自做出重大決定。

波蘭家鄉軍的確曾經考慮攻擊集中營，但實力不足。他們估計，家鄉軍能牽制數千名德國親衛隊守軍的時間，[5]大概只夠讓兩百到三百名囚犯平安脫逃。剩下的囚犯，或許多達十萬人左右，則必須自行抵抗，而這將導致血腥的屠殺。此外，德軍很有可能把氣出在當地的波蘭人身上。儘管紅軍已經逐步逼近，波蘭家鄉軍依然擔心德軍很可能會殺害剩下的所有囚犯。一九四四年夏天，波蘭特戰人員陸軍少尉史帝芬・雅希恩斯基（Stefan Jasieński）在集中營附近進行偵察，九月時遭到逮捕，並且被關進集中營裡。之後他的遭遇如何，我們不得而知，只知道他順利在奧許維茲存活下來。對集中營發動攻擊的計畫從未付諸實行，而納粹親衛隊也從未對剩下的囚犯執行最後解決方案。

皮雷茨基其人

一九〇一年五月十三日（舊曆四月三十日），[6]威托德・皮雷茨基生於歐洛內茨

4 通常是共產黨員，他們是集中營裡組織最嚴密的團體。

5 直到一九四四年八月，親衛隊守軍仍有三千兩百五十人。德國人很可能抽調援兵前來，即使有辦法，家鄉軍能集結的也不過幾百人。

6 革命前俄國的儒略曆（又稱舊曆），到二十世紀時已比西方的格里曆晚了十三天。布爾什維克上臺後，於一九一八年改用格里曆，當年的一月三十一日隔天直接跳到二月十四日。

（Olonets）一個愛國的波蘭家庭裡。歐洛內茨是卡雷里亞（Karelia）的小鎮，鄰近芬蘭邊境，屬俄羅斯帝國管轄。早在十八世紀末，波蘭就已經遭俄羅斯、普魯士與奧地利三國瓜分。皮雷茨基在維爾諾（Wilno，今維爾紐斯〔Vilnius〕）與歐柳爾（Oryol）受教育，因此他年輕時對於被俄羅斯禁止的波蘭陰謀組織已相當熟悉，包括波蘭童軍運動。他後來參與了軍事作戰，在一九一九年到一九二〇年的波蘭布爾什維克戰爭中對抗布爾什維克分子。

一九二一年，由於缺乏資金，皮雷茨基不得不放棄在維爾諾（位於剛獨立的波蘭境內）的史帝芬巴托里大學（Stefan Batory University）美術系的學業，轉而加入國家安全協會（Związku Bezpieczeństwa Kraju）。國家安全協會是個半志願性組織，他在這裡待了幾年時間。皮雷茨基才華洋溢，他會寫詩、畫畫與彈吉他。一九二六年，他奉派到第二十六輕騎兵團，並且晉升為後備騎兵少尉。他一直維持這個軍階到一九四一年十一月，當時他還在奧許維茲集中營裡，但還是晉升為中尉（一般來說，家鄉軍不會對身陷集中營的人進行晉升，這回算是破格）。一九四四年二月，皮雷茨基晉升為騎兵上尉，這也是他最後一次晉升。

一九二〇年代，皮雷茨基接管家中小小的地產，他們家的地產位於今日的白俄羅斯。一九三一年，皮雷茨基娶了當地的小學老師瑪莉亞．歐斯特羅夫斯卡（Maria Ostrowska）為妻，[7]生了兩個小孩。皮雷茨基對軍事很感興趣，他曾組過一支志願性的騎兵部隊，這支部隊最後被編入正規軍，投入戰場。一般猜測，皮雷茨基在一九三〇年代曾為軍方的情報單位或反情報單位工作。

皮雷茨基與他那個世代的許多波蘭人一樣，是擁有強烈愛國心的天主教徒。他在情感上與畢蘇斯基元帥（Marshal Piłsudski）的許多觀點一致——畢蘇斯基元帥是波蘭實質上的領袖，一直到一九三五年他去世為止。皮雷茨基雖然不是特別關心政治，但他可以體會元帥的感受。畢蘇斯基對於戰間期波蘭的政治人物與混亂的民主過程深感挫折。

德軍入侵波蘭前夕，波蘭於一九三九年八月開始動員，皮雷茨基所屬的騎兵部隊隸屬於第十九步兵師，該師於九月六日遭德軍擊潰。皮雷茨基於是繼續與其他部隊奮戰到十月十七日，此時蘇聯早已入侵波蘭，華沙陷落，波蘭流亡政府在巴黎成立，他的部隊也就此解散。

一九三九年十一月，皮雷茨基與其他陸軍軍官及幾個平民，一起成立地下軍事反抗組織：波蘭祕密軍（Tajna Armia Polska）。祕密軍的成立原則是愛國主義與基督宗教，沒有特定的政黨屬性，人數成長到八千至一萬兩千人左右。一九四一年底，祕密軍併入武裝作戰聯盟（Związek Walki Zbrojnej）。一九四二年，武裝作戰聯盟改名為家鄉軍（Armia Krajowa）。[8]

7　瑪莉亞於二〇〇二年去世，享壽九十六歲。

8　有趣的是，家鄉軍經常隱藏自己的身分，而以首字母縮寫PZP來表示，即波蘭暴動組織（Polski Związek Powstańczy）。

皮雷茨基為了執行波蘭地下組織的祕密任務，自願被德軍逮捕，送進奧許維茲集中營裡。一九四〇年九月，他逮到機會，趁德軍在華沙街頭搜捕囚犯時，趁機混到隊伍裡面。九月二十一日到二十二日夜裡，他抵達奧許維茲，屬於第二批（第一批在八月出發），他還冒用托馬什・塞拉芬斯基（Tomasz Serafiński）這個名字——塞拉芬斯基真有其人，但皮雷茨基不認識他，此人的身分證件遺留在華沙的安全屋裡。塞拉芬斯基曾待過安全屋，皮雷茨基也使用過這裡。儘管集中營的處境恐怖，需要持續地警醒求生，但皮雷茨基還是很快找出了被囚的祕密軍成員，作為新組織的核心。

以祕密軍為範例，皮雷茨基在奧許維茲成立的軍事組織聯盟依據的是「小單位」原則，或他自己取的名稱「五人小組」（有時「五人小組」不只五人）。「五人小組」彼此獨立行動，如此當德軍抓住某些成員時，即使遭受拷問，也不可能將整個組織招出來。「小單位」會再招募其他的「五人小組」，而這些「五人小組」又會繼續招募其他的「五人小組」。皮雷茨基在一九四〇年十月建立了最早的五人小組，他稱之為「帶頭五人」。

至於皮雷茨基什麼時候設立第二組「帶頭五人」，答案有些分歧。一九四三年六月，就在他逃亡後不久，皮雷茨基說時間是一九四〇年十一月；不過在一九四三年底以及在一九四五年，他又說時間是一九四一年三月。然後在一九四一年五月設立第三組「帶頭五人」，同年十月設立第四組，十一月設立第五組。這些「帶頭五人」的成員是哪些人，皮雷茨基自己的紀錄與其他資料寫的都不一樣。然而，他的組織結構終究起了效果，皮雷茨基一直未被舉發，集中營當局一直不知道他是軍事組織聯盟的主要組織人。

軍事組織聯盟設立之後，立即將奧許維茲的情況回報給波蘭地下組織。一九四〇年十月，皮雷茨基的第一份報告藉由獲釋的犯人攜出，最後於一九四一年三月送到了位於倫敦的波蘭流亡政府。事實上，許多的訊息，如蘇聯戰俘在奧許維茲遭到不人道的對待，以及德國開始在比爾克瑙（Birkenau，波蘭語為布澤辛卡〔Brzezinka〕）對猶太人進行大屠殺，都是由皮雷茨基的組織提供給集中營外的波蘭當局，然後再由波蘭流亡政府將這些訊息告知其他盟國。皮雷茨基在訊息中要求波蘭地下組織進攻奧許維茲，但沒有得到任何回應。

皮雷茨基除了從事軍事與自助工作，強調不帶政治立場的他也在一九四一年組織了政治委員會，容納集中營裡各黨派的人士：鑑於戰前難以解決的政治分歧與集中營裡既有的分裂現實，皮雷茨基能成功組成委員會確實是了不起的成就。然而，還是有一些囚犯指控他這麼做不過是為了滿足自我的欲望（一個相當不合理的指控），皮雷茨基於是把軍事組織聯盟的指揮權交給武裝作戰聯盟／家鄉軍的指揮官拉維奇（Kazimierz Rawicz）中校，此人在集中營裡化名為希爾克納（Jan Hilkner）。

由於有太多優秀的波蘭人被送往別的集中營，而波蘭地下組織又對於他的請求充耳不聞，皮雷茨基於是在一九四三年四月，利用烘焙麵包的時候與其他兩名囚犯逃亡成功，他打算親自向當局提出請求。當地的家鄉軍指揮官對於他的故事半信半疑，因此不願接受他的請求前去攻打集中營解放犯人。

皮雷茨基後來在華沙的家鄉軍最高指揮部工作，他成為反共臥底地下組織「獨立」（Niepodległość）的成員，這個組織在紅軍抵達時開始運作，他也在一九四四年華沙起義中有著不凡的表現。[9] 皮雷茨基後來又被德軍俘虜，關進蘭斯道夫（Lamsdorf）與穆爾瑙（Murnau）戰俘營，之後他加入了在義大利的波蘭第二軍。他在那裡寫下一九四五年報告，並且開始從事他在波蘭的最後一場絕命任務。

人在集中營的皮雷茨基以極其驚人的專注力進行任務。他經常談到朋友，卻從未提過自己的妻兒，而從報告中我們也無從得知他在集中營時他的妻兒人在何處，也不知道他在逃亡後是否曾見過他們。他提到家人時，也只是收發包裹這類的瑣事，或是擔心他的親戚會將他贖出來，因為他仍需在集中營裡建立抵抗運動的網絡，而他有時會寫信給家人。

為了進行波蘭的國家生存鬥爭，皮雷茨基不得不面對可怕的道德兩難，其他擁有家庭卻選擇加入抵抗運動的人，也同樣面對此一困境。他們是否該參與一場可能危及家人性命的行動？當然，這當中沒有正確解答，而坐在安樂椅上以事後諸葛的眼光回溯這段歷史的我們，顯然沒有資格評斷他們。他們面對當時的處境，已經盡力做了最好的選擇，我們在提出問題之前，應該以讚揚的角度看待他們。你以為他們只是壓低帽沿，走在渺無人煙的寧靜小徑上而已嗎？

皮雷茨基從事的任務困難多了。事實上，一旦他自願進入奧許維茲，準備在集中營裡組織抵抗運動，他便不可能過著平靜安詳的日子。這項任務也引領他走向人生的悲劇巔峰，雖然這不在報告的範圍之內，但卻是瞭解皮雷茨基這個人所不可或缺的部分。

二次大戰之後，皮雷茨基與絕大多數波蘭人一樣，反對蘇聯在波蘭強加的無神論共產政權。因此，一九四五年，皮雷茨基一方面與波蘭境內的反共抵抗組織聯繫，另一方面也把波蘭的狀況回報給英國指揮下的波蘭第二軍指揮官安德斯（Wladyslaw Anders）將軍，他此時是西方的波蘭領袖。皮雷茨基的妻兒在波蘭，他也能夠時時去探望他們。安德斯認為共產黨當局已經將矛頭指向皮雷茨基，於是命令他離開波蘭，然而皮雷茨基並未理會這項命令，終於在一九四七年五月八日被捕入獄。在獄中，他飽受波蘭祕密警察的折磨拷問。當家人到獄中看他時，皮雷茨基說，與這裡相比，奧許維茲只是兒戲而已，蘇聯訓練出來的波蘭人實在是心狠手辣。

9　不要與一九四三年華沙猶太人區的起義混為一談。

皮雷茨基被指控從事間諜活動並準備對波蘭祕密警察成員發動武裝攻擊。皮雷茨基否認這些指控，但軍事法院依然判他死刑，並於一九四八年五月二十五日晚間在華沙拉科維奇卡街的莫科托夫監獄，由他的波蘭同胞將他處死。

很難想像有比皮雷茨基的人生終點更可怕的結局。對此，聖保羅寫給聖提摩太的信中有幾句話很適合作為皮雷茨基的墓銘：

那美好的仗我已經打過了，
當跑的路我已經跑盡了，
所信的道我已經守住了。

皮雷茨基的長眠之處不知位於何地。他在一九九〇年代得到平反，現在已成為波蘭的英雄人物。

報告中的事件時間順序

一九四〇年

九月十九日　在華沙，刻意在街頭遭德國親衛隊搜捕。

九月二十二日　在集中營的第一天：囚犯編號4859。

九月到十二月　集中營每天的例行公事。

遭到懲罰：推手推車。

開始建立軍事組織：第一個「五人小組」。

「做體能」。猶太人與教士負責拉壓路機。

成為火爐工。

可怕的殺戮再次開始。愈來愈虛弱，但不能向旁人吐實。

進入小木匠工廠。

幾幅「集中營肖像」。

西利西亞人。

飢餓——「這輩子從未有過的艱苦戰鬥」。

一九四〇年耶誕節　首次獲准領取家裡寄來的包裹，糧食包裹仍在禁止之列。奧許維茲的懲罰。

一九四一年

一九四一年初　首次將奧許維茲的教士送往達豪。

一月　生病：住院，蝨子橫行。受醫官二號搭救。

二月　休息了一個月：有更多時間建立「五人小組」。親衛隊員格拉伯納與帕里奇依照他們槍決的囚犯「人數」領賞。「組織化」的新涵義。利用「友善的」監督員。

三月六日　為了照片的事被叫到檔案室。

三月七日　為了沒寫信給家人的事被叫到總辦公室。

三月　建立第二個「五人小組」。

春　集中營管弦樂團成立。出現新的集中營詞彙「穆斯林」（Muselmann），指虛弱、幾乎走不動、形同死屍的囚犯。為了遏止囚犯脫逃，推行連坐法。捨己救人的教士（科爾布神父）。

四月到五月　從帕維雅克監獄運來大批波蘭犯人，許多朋友都在裡面。

室內與室外工作的差異。

拯救朋友。

六月　德國與布爾什維克爆發戰爭。

七月　外甥拉德旺斯基（Kazimierz Radwański，三十九號）被送來集中營。

集中營擴大。設立新的分支集中營，包括布納與比爾克瑙。被派去建造新集中營的囚犯絕大多數都死了。

八月　第一批布爾什維克戰俘抵達並且被送進毒氣室。

秋　釋放兩百名囚犯。

擔心家人可能將他贖回，皮雷茨基暗地寄兩封信給家人。

十一月　組織在互信下不斷成長。選擇領導人。

超過一千名全身赤裸的布爾什維克戰俘被驅趕到火葬場裡。

教堂的鐘聲。

建立第四個「五人小組」。開始吸收高級軍官進入組織；建議由拉維奇（Kazimierz Rawicz，六十四號）擔任領導人。

建立政治團體。

木匠與木雕「菁英」。在製革工廠水槽洗熱水澡。

十二月　「微笑」觸怒了親衛隊員，遭到一頓毒打。

華沙方面晉升皮雷茨基軍階。

理髮師。

排隊領取家人匯來的錢，可以看出誰還活著——皮雷茨基所屬的那一百號只有六個人還活著。

一九四一年耶誕節　「塞德勒週」。

在奧許維茲度過第二個耶誕節，家中又寄來一份包裹。禁止領取糧食包裹。

一九四二年

一九四二年初　對猶太人的態度出現轉變。

二月　剩餘的布爾什維克戰俘處理完畢；布爾什維克戰俘的暴動遭到鎮壓。

柏林方面明令禁止因囚犯逃亡而對全營施行連坐法，同時也禁止毆打囚犯。

培養帶有斑疹傷寒的蝨子，放入親衛隊大衣中。

趕工興建拉伊斯科－比爾克瑙的毒氣室。

讓視察人員只看見奧許維茲「好」的一面。集中營的暴君遭囚犯絞死。

開始建立無線電發報站，發送訊息到一九四二年秋天為止。祕密發送了德軍電報暗碼檢索表，收到了藥品。

三月十六日　一百二十名波蘭女子被送進集中營接受訊問。當晚：血淋淋的屍體支離破碎，頭顱、雙手與乳房都被割了下來。

三月　從華沙又運來一批犯人，當中有皮雷茨基的朋友，也帶來一些訊息。

毒氣室開始每日運轉。新蓋的兩座火葬場設有電爐。

已經掩埋的屍體又挖出來焚毀。

開始收容大批女性囚犯。

春　親衛隊員克雷爾以注射苯酚的方式處決犯人。

組織開始研擬最終的作戰計畫。

復活節　斑疹傷寒造成大量死亡。

六月　高級軍官拉維奇（六十四號）被送往茅特豪森，領導人位置由吉爾維奇（Juliusz Gilewicz，一二一號）接替。

七月　第二批奧許維茲的教士被送往達豪。

夏　犯人不斷運抵集中營，集中營的囚犯編號已經超過四萬號。但這些犯人絕大多數直接運到拉伊斯科—比爾克瑙，未經過任何程序就直接送進毒氣室。絕大多數猶太人來自法國、捷克斯洛伐克、荷蘭與其他歐洲國家。

「加拿大」。

四名囚犯穿上親衛隊制服，開了集中營司令官的車逃跑。

「生病的遊客」：住院的犯人被送進毒氣室。

猶太「扼殺者」。

女囚全移往拉伊斯科—比爾克瑙，她們在可怕的生活條件下死去。女囚區大量跳蚤肆虐。

八月到九月　住院的斑疹傷寒病人被送進毒氣室。

出現新詞彙：「除命」。

罹患斑疹傷寒：多虧同志們的照顧，逐漸恢復健康。

拉伊斯科—比爾克瑙遭到空襲。

組織研擬新計畫以因應可能發生的軍事行動。

十月，秋　回到製革工廠工作小隊工作。被送進毒氣室的人所遺留的物品一一予以焚毀，但焚毀之前其他囚犯會先將貴重物品拿走。

「我們已經有把握在幾天之內控制集中營」，只等家鄉軍最高司令部一聲令下。

盧布林暴動遭到鎮壓。

德意志民族登記簿。

從帕維雅克監獄運來新一批犯人：他們對於奧許維茲囚犯絕佳的身體狀況與高昂的士氣感到驚訝。華沙方面沒有認真想過，奧許維茲可以代表積極的資產。

黃金「組織化」。

秋末　德國人開始對囚犯進行性實驗。

耶誕節　在奧許維茲度過第三個耶誕節，家人寄來包裹。允許領取糧食包裹。

囚犯庫奇巴拉（Bolesław Kuczbara，一六一號）光天化日之下與兩名工作分配員（工作分配處的領導人）成功逃亡。

一九四三年

一月　第二十七區的波蘭人由於被懷疑從事組織行動而遭到懲罰。「受過教育」的一群遭到拷問與訊問，最後在一九四三年三月被槍決。教育程度較低的一群則被送到砂石坑服勞役至死。

七名囚犯從親衛隊廚房逃出集中營。

二月　集中營新政策：逃亡者的家人會被送進集中營。

調到包裹工作小隊，處理囚犯家人寄來的大批糧食包裹。

將近兩萬名吉卜賽人被送進比爾克瑙，其中男性被以「奧許維茲方式」處理掉。

幾名大膽的囚犯利用「戴奧吉尼斯之桶」逃出集中營。

調查可以供逃亡之用的下水道路線。

三月七日到十一日　假裝患有疝氣，因而免於轉送到其他集中營。總共有五千名波蘭人送到其他的集中營——繼續待在奧許維茲進行組織工作，這是皮雷茨基的職責。

結識雅希克（一七〇號），他計劃從麵包鋪逃離集中營。

三月，春　廢除早點名。有些囚犯獲准穿上平民服裝。

集中營出現男女關係（親衛隊與囚犯均有）。

四月十一日到十二日　躲過了另一次運送，總共有兩千五百名波蘭人被運往其他集中營。

四月十三日　決定逃亡。

四月二十四日　佯裝出現斑疹傷寒症狀，在艾德克（五十七號）協助下住院。只有一晚的機會可以從麵包鋪逃亡，雅希克與艾德克也參與此次逃亡行動。

四月二十七日　凌晨兩點左右，在最後一爐麵包送進烤爐之前，他們採取行動……。

四月二十七日到五月二日　逃亡，爭取自由。

五月四日　與當地地下軍事司令官托馬什·塞拉芬斯基（Tomasz Serafiński）見面，皮雷茨基假冒他的名字在奧許維茲待了將近三年。

七月　格羅特將軍（家鄉軍司令史帝芬·羅維茨基〔Stefan Rowecki〕）遭德國人逮捕。

八月二十三日　回到華沙。

秋　在最高司令部工作。持續催促解放奧許維茲。寫下二十頁奧許維茲報告。

一九四四年

一些後奧許維茲經驗，包括參與華沙起義。

報告中提到的奧許維茲集中營職位與軍階

親衛隊員

職位：

Lagerkommandant 集中營司令官

Lagerführer 集中營頭子。奧許維茲逐漸擴充到主營區以外，新設的次營區由一名親衛隊集中營頭子督導，所有的集中營頭子都必須接受集中營司令官指揮

Rapportführer 在集中營負責紀律與點名的親衛隊軍官

Blockführer 親衛隊區督導

Gemeiner 皮雷茨基使用的詞，指基層的親衛隊員

軍階：

Obersturmführer 德國親衛隊中尉

Hauptscharführer 德國親衛隊二等士官長

Scharführer 德國親衛隊上士

囚犯

Lagerältester　集中營囚犯頭子

Lagerkapo　紀律監督員

Oberkapo　高階監督員

Kapo　監督員，負責監督囚犯工作

Unterkapo　副監督員

Häfling　集中營囚犯

Schutzhäftling　根據納粹德國保護性拘留法而予以監禁的集中營囚犯，這些囚犯並無明確的囚禁期限

Zugang　新來的集中營囚犯，或剛送來集中營的囚犯

工作時：

Arbeitsdienst　工作分配員

Vorarbeiter　工頭

Pfleger　護士

Schreiber　職員

Tierpfleger　動物護士

在營區裡：

Blockältester 區長

Stubendienst 室長

Bademeister 浴場管理員

人名與代碼對照

人名

一號　上校蘇爾瑪奇基（Władysław Surmacki），又叫弗瓦德克（Władek）
二號　上尉醫官德林（Władysław Derling），又叫弗瓦德克或德吉昂科（Dziunko）
三號　騎兵上尉Jerzy de Virion
四號　少尉Alfred Stössel，又叫弗雷德克（Fredek）
五號　Roman Zagner
六號　少尉布爾斯基（Tadeusz Burski），又叫塔德克（Tadek）
七號　上尉Michał Romanowicz，又叫米哈伍（Michał）或米哈伍上尉
八號　上尉Ferdynand Trojnicki，又叫弗雷德（Fred）
九號　下士Czesław Wąsowski，又叫切希克（Czesiek）
十號　姓名不詳，叫尤瑞克（Jurek）
十一號　上校Tadeusz Reklewski；又叫上校R
十二號　醫生Edward Nowak

十三號　索菲亞（Zofia Szczerbowska）

十四號　中士Antoni Woźniak，又叫安提克（Antek）

十五號　預備軍官Witold Szymkowiak，又叫威托德（Witold）

十六號　Jan Pilecki，又叫皮雷茨基（與作者無親戚關係）

十七號　Władysław Kupiec，又叫弗瓦德克

十八號　Bolesław Kupiec，又叫波勒克（Bolek）

十九號　Tadeusz Słowiaczek，又叫塔德克

二十號　中尉Jan Kupiec，又叫雅內克（Janek）

二十一號　Tadeusz Pietrzykowski，又叫塔德克

二十二號　Antoni Rosa，又叫安提克

二十三號　上校Aleksander Stawarz

二十四號　中校Karol Kumuniecki

二十五號　Stefan Bielecki，又叫切斯瓦夫三世（Czesław III）

二十六號　預備軍官副排長Stanisław Maringe，又叫斯塔希克（Stasiek）

二十七號　中尉Jerzy Poraziński，又叫尤瑞克

二十八號　准尉Szczepan Rzeczkowski，又叫什策潘（Szczepan）

二十九號　中尉Włodzimierz Makaliński，又叫弗沃德克（Włodek）

三十號　上尉Eugeniusz Triebling，又叫格尼克（Geniek）

三十一號　Karol Świętorzecki

三十二號　Leszek Cenzartowicz
三十三號　Stanisław Kocjan
三十四號　姓名不詳
三十五號　預備軍官Remigiusz Niewiarowski
三十六號　Stanisław Arct
三十七號　姓名不詳
三十八號　少校Chmielewski（名不詳），又叫賽普二世（Sęp II）
三十九號　Kazimierz Radwański，又叫卡奇歐（Kazio，作者的外甥）
四十號　副排長Tadeusz Szydlik
四十一號　Stanisław Stawiszyński
四十二號　Tadeusz Lech
四十三號　Antoni Koszczyński
四十四號　Wincenty Gawron，又叫維策克（Wicek）
四十五號　Stanisław Gutkiewicz
四十六號　Wiktor Śniegucki
四十七號　姓名不詳
四十八號　Stanisław Ozimek
四十九號　Jan Dangel，又叫雅內克
五十號　Jan Mielcarek，又叫「維尼霍拉」（Wernyhora）

五十一號　未出現
五十二號　Tadeusz Myszkowski，又叫塔德克
五十三號　Józef Chramiec
五十四號　Stefan Gaik
五十五號　Mieczysław Wagner
五十六號　Zbigniew Różak
五十七號　Edward Ciesielski，又叫艾德克
五十八號　Andrzej Marduła
五十九號　Henryk Bartosiewicz
六十號　上尉Stanisław Kazuba
六十一號　少尉Konstanty Piekarski
六十二號　上校Jan Karcz
六十三號　中校Jerzy Zalewski
六十四號　中校卡奇米爾茲・拉維奇（Kazimierz Rawicz），在集中營裡使用假名楊・希爾克納（Jan Hilkner）
六十五號　姓名不詳
六十六號　姓名不詳
六十七號　Czesław Darkowski
六十八號　Mieczysław Januszewski

六十九號　Roman Rybarski教授，前國會議員
七十號　Stanisław Dubois，前國會議員
七十一號　Jan Mosdorf，前國會議員（根據皮雷茨基的報告）
七十二號　Konstanty Jagiełło，前國會議員（根據皮雷茨基的報告）
七十三號　Piotr Kownacki，前國會議員
七十四號　Kiliański（名不詳），前國會議員
七十五號　Stefan Niebudek，前國會議員
七十六號　中尉Bernard Świerczyna
七十七號　Zbigniew Ruszczyńsky
七十八號　姓名不詳
七十九號　姓名不詳
八十號　Alfred Włodarczyk
八十一號　Alojz Pohl
八十二號　少校Jan Włodarkiewicz，又叫雅內克．W（一九四一年晉升為中校，根據皮雷茨基的報告）
八十三號　醫生Helena Pawłowska
八十四號　中尉Tomasz Serafiński，又叫托梅克（Tomek，他與他的妻子合稱一七九號）
八十五號　少校Zygmunt Bohdanowski，又叫伯丹（Bohdan，一九四一年晉升為中校，根據皮雷茨基的報告）

八十六號　Aleksander Paliński
八十七號　神父Zygmunt Ruszczak
八十八號　上尉Tadeusz Dziedzic
八十九號　Karel Stransky
九十號　預備軍官（姓名不詳）
九十一號　下士Stanisław Polkowski
九十二號　Wacław Weszke
九十三號　姓名不詳
九十四號　預備軍官（姓名不詳）
九十五號　姓名不詳
九十六號　Tadeusz Stulgiński
九十七號　Jan Machnowski，又叫雅內克
九十八號　中尉（姓名不詳）
九十九號　預備軍官（姓名不詳）
一〇〇號　姓名不詳
一〇一號　Witold Kosztowny
一〇二號　醫生Rudolf Diem
一〇三號　姓名不詳
一〇四號　Józef Putek，前國會議員

一〇五號　Edward Berlin
一〇六號　姓名不詳
一〇七號　姓名不詳
一〇八號　Stanisław Dobrowolski
一〇九號　少尉（姓名不詳）
一一〇號　Andrzej Makowaki-Gąsienica
一一一號　姓名不詳
一一二號　預備軍官Stanisław Jaster
一一三號　Sokołowski（名不詳）
一一四號　上尉Tądeusz Paolone
一一五號　中尉（姓名不詳）
一一六號　上尉Zygmunt Pawłowicz，在集中營化名為Julian Trzęsimiech
一一七號　中尉Eugeniusz Zaturski
一一八號　姓名不詳
一一九號　騎兵中士Jan Miksa
一二〇號　醫生Zygmunt Zakrzewski
一二一號　上校Juliusz Gilewicz
一二二號　中校Teofil Dziama
一二三號　高級輕騎兵Stefan Stępień

一二四號　上尉Tadeusz ChroŚcicki（父親）
一二五號　Tadeusz Lucjan ChroŚcicki（兒子）
一二六號　Tadeusz Czechowski
一二七號　姓名不詳
一二八號　姓名不詳
一二九號　Leon Kukiełka
一三〇號　姓名不詳
一三一號　姓名不詳
一三二號　姓名不詳
一三三號　姓名不詳
一三四號　姓名不詳
一三五號　姓名不詳
一三六號　姓名不詳
一三七號　姓名不詳
一三八號　姓名不詳
一三九號　姓名不詳
一四〇號　姓名不詳
一四一號　姓名不詳
一四二號　姓名不詳；律師

一四三號　姓名不詳
一四四號　姓名不詳
一四五號　醫生（姓名不詳）
一四六號　上尉醫官Henryk Suchnicki
一四七號　姓名不詳
一四八號　姓名不詳
一四九號　姓名不詳
一五〇號　少校Edward Gött-Getyński
一五一號　姓名不詳
一五二號　姓名不詳
一五三號　姓名不詳
一五四號　姓名不詳
一五五號　姓名不詳
一五六號　少尉Stanisław Wierzbicki，又叫斯塔希克
一五七號　Czesław Sikora
一五八號　Zygmunt Ważyński
一五九號　上尉Stanisław Machowski
一六〇號　神父Kuc（名不詳）
一六一號　Bolesław Kuczbara

一六二號　騎兵上尉Włodzimierz Koliński

一六三號　少尉Mieczysław Koliński

一六四號　少尉Edmund Zabawski

一六五號　少尉Henryk Szklarz

一六六號　副排長（姓名不詳）

一六七號　少尉Aleksander Bugajski，又叫歐雷克（Olek）

一六八號　中尉Witold Wierusz

一六九號　Stanisław Barański

一七〇號　Jan Redzej，又叫雅希克、雅希歐（Jasio）、雅斯（Jaś）、雅內克；在集中營裡使用假名Jan Retko

一七一號　姓名不詳

一七二號　Janusz Młynarski

一七三號　醫生Władysław Fejkiel

一七四號　少尉Jan Olszowski

一七五號　Piotr Mazurkiewicz

一七六號　Mr. and Mrs. Obora

一七七號　Helena Zabawska

一七八號　Leon Wandasiewicz

一七九號　塞拉芬斯基夫婦（托馬什・塞拉芬斯基自己是八十四號）

一八〇號　Andrzej Możdżeń

一八一號　Józef Roman

一八二號　三名女士（姓名不詳）

一八三號　姓名不詳

一八四號　姓名不詳

E. O.　Eleonora Ostrowska（作者的弟媳）

地名

I　未出現

II　阿爾維尼亞（Alwernia）

III　位於提尼耶克的本篤會修道院尖塔

IV　提尼耶克（Tyniec）

V　地點不明

VI　地點不明

VII　維里奇卡（Wieliczka）

VIII　聶波沃米切森林（Niepołomice Forest）

IX　伯赫尼亞（Bochnia）

X　新維希尼奇（Nowy Wiśnicz）

XI 華沙（Warsaw）

Z 巴比切（Babice）與／或伯赫尼亞

奧許維茲的第一批囚犯

一九四〇年五月，第一批囚犯從歐拉寧堡（Oranienburg）集中營運抵奧許維茲。皮雷茨基形容這「三十名德國人（或有著強烈渴望的德國人）……被選上，成為施加痛苦的人」。他們取得奧許維茲最前面的囚犯編號：一到三十號。皮雷茨基在報告中只提到八個號碼與姓名如下：

一號 Bronisław Brodniewicz（也寫成Brodniewitsch），又叫布魯諾（Bruno）[2]

二號 奧圖（Otto Küsel）

三號 巴爾克（Artur Balke）

四號 Fritz Biessgen，又叫「馬特奇卡」（Mateczka，「母親」的意思）

五號 Hans Bock，又叫「塔塔」（Tata，「父親」的意思）

六至十七號 姓名不詳

---

1 皮雷茨基把字母Z與數字IX弄混了，他同時用Z來表示伯赫尼亞與途中另一座小鎮，亞當・奇拉說這座小鎮是巴比切；見Cyra, *Ochnotnik do Auschwitz: Witold Pilecki (1901-1948)*，p. 398。奇拉也說IX才是伯赫尼亞，同上，p. 404。英譯者注。

2 皮雷茨基提到布魯諾（囚犯編號一號）與里歐（囚犯編號三十號）是「為德國人工作的前波蘭人」。

十八號　康拉德（Konrad Lang）

十九號　強尼（Jonny〔原文如此〕Lechenich）

二十至二十九號　姓名不詳

三十號　Leon Wieczorek（也寫成Wietschorek），又叫里歐

誌謝

書中地圖由Stefan Mucha繪製並授權使用。其他圖像由以下單位提供並授權使用：

The Archive of the Auschwitz-Birkenau State Museum（ABM）、Bundesarchiv、Jarek Garliński（JG）、Stefan Mucha（SM）、Narodowe Archiwum Cyfrowe（NAC）、Zofia Pilecka-Optułowicz and Andrzej Pilecki（Pilecki Family）、The Polish Underground Movement (1939-1945) Study Trust（PUMST）、United States Holocaust Memorial Museum（USHMM）、Yad Vashem（YV）。

出版者特別感謝Zofia Pilecka-Optułowicz與Andrzej Pilecki分享他們的家族照片供本書使用，同時也感謝Instytut Pamięci Narodowej（IPN）及Muzeum Woli（WM）的協助，讓我們得以取得照片。

The U.S. National Archives and Records Administration縮寫為NARA。

Beyond

世界的啟迪

無懼黑暗：

自願臥底納粹集中營的英雄

The Auschwitz Volunteer: Beyond Bravery

作者	威托德．皮雷茨基（Witold Pilecki）
譯者	黃煜文
執行長	陳蕙慧
副總編輯	洪仕翰
責任編輯	吳峥鴻、王晨宇
行銷總監	陳雅雯
行銷企劃	趙鴻祐、張偉豪、張詠晶
封面設計	許晉維
內頁排版	宸遠彩藝

出版	衛城出版 / 左岸文化事業有限公司
發行	遠足文化事業股份有限公司（讀書共和國出版集團）
地址	231 新北市新店區民權路 108-3 號 8 樓
電話	02-22181417
傳真	02-22180727
客服專線	0800-221029
法律顧問	華洋法律事務所　蘇文生律師
印刷	呈靖彩藝有限公司
二版一刷	2023 年 11 月
定價	480 元

ISBN	9786267376010（紙本書）
	9786267376065（EPUB）
	9786267376058（PDF）

歡迎團體訂購，另有優惠，請洽 02-22181417，分機 1124

國家圖書館出版品預行編目(CIP)資料

無懼黑暗：自願臥底納粹集中營的英雄 / 威托德.皮雷茨基(Witold Pilecki)作；黃煜文譯. -- 二版. -- 新北市：衛城出版, 遠足文化事業股份有限公司, 2023.11
　面；公分. -- (Beyond；56)（世界的啟迪）
譯自：The Auschwitz volunteer : beyond bravery
ISBN 978-626-7376-01-0（平裝）

1.皮雷茨基(Pilecki, Witold, 1901-1948)
2.第二次世界大戰　3.集中營　4.波蘭

712.847　　　112013976

ACRO POLIS
衛城出版

Email　acropolismde@gmail.com
Facebook　www.facebook.com/acrolispublish